Christian Immler

Dein Android-Smartphone

Einfach alles können

Dieses Werk einschließlich aller Inhalte ist urheberrechtlich geschützt. Alle Rechte vorbehalten, auch die der Übersetzung, der fotomechanischen Wiedergabe und der Speicherung in elektronischen Medien.

Bei der Erstellung von Texten und Abbildungen wurde mit größter Sorgfalt vorgegangen. Trotzdem sind Fehler nicht völlig auszuschließen. Verlag, Herausgeber und Autoren können für fehlerhafte Angaben und deren Folgen weder eine juristische Verantwortung noch irgendeine Haftung übernehmen. Für Anregungen und Hinweise auf Fehler sind Verlag und Autoren dankbar.

Die Informationen in diesem Werk werden ohne Rücksicht auf einen eventuellen Patentschutz veröffentlicht. Warennamen werden ohne Gewährleistung der freien Verwendbarkeit benutzt. Nahezu alle Hard- und Softwarebezeichnungen sowie weitere Namen und sonstige Angaben, die in diesem Buch wiedergegeben werden, sind als eingetragene Marken geschützt. Da es nicht möglich ist, in allen Fällen zeitnah zu ermitteln, ob ein Markenschutz besteht, wird das ®-Symbol in diesem Buch nicht verwendet.

ISBN 978-3-945384-21-3

© 2014 by Markt+Technik Verlag GmbH
    Espenpark 8
    90559 Burgthann

Produktmanagement Christian Braun
Herstellung Jutta Brunemann, j.brunemann@mut.de
Einbandgestaltung David Haberkamp
Coverfotos © Kirill_M – Fotolia.com, Damiano Lucci – Fotolia.com
Satz Thorsten Schlosser, Kreuztal (www.buchsetzer.de)
Druck Media-Print, Paderborn
Printed in Germany

Inhaltsverzeichnis

Das Android-Smartphone ... 9
Android – was ist das? ... 9
Tipps zur Geräteauswahl ... 11
Die wichtigsten Android-Versionen ... 13
Was macht Android so besonders? ... 16

Alltag mit dem Android-Smartphone ... 17
Die wichtigsten Fingergesten zur Touchscreen-Steuerung ... 17
Die Ersteinrichtung des Smartphones ... 19
WLAN als schneller Internetzugang zu Hause ... 22
Das Google-Konto ... 23
    Neues Google-Konto anlegen ... 24
    Google-Konto auf dem PC nutzen ... 28
Die Android-Benutzeroberfläche ... 30
    Startbildschirm und Apps ... 31
    Die Schnellstartleiste für wichtige Apps ... 33
    Die Tasten auf dem Smartphone ... 34
    Die Benachrichtigungsleiste ... 35
    Die Bildschirmsperre ... 36
    Die Bildschirmtastatur ... 37
    Hoch- und Querformat ... 39
Telefonieren mit dem Android-Smartphone ... 40
    Funktionen während des Gesprächs ... 42
    Verpasste Anrufe ... 44
    Rufumleitungen einrichten ... 44
    Automatische SMS bei Abwesenheit ... 45
    Tipps zur Wahl eines Tarifs für Android-Smartphones ... 46
    Dual-SIM-Smartphones ... 51
    Mit den richtigen Apps kostenlos ins Ausland telefonieren ... 54
Adressbuch – Kontakte ... 57
    Kontakte sortieren ... 58
    Neue Adresse eintragen ... 58

Inhaltsverzeichnis

Visitenkarten drahtlos übertragen 60
Adressbuch auf dem PC bearbeiten 61
Terminkalender 63
Neuen Termin im Kalender eintragen 64
Wichtige Kalendereinstellungen 67
Kalender und Termine importieren 67
Zu Terminen einladen... 68
Google-Kalender mit Mozilla Lightning synchronisieren 70
Uhr und Wecker... 71
Uhr auf den Startbildschirm bringen... 71
Wecker einstellen 73

Apps finden und installieren 75

Der Google Play Store 75
Apps auf dem Smartphone installieren.. 76
Automatische App-Updates 78
Der Google Play Store auf dem PC... 79
So kann man Apps kaufen 81
Nicht mehr benötigte Apps deinstallieren 82
Apps per QR-Code installieren 84
Barcode Scanner.. 85
Daten zwischen zwei Smartphones per QR-Code weitergeben........ 86
Alternativen zum Google Play Store... 88
Amazon App-Shop 90
Samsung Galaxy Apps.. 91
pdassi für Android 92

Online mit dem Smartphone.. 93

Websuche mit Google.. 94
Googles Sprachsuche... 96
Andere Suchmaschine wählen... 97
Google Chrome – der bessere Browser 99
Lesezeichen im Chrome-Browser... 100
Lesezeichen auf dem Startbildschirm 101
Tipps zum Chrome-Browser.. 103
Desktopdarstellung von Webseiten auf dem Smartphone 104

Seitenlinks weitergeben	105
Anonym surfen	106
Verfolgungsschutz »Do Not Track«	108
Chrome als Standardbrowser einrichten	109
WLAN optimieren	**112**
Wifi Analyzer	114
Sicherheit im WLAN	115
Alternative Browser für Android	**116**
Firefox	117
Opera Mini	120
Dolphin Browser	122
Wikipedia	**126**
Die offizielle Wikipedia-App	129
QRpedia	130

Kommunikation mit dem Smartphone 131

Google Mail – Gmail	**131**
E-Mails lesen	132
E-Mails beantworten	133
E-Mails schreiben	134
E-Mail an mehrere Personen schreiben	135
Nicht jede E-Mail muss aufs Handy	136
Fotos per E-Mail senden	137
Andere E-Mail-Konten einrichten und nutzen	**138**
E-Mail-Konto manuell einrichten	142
E-Mail-Apps der bekannten Freemailer	143
Soziale Kontakte mit dem Smartphone	**145**
Facebook	145
Twitter	152
Google+	156
SMS	**160**
WhatsApp und andere Messenger	**162**
WhatsApp – Chat als SMS-Ersatz	162
Google Hangouts	163
Facebook Messenger	164
ChatON	165

Inhaltsverzeichnis

Die Sicherheitsproblematik bei Android 267

Phishing bei E-Mails und sozialen Netzen 268
Besonders sichere Bildschirmsperre 270
    PIN/Passwort 271
    Muster 272
    Gesichtserkennung 273
Gestohlenes oder verlorenes Handy wiederfinden 275
Persönliche Daten auf dem Telefon verschlüsseln 276
Eset Mobile Security & Antivirus 277
Gefährliche und lästige Werbung 281
    Ad Network Detector 282
    Werbung im Browser abschalten 284

Insidertipps zur Bedienung 287

Widgets für schnelle und persönliche Infos 287
    Widgets auf den Startbildschirm legen 288
    Die wichtigsten mitgelieferten Widgets 289
Hintergrundbilder und Live-Hintergründe 291
    Eigene Hintergrundbilder aus der Galerie 292
    Live-Hintergründe 294
Alternative Oberflächen für Android 295
    GO Launcher EX 296
    Yandex.Shell 297
    Launcher 8 299
Betriebssystem des Smartphones aktualisieren 300
Das Smartphone mit dem PC verbinden 301
Mit dem Notebook über das Handy ins Internet 303
    Smartphone als mobiler WLAN-Hotspot 304
    Tethering über USB-Kabel 305
Datenübertragung per Bluetooth 306
    Daten zwischen zwei Smartphones übertragen 307
    Daten zwischen Smartphone und PC übertragen 309
Android-Smartphones »rooten« 313
Androidify 315

Stichwortverzeichnis 317

Kapitel 1
Das Android-Smartphone

Willkommen in der Welt der Smartphones, der Handys mit eingebautem Computer oder der Computer, die man wirklich immer bei sich haben kann. Smartphones sind heute kein Spielzeug mehr für geschäftliche Anwender, sondern aus dem Alltag vieler Menschen kaum noch wegzudenken. Wer heute im Rahmen eines auslaufenden Handyvertrags über neue Hardware nachdenkt, wird immer häufiger ein Smartphone wählen. In den meisten Fällen läuft dieses mit dem Android-Betriebssystem.

Android – was ist das?

Android, oftmals auch als Googles Handybetriebssystem bezeichnet, obwohl auch diverse andere Hersteller an der Entwicklung beteiligt sind, gehört zusammen mit Apples iOS und Windows Phone von Microsoft zu den drei derzeit wichtigsten Smartphone-Plattformen. Microsoft ist mit Windows Phone erst spät in den Smartphone-Markt eingestiegen, wird allerdings von Fachleuten innerhalb weniger Jahre auf Platz 2 hinter Android gesehen.

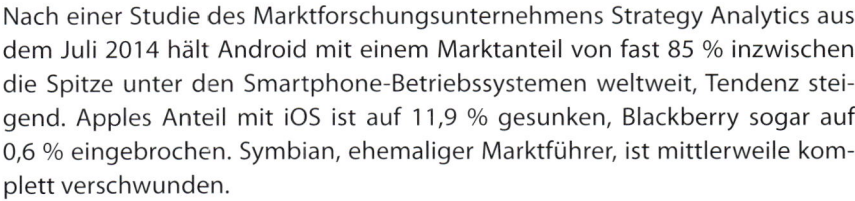

Nach einer Studie des Marktforschungsunternehmens Strategy Analytics aus dem Juli 2014 hält Android mit einem Marktanteil von fast 85 % inzwischen die Spitze unter den Smartphone-Betriebssystemen weltweit, Tendenz steigend. Apples Anteil mit iOS ist auf 11,9 % gesunken, Blackberry sogar auf 0,6 % eingebrochen. Symbian, ehemaliger Marktführer, ist mittlerweile komplett verschwunden.

> **INFO:** Jeden Tag werden über 1.400.000 neue Android-Handys auf der Welt neu aktiviert – fast viermal so viel, wie an einem Tag Menschen auf der Welt geboren werden.

1 ▪ Das Android-Smartphone

Google wirbt auf www.android.com für die »weltweit beliebteste mobile Plattform«.

Seit dem ersten Android-Handy mit dem schlichten Namen G1 werden jede Woche neue Smartphones mit Android-Betriebssystem angekündigt. Bekannte Handyhersteller wie HTC, Sony (früher Sony Ericsson), Samsung, Motorola, Asus, LG, ZTE oder Huawei setzen auf Android als Plattform. Zusätzlich bauen unzählige chinesische Hersteller Android-Smartphones, die in Europa unter verschiedenen Markennamen in Elektronikmärkten und online verkauft werden.

Die Google-Handys Galaxy Nexus, Nexus 4 und Nexus 5 (kein Größenvergleich).

Unter den großen Handymarken folgen nur Nokia, Apple und BlackBerry diesem Trend nicht und arbeiten weiterhin mit eigenen Betriebssystemen. Nokia ist mittlerweile von seiner ehemaligen Symbian-Plattform weitgehend auf Windows Phone umgestiegen.

Google selbst stellt zwar keine Smartphones her, veröffentliche aber zusammen mit den Hardwarepartnern HTC, LG und Samsung zu den wichtigen Android-Versionen ein Referenzgerät unter der Eigenmarke Nexus. Die Google-Smartphones wurden bisher immer über die Webseite www.google.de/nexus sowie über Vertriebspartner in den einzelnen Ländern – in Deutschland unter anderem Vodafone – verkauft.

Tipps zur Geräteauswahl

Bevor Sie sich für ein Smartphone entscheiden, überlegen Sie sich, wofür Sie es hauptsächlich nutzen werden und wie viel Sie dafür ausgeben möchten. Jeder Nutzer verfolgt andere Interessen und Ziele, und genauso vielfältig ist mittlerweile die Auswahl an Android-Smartphones. Für unterschiedliche Anwenderszenarien sind auch unterschiedliche Hardwarekriterien von Bedeutung.

Der echte »Poweruser«, der viel im Internet surft und Multimedia-Anwendungen nutzt, braucht einen leistungsfähigen Prozessor und einen großen 5-Zoll-Bildschirm (12,7 cm), auf dem alle Apps und Videos laufen und der auch bei der Orientierung auf Landkarten hilfreich ist. Die Displayauflösung sollte idealerweise mindestens 720 x 1.200 Pixel betragen, dazu eine Kamera von 8 Megapixeln und ein Dual-Core-Prozessor machen das Profi-Smartphone perfekt.

Der typische Smartphone-Nutzer, der sich neben dem Telefonieren Informationen aus dem Internet holt, Apps nutzt, E-Mails schreibt und ab und an ein Spielchen spielt, möchte trotzdem nicht immer ein überdimensionales Handy mit sich herumtragen. Hier empfehlen sich Smartphones der 4,0–4,5 Zoll Bildschirmklasse (10–11,5 cm). Diese haben trotz des günstigeren Preises ausreichend Prozessorleistung und Speicher für alle Alltags-Apps.

Würde man den diversen Kaufberatungsvideos im Internet oder auch im Fernsehen glauben, könnte man denken, die Funktionen der verschiedenen Android-Smartphones seien völlig unterschiedlich. Dort werden Werbeaussagen von Geräteherstellern ungefiltert übernommen und als das einzig Wahre verkauft. Ein Hersteller wirbt mit E-Mail-Funktionen, ein anderer mit der Google-Suche. Dass jedes Android-Smartphone dieser Welt beides kann, gerät dann ganz schnell in den Hintergrund. Tatsächlich unterscheiden sich die Geräte eher in der Hardwareausstattung und im Design.

11

1 ▪ Das Android-Smartphone

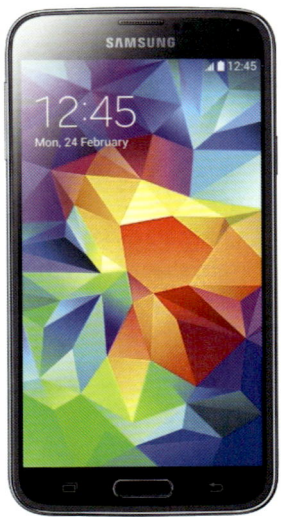  

High-End-Smartphones Samsung Galaxy S5, HTC One M8 und Sony Xperia Z2 (kein Größenvergleich).

 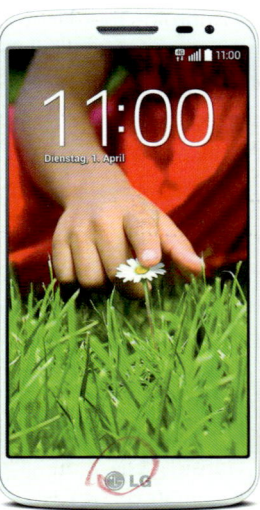 

Mittelklasse-Smartphones Huawei Ascend P6, LG G2 Mini und Simvalley SPX-28 (kein Größenvergleich).

Natürlich hat die Leistung ihren Preis, besonders was den Stromverbrauch angeht. Bei keiner anderen Zahl in den Datenblättern beweisen Hersteller so viel Fantasie wie bei Stand-by- und Gesprächszeiten. Angaben von mehreren Hundert Stunden können nur unter extremen Laborbedingungen gelten, wenn optimaler Netzempfang besteht und keine einzige App sich im Hintergrund Daten holt. Klingeln sollte das Telefon dann auch nicht. Um die mit einer Akkuladung erzielbare Gesprächszeit auf die Minute genau anzugeben, ist einiges an Kreativität nötig.

Im realen Nutzeralltag hält keines der modernen Android-Smartphones wesentlich länger als einen Tag ohne Steckdose durch, besonders wenn man sich zeitweise in Gebieten mit schlechter Netzversorgung aufhält. Die auf den Datenblättern der Handyhersteller angegebenen Zeiten können Sie einfach aus Ihrem Gedächtnis streichen. Sie haben mit der Realität nichts zu tun.

> **Verschiedene Benutzeroberflächen**
>
> Im Gegensatz zu den proprietären Plattformen von Apple oder BlackBerry kann sich ein Smartphone-Nutzer bei Android ein Handy aussuchen, das ihm gefällt, und findet dann immer weitgehend das gleiche vertraute System vor und kann dieselben Apps nutzen. Allerdings gibt es bei Android, ähnlich wie bei Linux – die beide auf UNIX basieren – diverse verschiedene Benutzeroberflächen, die über das eigentliche Betriebssystem gelegt werden. Besonders Samsung und HTC zeigen Benutzeroberflächen, die sich vom Android-Standard stark unterscheiden. Für Android-Puristen liefern diese beiden Hersteller das Samsung Galaxy S4 sowie das HTC One M8 zusätzlich in speziellen Google-Editionen mit unveränderter Android-Oberfläche. Die Smartphones von Simvalley verwenden eine gegenüber dem Original weitgehend unveränderte Oberfläche. Hier gibt es nur ein paar Anpassungen wegen der Dual-SIM-Funktionalität, die Android von sich aus nicht kennt. Der chinesische Hersteller ZTE kündigt an, bei seinen zukünftigen auch in Europa erhältlichen Smartphones auf eine eigene Oberfläche zu verzichten und reines Android zu verwenden. Die meisten Abbildungen in diesem Buch wurden auf einem Simvalley SPX-28 gemacht, um eine möglichst herstellerneutrale Oberfläche zu zeigen.

Die wichtigsten Android-Versionen

Im Laufe der noch relativ kurzen Geschichte des Betriebssystems wurde Android ständig weiterentwickelt. Dabei waren immer verschiedene Versionen gleichzeitig auf dem Markt. Alle Android-Versionen sind nach amerikanischen Namen von Süßigkeiten benannt, in alphabetischer Folge. Zu jeder Version hat Google ein eigenes Logo veröffentlicht. Erst bei Version 1.5 und dem Buchstaben C wie Cupcake beginnen die Versionen, die öffentlich auf für die Allgemeinheit verfügbaren Geräten lieferbar waren. Alle Android-Versionen bis einschließlich 2.3 Gingerbread sind mittlerweile bei Neugeräten völlig bedeutungslos. Die Version 3.0 Honeycomb wurde speziell für Tablets entwickelt.

Mit Android 4.0 Ice Cream Sandwich wurden die beiden Produktlinien 2.3 Gingerbread für Smartphones und 3.x Honeycomb für Tablets wieder zu einem System zusammengeführt. Dazu wurde eine gänzlich neue Benutzeroberfläche entwickelt, in die viele Elemente der Tablet-Version eingeflossen sind. Auf Smartphone-Bildschirmen stellt sich diese Oberfläche automatisch so um, dass die Bedienelemente auch bei geringeren Bildschirmauflösungen funktionieren. Derzeit erhältliche Smartphones und Tablets verwenden nur noch die Android-Versionen der Generation 4: 4.0 Ice Cream Sandwich, 4.1/4.2/4.3 Jelly Bean sowie 4.4 KitKat.

Die Logos der ganz frühen Android-Versionen 1.5 Cupcake, 1.6 Donut und 2.1 Éclair.

Die Logos der älteren Android-Versionen 2.2 Froyo, 2.3 Gingerbread und 3.x Honeycomb.

Die Logos der aktuellen Android-Versionen Ice Cream Sandwich, Jelly Bean und KitKat.

Google veröffentlicht monatlich Zahlen zur Verbreitung der einzelnen Android-Versionen. Die Zahlen stammen nicht aus verkauften Handys, sondern werden über die Besucherzahlen des Google Play Store ermittelt. Demnach hatte Jelly Bean Anfang Juli 2014 über 50 % Marktanteil und damit alle Vorgängerversionen überholt. Die Android-Versionen 4.x erreichen zusammen deutlich über 80 %. Ältere Versionen werden zunehmend bedeutungslos.

Die wichtigsten Android-Versionen

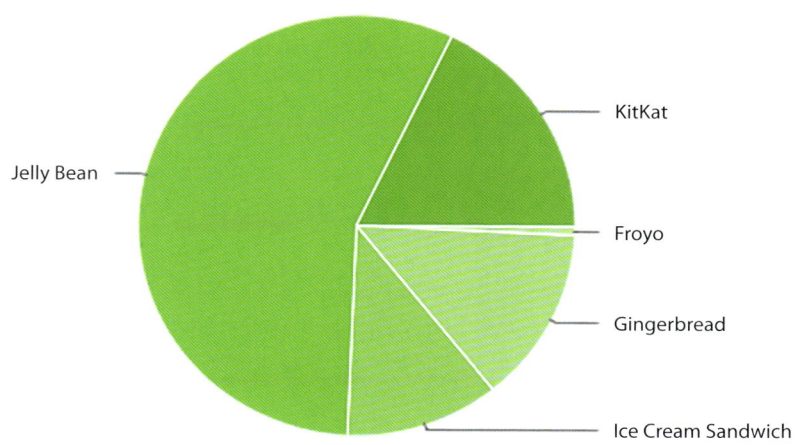

Verteilung der Android-Versionen, Stand 07.07.2014 (Quelle: Google).

Das aktuelle Android 4.4 KitKat schaffte Anfang Juli 2014 erst 17,9 % Marktanteil. Zu diesem Zeitpunkt war es nur auf Google-Geräten der Nexus-Serie sowie auf den Google-Play-Editionen des Samsung Galaxy S4 und HTC One M8 vorinstalliert. Mit Updates lassen sich die Gerätehersteller offensichtlich noch etwas Zeit.

Was kommt nach KitKat?

Kaum ist eine Android-Version auf dem Markt, gibt es natürlich schon Gerüchte über die nächste oder sogar übernächste Version.

Android 5.0 trägt bisher nur den Codenamen L. Nach welcher Süßigkeit es benannt wird, ist noch nicht bekannt – ob es »Lollipop«, das englische Wort für Lutscher, sein wird oder »Lime Pie«, der Zitronenkuchen, der schon bei K als »Key Lime Pie« als Namensgeber vermutet wurde, oder vielleicht doch »Leibniz Butterkeks« ...

Android L wird eine neue schlanke und moderne Oberfläche erhalten, die in der Developer Preview als Material Design bezeichnet wird. Google will sich noch stärker dafür einsetzen, dass Gerätehersteller das Original-Android nutzen und keine eigenen Oberflächen vorinstallieren.

Android L soll im Spätherbst an die Gerätehersteller ausgeliefert werden, sodass Anfang des Jahres 2015 mit den ersten Smartphones zu rechnen sein wird. Welche der bereits auf dem Markt erhältlichen Geräte Updates auf Android L bekommen werden und wann, ist noch nicht bekannt.

Was macht Android so besonders?

Android ist nicht nur eine elegante Oberfläche für Touchscreen-Smartphones, sondern ein echtes Betriebssystem wie auf einem PC, mit dem man das Handy für noch viel mehr als nur zum Telefonieren nutzen kann. Natürlich hat Android diese Art von Mobilität nicht erfunden, es gibt parallel noch diverse andere Systeme, allen voran Apples iOS mit dem iPhone, das erstmals Smartphones alltagstauglich machte.

Google als wichtigster Entwickler der Android-Plattform gibt Softwareentwicklern viele Freiheiten – deutlich mehr als die Hersteller der anderen Plattformen, sodass in kurzer Zeit jede Menge Apps entstanden sind, der größte Teil davon für den Nutzer kostenlos.

Auch Gerätehersteller sind weitgehend frei, wenn es darum geht, Android-Handys zu produzieren. Hardwaredaten wie Bildschirmauflösung und -größe, Zahl und Anordnung der Tasten, Kameraauflösung, Unterstützung verschiedener Funktechnologien (EDGE, UMTS, HSDPA, LTE), Tastatur oder nicht sind für die Hersteller nicht konkret vorgeschrieben. Dies führte dazu, dass sich eine breite Vielfalt verschiedener Handys für jeden Nutzergeschmack entwickelt hat.

> **LTE**
>
> Die Mobilfunktechnologie LTE war in Deutschland ursprünglich als Ersatz für das fehlende DSL-Festnetz in ländlichen Regionen geplant und wurde am Anfang auch so beworben. Mittlerweile wird die Technik bei den Netzbetreibern auch als mobiles Internet für jedermann immer beliebter. Nach dem Willen der Bundesregierung werden zwar weiterhin vorrangig ländliche Regionen mit neuen LTE-Funkmasten versorgt, aber auch der Ausbau in den Ballungszentren schreitet schnell voran. Niedersachsen ist als erstes Bundesland bereits flächendeckend mit LTE versorgt, weitere Bundesländer folgen. Man geht davon aus, dass bereits im Jahr 2014, und nicht erst wie ursprünglich vorgesehen 2016, Deutschland bis auf wenige abgelegene Gebirgsregionen komplett mit LTE abgedeckt ist.

Dank der vielfältigen Möglichkeiten bieten Android-Handys für jeden etwas, vom »ganz normalen« Alltagsnutzer, der unterwegs telefoniert und E-Mails schreibt, aber auch gerne den Komfort eines Internetzugangs überall und jederzeit nutzt, bis hin zum Technikfreak, der seine Geräte tunen und das letzte technisch Mögliche herausholen möchte. Viele ehemalige Nutzer »normaler« Handys steigen bei einer anstehenden Verlängerung ihres Mobilfunkvertrags auf Android-Smartphones um. Auch die vergleichsweise niedrigen Gerätepreise tragen zu dieser Entwicklung bei. Sowohl unter Schülern als auch bei den älteren Generationen werden diese Geräte inzwischen immer beliebter.

Kapitel 2

Alltag mit dem Android-Smartphone

In diesem Kapitel erklären wir die wichtigsten Grundlagen der Bedienung von Android-Smartphones, die Sie in den folgenden Kapiteln sicher gebrauchen werden. Selbst wer schon einige Zeit mit einem Android-Smartphone herumgespielt hat, wird noch das ein oder andere Interessante finden.

Die wichtigsten Fingergesten zur Touchscreen-Steuerung

Um den Touchscreen fehlerfrei zu bedienen, noch ein wenig technischer Hintergrund: Fast alle Android-Smartphones verwenden kapazitive Touchscreens, die auf das Energiefeld der Hand reagieren und nicht auf mechanischen Druck wie ältere Handys. Ein moderner Touchscreen lässt sich ausschließlich mit dem Finger bedienen, Stifte oder andere mechanische Hilfsmittel sowie auch Handschuhe sind wirkungslos. Wassertropfen auf dem Bildschirm beeinträchtigen ebenfalls die Funktion.

Berühren Sie den Touchscreen am besten nur mit einem Finger. Die anderen Finger der Hand können, selbst wenn sie das Glas nicht direkt berühren, schon eine ungewollte Reaktion auslösen. Nur ganz wenige Gesten, etwa das Zoomen sowie Spezialgesten bei Google Earth, benötigen zwei Finger.

Die grundlegenden Fingergesten auf dem Bildschirm werden im Buch mit Handsymbolen in den jeweiligen Abbildungen erklärt, sodass Sie sofort sehen, wo Sie hintippen oder von wo nach wo Sie mit dem Finger über den Bildschirm streichen, um eine bestimmte Aktion auszulösen.

Einfaches Antippen: Tippen Sie mit einem Finger kurz auf die angegebene Stelle auf dem Bildschirm.

Langes Antippen: Tippen Sie mit einem Finger länger auf die angegebene Stelle auf dem Bildschirm. Das angetippte Bildschirmelement zeigt eine Reaktion, z. B. leuchtet auf oder lässt sich auf dem Bildschirm verschieben. Beim Loslassen erscheint oft ein Auswahlmenü.

Fingerstrich: Streichen Sie mit dem Finger über den Bildschirm, wie der Pfeil angibt. Das bedeutet, berühren Sie den Bildschirm am Fußpunkt des Pfeils und streichen Sie mit dem Finger, ohne loszulassen, zur Spitze des Pfeils, erst dort lassen Sie los.

Wischen: Beim Wischen oder Scrollen streichen Sie mit dem Finger vertikal oder horizontal über den Bildschirm, ohne eine genaue Position beachten zu müssen. Damit verschieben Sie den gesamten Bildschirminhalt nach oben oder unten bzw. nach links oder rechts. Fotos, Landkarten und auch einige Webseiten lassen sich auch in andere Richtungen über den Bildschirm verschieben.

Benachrichtigungsleiste nach unten ziehen: Erscheinen Meldungen über neue E-Mails, entgangene Anrufe oder heruntergeladene Apps in der Benachrichtigungsleiste am oberen Bildschirmrand, können Sie diese anzeigen lassen, indem Sie die Benachrichtigungsleiste nach unten ziehen. Tippen Sie dazu an den oberen Bildschirmrand und streichen Sie mit dem Finger, ohne loszulassen, bis zum unteren Rand.

Zoom: Berühren Sie den Bildschirm mit zwei Fingern dicht nebeneinander und spreizen Sie dann die Finger, ohne den Bildschirm loszulassen, auseinander. Damit zoomen Sie in ein Foto, eine Landkarte oder eine Webseite hinein. Die umgekehrte Bewegung zoomt wieder zurück. Die genaue Position, an der Sie dazu den Bildschirm berühren, spielt keine Rolle.

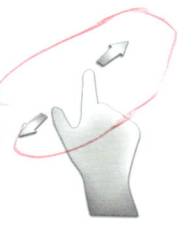

Drehen: Berühren Sie den Bildschirm mit zwei Fingern und führen Sie dann, ohne den Bildschirm loszulassen, eine bogenförmige Bewegung aus. Damit drehen Sie in ein Foto oder eine Landkarte. Die genaue Position, an der Sie dazu den Bildschirm berühren, spielt keine Rolle.

Die Ersteinrichtung des Smartphones

Zuerst müssen Sie den Akku, die SIM-Karte und bei Bedarf auch noch eine MicroSD-Karte in das Smartphone einbauen. Aufgrund internationaler Sicherheitsvorschriften dürfen Akkus im Gerät nicht in geladenem Zustand verschickt werden. Der Akku ist bei Auslieferung nur zu etwa 50 % aufgeladen, was aber ausreicht, um das Gerät sofort in Betrieb nehmen und einrichten zu können.

Akku laden

Alle aktuellen Android-Handys verwenden Micro-USB-Ladegeräte. Diese sind beliebig zwischen den Handys austauschbar. Wer mehrere Geräte nutzt, braucht nicht immer mehrere Ladegeräte mit sich herumzutragen. Seit der Vereinheitlichung der Ladegeräte für alle Smartphones außer dem iPhone kann man bequem ein Ladegerät fest am Schreibtisch oder in der Küche deponieren, ein weiteres am Arbeitsplatz oder ähnlich.

Das alte Gerücht, ein Akku sollte vor jedem Aufladen erst komplett leer sein, gilt bei modernen Akkus nicht mehr. Sorgen Sie im Gegenteil lieber dafür, dass der Akku nie ganz leer ist, sondern laden Sie ihn lieber schon spätestens bei 30 % Kapazität wieder auf.

SIM-Karte einstecken

Viele aktuelle Smartphones verwenden Micro-SIM-Karten, einige auch die typischen Mini-SIM-Karten. Wer sein Handy nicht direkt mit einem Mobilfunkvertrag kauft, muss also darauf achten, von seinem Provider eine passende SIM-Karte zu bekommen. Alle derzeitigen Netzbetreiber und auch immer mehr Discounter bieten inzwischen wahlweise statt normaler Mini-SIM-Karten auch Micro-SIMs an. Einige Provider liefern sogenannte Kombi-SIM-Karten. Mehrere Stanzlinien ermöglichen es, den SIM-Chip entweder in Form einer klassischen Mini-SIM oder als Micro-SIM aus dem Kartenträger herauszudrücken.

Kombi-SIM mit Stanzlinien für Mini-SIM und Micro-SIM.

Die Micro-SIM-Karten sind einfach nur kleiner, die Kontakte aber gleich angeordnet und elektronisch voll kompatibel zu normalen Mini-SIM-Karten. Lediglich der interne Speicher wurde in der Spezifikation der Micro-SIM-Karte um 50 % vergrößert. Im Zubehörhandel werden Adapter angeboten, in die

2 ▪ Alltag mit dem Android-Smartphone

> man eine Micro-SIM-Karte einklemmt und dann in jedem Handy oder auch in USB-Surfsticks nutzen kann.
>
> Umgekehrt findet man im Internet Anleitungen und Schneidevorlagen, um normale Mini-SIM-Karten auf die Größe einer Micro-SIM zurechtzustutzen. Der eigentliche Chip in den SIM-Karten liegt genau unter der Kontaktfläche und kann, sofern man mit einem scharfen Messer sauber schneidet und die SIM-Karte dabei nicht zerspringt, nicht beschädigt werden. Also am besten einmal mit einer abgelaufenen oder einer kostenlosen Promo-SIM-Karte üben, bevor man das Messer an der echten SIM-Karte ansetzt. Für weniger Mutige gibt es im Zubehörhandel einfache Stanzmaschinen für etwa 10 Euro, mit denen man kaum etwas falsch machen kann.

1. Drücken Sie zum Erststart länger (etwa eine Sekunde) auf den Einschalter. Der Bildschirm wird leicht heller, und nach kurzer Zeit erscheinen ein Logo des Handyherstellers sowie ein Android-Logo.

2. Nach dem Einschalten müssen Sie als Erstes wie auf jedem Handy die PIN Ihrer SIM-Karte eingeben. Ist die PIN-Abfrage auf der SIM-Karte deaktiviert, entfällt dieser Schritt natürlich hier auch.

3. Die meisten Funktionen von Android-Smartphones lassen sich im WLAN auch ohne SIM-Karte nutzen. Ist keine SIM-Karte eingelegt, wird die PIN-Eingabe automatisch übersprungen. Anhand der SIM-Karte wird bei der Ersteinrichtung automatisch auch ein Internetzugang über diese SIM-Karte eingerichtet, der allein durch Hintergrunddienste schon Kosten verursachen kann (siehe dazu weiter unten in diesem Kapitel den Abschnitt »Tipps zur Wahl eines Tarifs für Android-Smartphones«). Wenn Sie keinen Internettarif auf Ihrer SIM-Karte haben oder sich nicht sicher sind, führen Sie die Erstinstallation am besten per WLAN durch und stecken dazu keine SIM-Karte in das Gerät.

4. Wählen Sie im nächsten Schritt als Sprache Deutsch aus. So bekommen Sie sämtliche Menüs und Systemdialoge in deutscher Sprache angezeigt.

> **ACHTUNG:** Immer wieder behaupten besonders schlaue Nutzer in Internetforen, moderne Elektronik ließe sich nur auf Englisch richtig bedienen und manche Funktionen blieben in der deutschen Oberfläche verborgen. Das ist natürlich völliger Quatsch und galt vielleicht vor 20 Jahren. Heute ist der deutsche Markt einer der wichtigsten Märkte für Elektronikhersteller weltweit.

5. Klicken Sie nach der Sprachauswahl auf den Button *Einrichten*. Hier sollten Sie als Erstes prüfen, ob Datum und Uhrzeit richtig eingestellt sind.

6. Die meisten Handys sind so vorkonfiguriert, dass sie das Datum und die Uhrzeit aus dem Netzwerk beziehen. Leider kommt es immer wieder vor, dass Netzbetreiber hier falsche oder gar keine Informationen übertragen.

7. Sollte die angezeigte Zeit oder das Datum falsch sein, tippen Sie oben auf *Autom. Datum/Uhrzeit*, um die Automatik auszuschalten. Tippen Sie dann auf die Zeile *Uhrzeit festlegen*. Auf dem nächsten Bildschirm können Sie mithilfe von Pfeilen nach oben oder unten die Stunden und Minuten richtig einstellen.

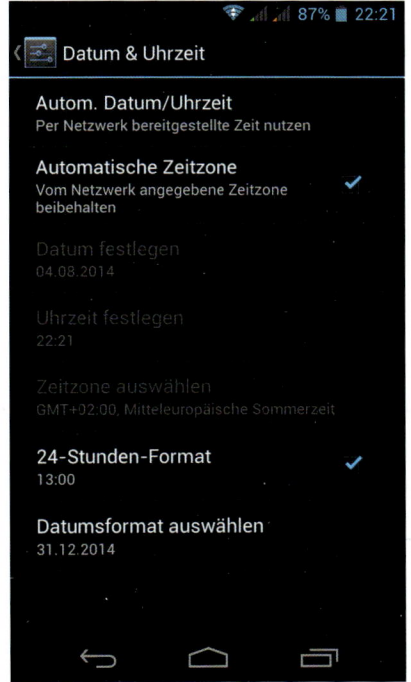 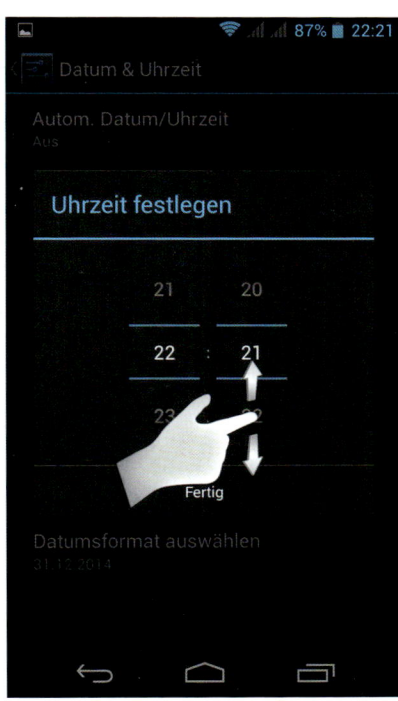

Uhrzeit auf dem Handy einstellen.

8. Auf die gleiche Weise legen Sie auch das Datum auf dem Smartphone fest, wenn es nicht automatisch richtig übernommen wurde.

9. Wählen Sie in jedem Fall auch die richtige Zeitzone *GMT+01:00, Mitteleuropäische Zeit* aus, da es sonst zu Fehlern mit Zeitstempeln bei internationalen Onlinediensten und beim E-Mail-Versand kommen kann.

10. Legen Sie an dieser Stelle auch gleich das 24-Stunden-Format zur Anzeige der Uhrzeit fest, sonst würde z. B. *16:00* als *04:00* angezeigt, sowie das hierzulande übliche Datumsformat. Diese Einstellungen gelten überall auf dem Smartphone, wo Datum und Uhrzeit angezeigt werden.

WLAN als schneller Internetzugang zu Hause

Zu Hause bietet das eigene WLAN eine schnelle, zuverlässige Internetverbindung auch für Smartphones. Hinzu kommt, dass dieser Internetzugang kostenlos ist, das übertragene Datenvolumen also nicht auf das wertvolle Datenvolumen der Mobilfunkflatrate angerechnet wird.

Aus diesen Gründen bieten Android-Smartphones gleich bei der Ersteinrichtung – noch vor der datenintensiven Synchronisation mit dem Google-Konto – an, eine WLAN-Verbindung einzurichten.

> **INFO:** Wi-Fi ist die englische Bezeichnung für WLAN. Der in Deutschland gebräuchliche Begriff WLAN (**W**ireless **L**ocal **A**rea **N**etwork) für drahtloses Netzwerk ist nur ein deutscher Anglizismus und wird von englischen oder amerikanischen Muttersprachlern nie verwendet. Diese sprechen immer von Wi-Fi.

1. Automatisch erscheint ein Bildschirm für die WLAN-Einstellungen. Wählen Sie in der Liste das Netzwerk aus, mit dem Sie sich verbinden möchten. Ist dieses WLAN verschlüsselt, wird es in der Liste mit einem Schlosssymbol dargestellt, und Sie müssen bei der ersten Verbindung den Schlüssel eingeben.

2. Android unterstützt alle gängigen Verschlüsselungsverfahren, WEP, WPA und WPA2. Klicken Sie anschließend auf *Verbinden*. Danach wird diese Verbindung gespeichert, es ist keine weitere Schlüsseleingabe mehr nötig.

> **WPS statt WLAN-Schlüssel**
>
> Haben Sie einen Router mit einer WPS-Taste, können Sie die Verbindung mit einem Knopfdruck einrichten. Drücken Sie dann einfach, wenn auf dem Smartphone die entsprechende Meldung erscheint, die WPS-Taste auf dem Router.
>
>
>
> *WPS-Taste (Foto: devolo AG).*

3. Eine aktive WLAN-Verbindung wird mit einem Symbol in der Benachrichtigungsleiste am oberen Bildschirmrand angezeigt. Dieses zeigt auch die ungefähre Signalstärke.

4. Nachdem die Verbindung erfolgreich hergestellt wurde, tippen Sie auf *Weiter*, um mit der Ersteinrichtung des Smartphones fortzufahren.

Das Google-Konto

Im nächsten Schritt möchten alle Android-Smartphones ein Google-Konto einrichten.

Wer seine Adressen, E-Mails und andere Daten online speichert, kann sie mit jedem neuen Computer, Smartphone oder Tablet synchronisieren, ohne Adressbücher zu importieren oder gar Daten abzutippen.

Google bietet dazu jedem Anwender kostenlos ein persönliches Google-Konto an, in dem man seine Daten speichern kann. Diese Daten stehen dann auf jedem internetfähigen Gerät, das mit Google-Diensten synchronisiert werden kann, zur Verfügung. Welche Daten man bei Google ablegt, bleibt jedem selbst überlassen. Besonders beliebt ist es, seinen Kalender, das Adressbuch sowie die persönliche Lesezeichensammlung bei Google abzulegen, um sie automatisch auf jedem PC, Smartphone oder Tablet zur Verfügung zu haben.

Android-Smartphones sind sehr eng mit Google-Konten verbunden, viele Funktionen können aber auch ohne diese – mit Einschränkungen – verwendet werden. Zur Nutzung von Google Play (früher: Android Market) ist ein Google-Konto zwingend nötig.

Wer bereits ein Google-Konto hat, wird dieses natürlich auch auf dem Smartphone weiternutzen. Wer noch kein Google-Konto besitzt, kann jetzt eines anlegen. Es ist auch möglich, ein Android-Smartphone mit mehreren Google-Konten zu synchronisieren.

1. Wählen Sie im ersten Schritt des Assistenten, ob Sie ein neues Google-Konto auf dem Smartphone anlegen möchten oder sich mit einem vorhandenen Google-Konto anmelden.

2. Wenn Sie bereits ein Google-Konto haben, tippen Sie auf *Vorhandenes Konto*. Geben Sie jetzt Ihre E-Mail-Adresse und das Passwort ein.

3. Anschließend meldet das Smartphone, dass die Kommunikation mit den Google-Servern bis zu fünf Minuten dauern kann. In den meisten Fällen ist die Anmeldung aber in wenigen Sekunden erledigt.

4. Die folgende Frage *Sicherung & Wiederherstellung* sollten Sie auf jeden Fall eingeschaltet lassen. So werden Ihre Apps und Einstellungen im Google-Konto gesichert und lassen sich im Notfall oder bei einem Hard-Reset leicht wiederherstellen. Mit dieser Einstellung können Sie auch Daten von früheren Android-Smartphones, die im Google-Konto gesichert wurden, auf dem neuen Smartphone wiederherstellen.

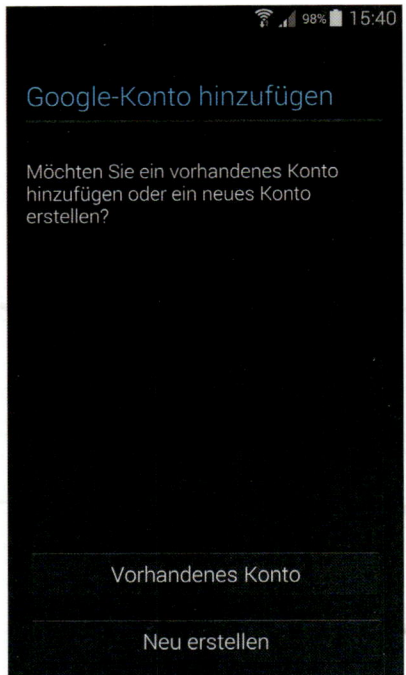 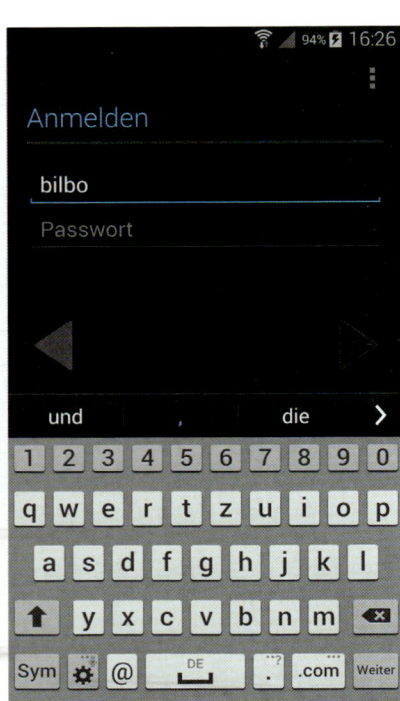

Die ersten Schritte bei der Anmeldung mit einem vorhandenen Google-Konto.

5. Weiter unten müssen Sie noch zustimmen, dass Google anonyme Standortdaten Ihres Gerätes nutzen darf. Viele Apps werden dadurch erst sinnvoll, dass Informationen aus der näheren Umgebung angezeigt werden können. Wer sich unbedingt verstecken möchte und dafür bereit ist, diverse Einschränkungen bei Apps in Kauf zu nehmen, kann die Standorterfassung hier abschalten. Die Einstellung kann später jederzeit wieder geändert werden.

6. Geben Sie im nächsten Schritt Ihren Namen ein, der in dieser Form von verschiedenen Anwendungen verwendet werden kann.

Neues Google-Konto anlegen

Haben Sie noch kein Google-Konto, können Sie es direkt auf dem Smartphone auch ohne PC einrichten, wie es im Folgenden beschrieben wird. Alternativ können Sie das Google-Konto auf dem PC anlegen. Klicken Sie dazu auf einer beliebigen Google-Seite oben rechts auf *Anmelden*. Auf der Anmeldeseite finden Sie den Link *Erstellen Sie ein kostenloses Konto*.

1. Wenn Sie im ersten Schritt des Assistenten die Option auswählen, ein neues Google-Konto zu erstellen, erscheinen zwei Bildschirmseiten, auf denen Sie zuerst Ihren Namen und danach d e gewünschte E-Mail-Adresse für das neue Google-Konto angeben müssen.

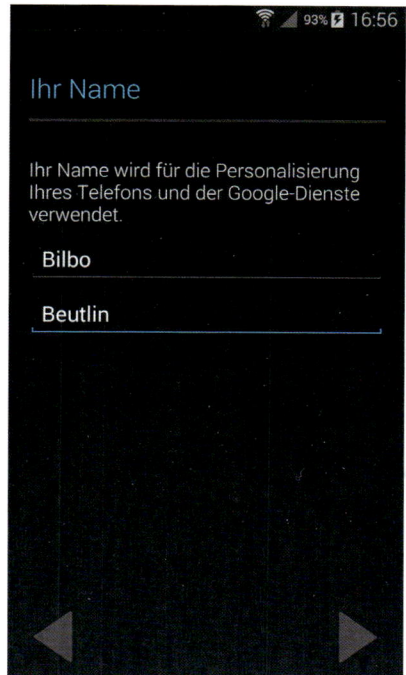 

Die ersten Schritte beim Anlegen eines neuen Google-Kontos.

> **INFO:** Bei gängigen Namen wird die E-Mail-Adresse *vorname.nachname@gmail.com* möglicherweise nicht mehr verfügbar sein. Bei Google sind weltweit etwa 425 Millionen Nutzer registriert. Sollte die Adresse bereits vergeben sein, werden automatisch Alternativvorschläge angezeigt. Hier können Sie einen auswählen oder sich auch eine ganz andere E-Mail-Adresse ausdenken.
>
>
>
> *Den Nutzernamen ändern, falls dieser bereits vergeben ist.*

2. Legen Sie im nächsten Schritt ein Passwort fest. Um sicherzustellen, dass Sie sich nicht vertippt haben, muss dieses Passwort ein zweites Mal eingegeben werden. Ein integrierter Passwortprüfer prüft nach verschiedenen Kriterien (z. B. ob Ziffern enthalten sind oder das Passwort einem gängigen Begriff entspricht) die Passwortqualität.

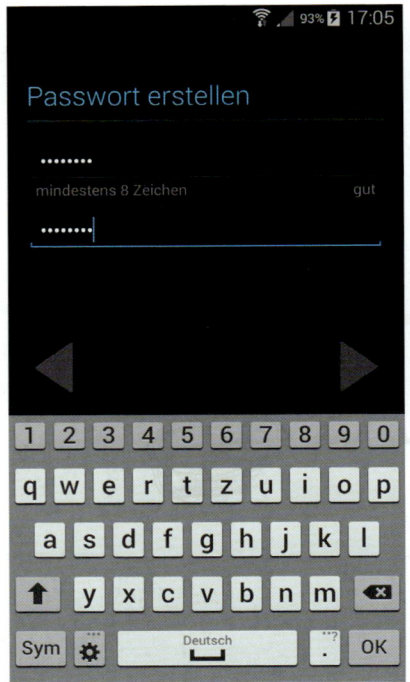 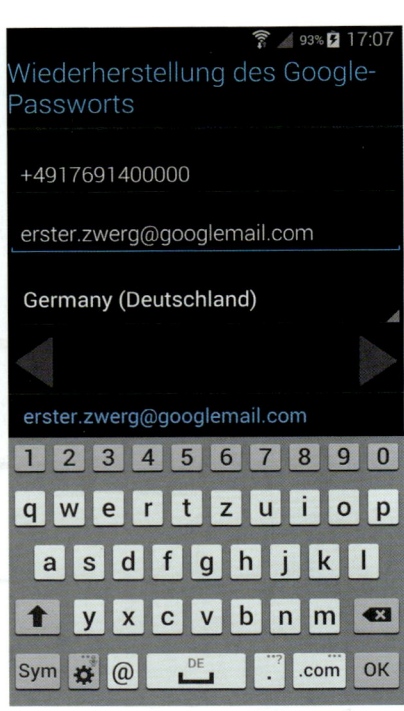

Passwort für das neue Google-Konto anlegen und Daten zum Wiederherstellen eines vergessenen Passworts eingeben.

3. Sollten Sie Ihr Passwort vergessen, können Sie es wiedererlangen, indem Sie sich an eine Mobilfunknummer oder eine zweite E-Mail-Adresse einen Wiederherstellungscode schicken lassen. Geben Sie dazu die entsprechenden Daten an.

4. Zur endgültigen Einrichtung des Google-Kontos müssen Sie noch einen grafisch verzerrt dargestellten Sicherheitscode, einen sogenannten Captcha, abtippen. Damit soll verhindert werden, dass Skripte automatisch Tausende von Google-Konten für Spamzwecke anlegen.

5. Nach der Einrichtung des Google-Kontos kommt die Anmeldung bei Google+, wo Sie am Ende noch den Nutzungsbedingungen zustimmen müssen. Tippen Sie dazu zunächst auf *Erste Schritte*.

Das Google-Konto

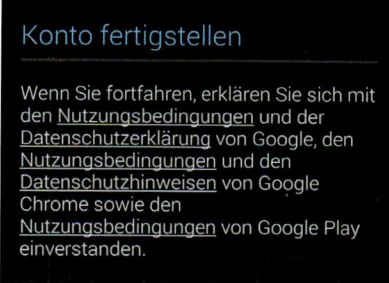
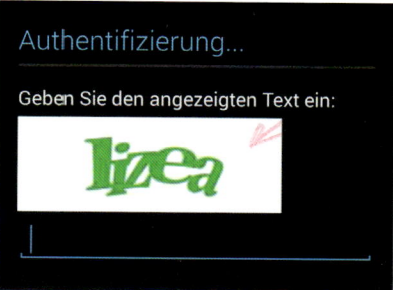

Einrichtung des Google-Kontos abschließen.

6. Legen Sie als Nächstes den Namen fest, unter dem Ihr Google+-Profil angezeigt wird.

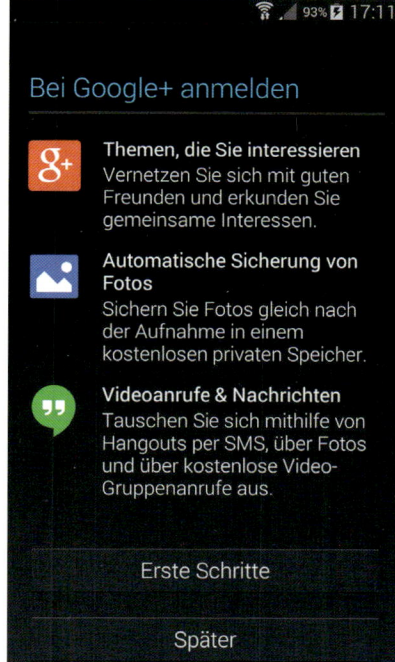

Anmeldung bei Google+.

7. Damit Sie auf dem Smartphone im Google Play Store Apps, E-Books oder Musik kaufen können, müssen im Google-Konto Kreditkartendaten hinterlegt werden. Diesen Schritt können Sie allerdings auch überspringen, wenn Sie in nächster Zeit nicht planen, bei Google Play einzukaufen. Kostenlose Apps können auch ohne Angabe einer Kreditkartennummer bei Google Play heruntergeladen werden.

2 ▪ Alltag mit dem Android-Smartphone

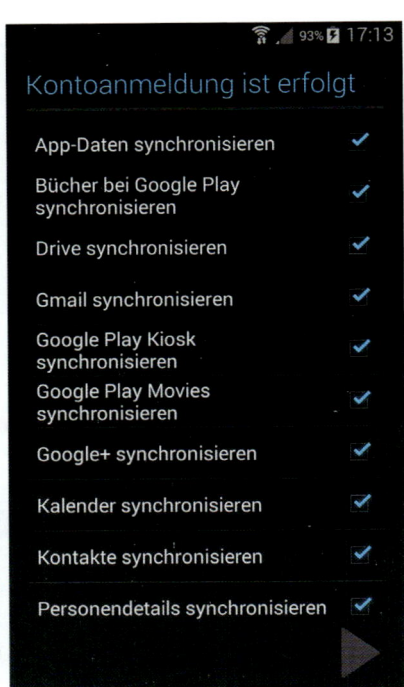

Die letzten Schritte beim Anlegen eines neuen Google-Kontos.

8. Viele Nutzer von Google-Konten nutzen diese zwar für Mail und Kalender, aber noch nicht für diverse weitere Google-Dienste. Bei der Einrichtung auf dem Smartphone erscheint jetzt eine Liste mit Elementen, die mit dem Google-Konto automatisch synchronisiert werden können. Lassen Sie am besten alles eingeschaltet.

9. Zum Abschluss meldet sich das neue Google-Konto auf dem Smartphone an. Jetzt dauert es nur noch wenige Sekunden, dann ist Ihr Smartphone mit dem Google-Konto einsatzbereit.

Google-Konto auf dem PC nutzen

Mit den gleichen Kontodaten können Sie sich auch auf dem PC bei Google anmelden, um Gmail, Google Kalender, Picasa Webalben, persönliche Webeinstellungen oder ein eigenes YouTube-Profil zu nutzen. Klicken Sie dazu auf einer beliebigen Google-Seite oben rechts auf *Anmelden*.

Anmelden auf einer Google-Seite.

Das Google-Konto

Hier erscheint ein Anmeldeformular, in dem Sie Ihre Google-Mailadresse und das Passwort eingeben müssen.

Anmeldung mit dem Google-Konto auf dem PC.

In den Kontoeinstellungen des Google-Profils auf dem PC können Sie jederzeit das Passwort und die Wiederherstellungsoptionen ändern. Hier lassen sich auch weitere mit dem Konto verknüpfte E-Mail- sowie Datenschutzeinstellungen festlegen.

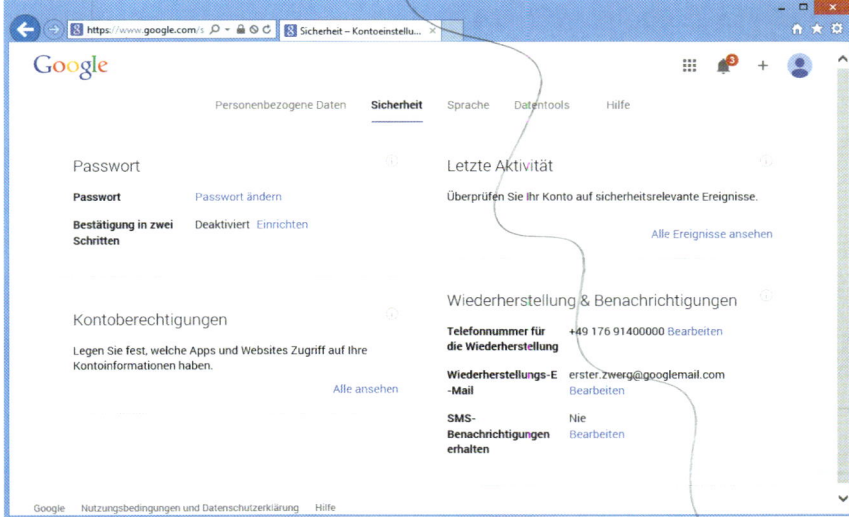

Kontoeinstellungen des eigenen Google-Kontos.

Geänderte Einstellungen werden automatisch auch auf das Smartphone übernommen. Wenn Sie das Passwort des Google-Kontos am PC ändern, müssen Sie dieses natürlich auf dem Smartphone neu eingeben.

Die Android-Benutzeroberfläche

Die Benutzeroberfläche von Android-Handys wird über den Touchscreen bedient und zeigt für jede Funktion wie auch für jede App klare Symbole an, sodass Sie sich nicht wie auf dem PC unter Windows durch verschachtelte Menüs klicken müssen. Allerdings kann die Oberfläche auf jedem Smartphone etwas anders aussehen. Mit jeder Android-Version hat Google die Oberfläche verbessert und damit auch verändert. Die größten Änderungen kamen mit der Android-Version 4.0. Mit Android L, so lautet derzeit noch der Arbeitstitel, sind weitere grundlegende Änderungen zu erwarten.

Startbildschirme auf einem typischen Android-Smartphone und auf dem Samsung Galaxy S5 mit TouchWiz-Oberfläche.

Hinzu kommt, dass Google den Geräteherstellern umfangreiche Freiheiten bietet, die Oberfläche anzupassen oder gar gänzlich eigene Oberflächen zu installieren. Besonders bei Smartphones von HTC und Samsung sehen die

Die Android-Benutzeroberfläche

Benutzeroberflächen wie auch die Standard-Apps für Adressbuch, Kalender, E-Mail etc. völlig anders aus als beim Standardbetriebssystem.

Startbildschirm und Apps

In der Grundeinstellung zeigt der Android-Startbildschirm ein Hintergrundbild und meistens ein Google-Suchfeld sowie einige App-Symbole an. Als Benutzer kann man seine wichtigsten Apps und Widgets auf dem Startbildschirm für den schnellen Zugriff ablegen.

Der Android-Startbildschirm wird als Homescreen bezeichnet und besteht aus mehreren Bildschirmseiten. Zwischen diesen können Sie mit einer horizontalen Fingerbewegung auf dem Touchscreen hin- und herschalten.

Android zeigt am unteren Bildschirmrand des Startbildschirms fünf Symbole, die auf jeder Startbildschirmseite zu sehen sind. Das Punktraster in der Mitte öffnet eine Liste aller installierten Apps. Diese ist alphabetisch sortiert. Alternative Oberflächen bieten auch andere Sortiermethoden. Von hier aus lässt sich jede App durch Antippen ihres Symbols starten. Auch die Apps-Liste besteht aus mehreren Bildschirmseiten.

Die Apps-Liste und die Widgets-Liste.

2 ▪ Alltag mit dem Android-Smartphone

Rechts daneben finden Sie noch eine Liste von Widgets. Diese können allerdings nicht direkt gestartet werden, sondern müssen zunächst auf dem Startbildschirm platziert werden.

Apps, die Sie häufig benötigen, können Sie direkt auf dem Startbildschirm ablegen. Tippen Sie dazu länger auf eine App in der Liste. Der Startbildschirm erscheint in etwas verkleinerter Größe. Schieben Sie das App-Symbol an die gewünschte Position und lassen Sie es dort wieder los. Schon ist die App auf dem Startbildschirm. Genauso einfach können Sie Apps auf eine andere Position oder eine andere Bildschirmseite auf dem Startbildschirm ziehen. Tippen Sie länger auf die zu verschiebende App, bis das Raster erscheint. Schieben Sie jetzt die App auf die neue Position und lassen Sie wieder los.

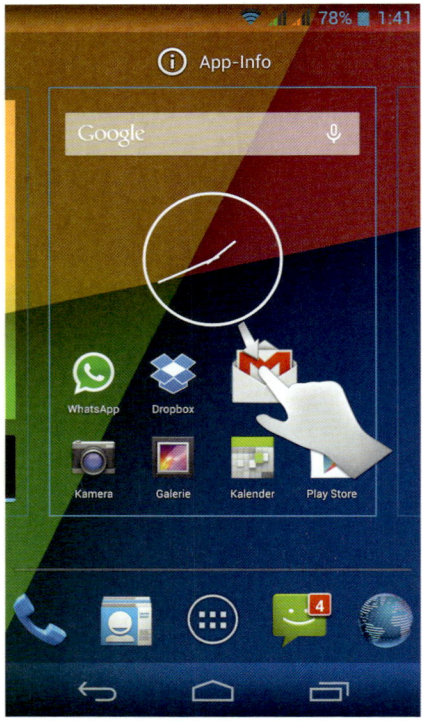 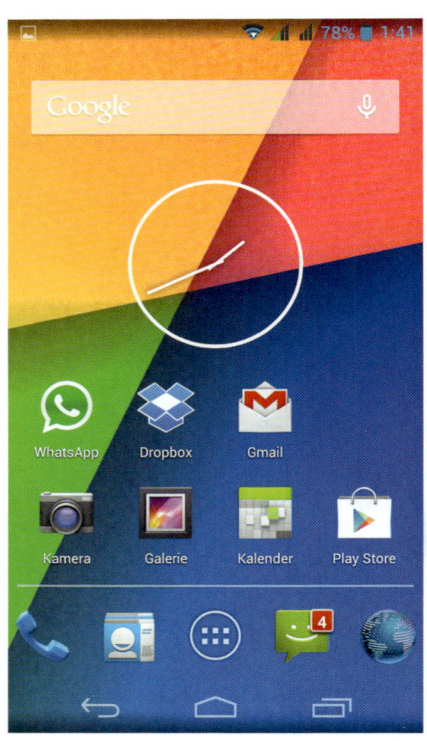

App auf dem Startbildschirm ablegen.

Um eine App vom Startbildschirm wieder zu entfernen, ziehen Sie sie an den oberen oder unteren Bildschirmrand auf die mit *Entfernen* gekennzeichnete Fläche – oft ein Papierkorbsymbol. Die App leuchtet dann in Rot. Beim Loslassen wird sie vom Startbildschirm entfernt, aber nicht deinstalliert. In der Liste der Apps bleibt sie weiterhin verfügbar und kann auch jederzeit wieder auf den Startbildschirm geholt werden.

Die Android-Benutzeroberfläche

App vom Startbildschirm entfernen.

Die Schnellstartleiste für wichtige Apps

Vier besonders wichtige Apps sind in der sogenannten Schnellstartleiste auf jeder Seite des Startbildschirms am unteren Rand immer zu sehen. Welche Apps das in der Grundeinstellung sind, können die Gerätehersteller festlegen. Häufig liegen die Apps *Telefon*, *Kontakte* (Adressbuch), *SMS* und *Internet* (Browser) in der Schnellstartleiste.

Die Schnellstartleiste mit vier wichtigen Apps und dem Menüsymbol.

Auf den vier Positionen außer dem Menüsymbol können Sie statt der vorgegebenen Apps auch andere platzieren, die Sie häufig benötigen. So platzieren Sie eine andere App in der Schnellstartleiste:

1. Tippen Sie länger auf eine nicht mehr benötigte App in der Schnellstartleiste und ziehen Sie diese auf eine freie Stelle auf dem Startbildschirm oder auf das *Entfernen*-Symbol oben rechts.

2. Ist die gewünschte neue App noch nicht auf dem Startbildschirm, ziehen Sie diese zunächst aus der Liste aller Apps dort hin.

 3. Ziehen Sie jetzt diese App vom Startbildschirm auf die freie Position in der Schnellstartleiste.

Die Tasten auf dem Smartphone

Außer dem Einschalter und der Lautstärketaste verfügen die meisten Android-Smartphones über keine weiteren Tasten. Hier werden am unteren Bildschirmrand drei Symbole eingeblendet.

Bildschirmsymbole statt Tasten auf einem Android-Smartphone.

Mit der Taste mit dem Zurück-Pfeil geht man immer einen Schritt zurück. Die meisten Apps unterstützen diese Taste auf eigene Weise. So gelangt man zum Beispiel im Browser damit zur zuletzt angezeigten Webseite zurück. In einigen Dateimanagern kommt man damit eine Ordnerebene nach oben. Langes Drücken der Zurück-Taste kann von jeder App auf andere Weise genutzt werden.

Die Home-Taste mit dem Haussymbol führt immer zurück zum Startbildschirm, egal, in welcher Anwendung man sich gerade befindet.

Drückt man länger auf die Home-Taste, erscheint Google Now, eine neuartige Google-Suche, die viele Informationen anhand des persönlichen Verhaltens findet, ohne dass man bewusst danach suchen muss. Unterhalb des Google-Suchfeldes erscheint der aktuelle Wetterbericht für den eigenen Standort. Mit dem Einstellungen-Symbol in der Mitte unten können Sie sich weitere Karten mit Informationen anzeigen lassen. In Deutschland stehen derzeit noch nicht alle Google-Now-Karten zur Verfügung. Das Angebot wird ständig erweitert.

Die Taste rechts unten hat die Funktion *Aktuelle Apps anzeigen*. Hier wird eine Liste der zuletzt verwendeten Apps eingeblendet. Auf diesem Weg können Sie schnell zu einer der angezeigten Apps wechseln, indem Sie auf das jeweilige Symbol tippen.

> **Keine Aktuelle-Apps-Taste**
>
> Auf Geräten ohne Aktuelle-Apps-Taste erreichen Sie die Liste der zuletzt verwendeten Apps durch längeres Drücken der Home-Taste.

Die Android-Benutzeroberfläche

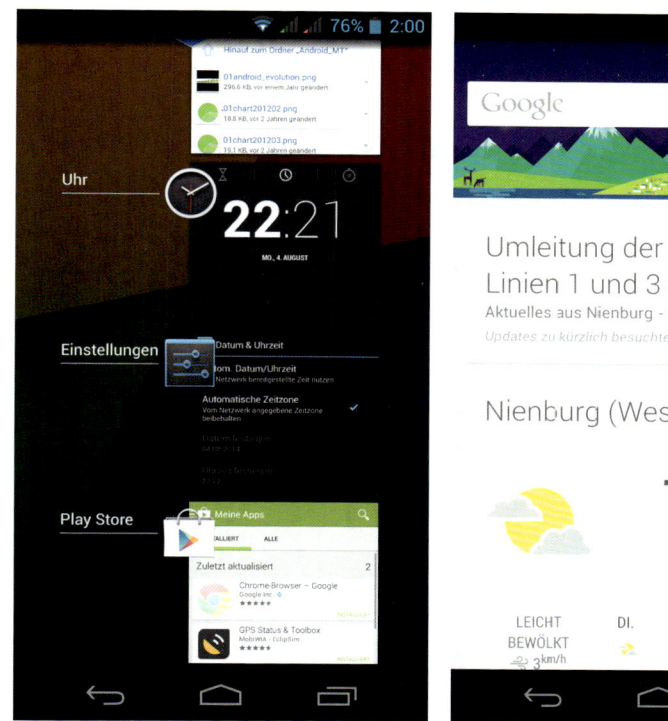

Links: Liste aktuell verwendeter Apps, rechts: Google Now.

Die Benachrichtigungsleiste

Kommt eine E-Mail oder eine SMS an oder möchte der Kalender an einen Termin erinnern, geschieht dies über die Benachrichtigungsleiste am oberen Bildschirmrand, ohne dass Meldungen mitten auf dem Bildschirm die Nutzung des Smartphones einschränken. Auch wenn eine Datei aus dem Internet heruntergeladen oder eine App aus Google Play installiert wurde, wird dies in der Benachrichtigungsleiste angezeigt. Am oberen Bildschirmrand links erscheinen Benachrichtigungssymbole. Diese Benachrichtigungssymbole sind auch auf dem Sperrbildschirm zu sehen.

Die Leiste oben bleibt immer stehen, egal, in welcher App man sich gerade befindet. Nur die Kamera und einige Spiele im Vollbildmodus blenden diese Leiste aus.

Tippen Sie auf den oberen Bildschirmrand und ziehen Sie die Benachrichtigungsleiste nach unten, um die einzelnen Benachrichtigungen zu sehen. Wenn Sie den Bildschirm loslassen, klappt die Benachrichtigungsleiste automatisch wieder zu.

35

2 ▪ Alltag mit dem Android-Smartphone

 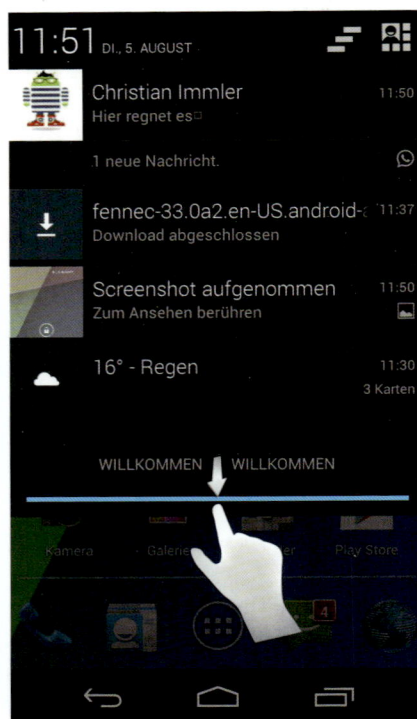

Links: Benachrichtigungsleiste oben auf dem Startbildschirm, rechts: Benachrichtigungsleiste nach unten ziehen.

Erst wenn die Leiste bis ganz nach unten aufgezogen ist, rastet sie ein und Sie können einzelne Benachrichtigungen direkt anklicken, um zum Beispiel eine E-Mail zu lesen oder eine heruntergeladene Datei zu öffnen. Möchten Sie einzelne Benachrichtigungen entfernen, ohne die entsprechende App zu öffnen, halten Sie den Finger darauf und ziehen Sie die Benachrichtigung nach links oder rechts aus dem Bildschirm heraus.

> **TIPP:** In vielen Apps können Sie einstellen, ob die App den Benutzer über die Benachrichtigungsleiste über neue Informationen informieren soll oder nicht.

Die Bildschirmsperre

Um ein versehentliches Aktivieren durch Berührung zu verhindern, wird beim Drücken der Einschalt-Taste im gesperrten Zustand zunächst der Sperrbildschirm eingeblendet. Dieser zeigt Uhrzeit, Datum und Akkuladestand sowie die Benachrichtigungsleiste mit eventuellen Benachrichtigungen über eingegangene E-Mails und andere Nachrichten.

Die Android-Benutzeroberfläche

Sperrbildschirm freigeben.

Um den Bildschirm freizugeben und das Smartphone normal benutzen zu können, schieben Sie den Kreis nach rechts auf das geöffnete Schlosssymbol.

Der Sperrbildschirm ist bei Smartphone-Herstellern beliebt, um eigene Anpassungen vorzunehmen oder spezielle Funktionen hinzuzufügen. So bieten einige Hersteller Funktionen an, die durch geschicktes Ziehen eines Kreises auf das entsprechende Symbol direkt vom Sperrbildschirm aufgerufen werden können.

In Kapitel 10 finden Sie Tipps, wie Sie den Sperrbildschirm auch als tatsächliche Sicherheitssperre gegen unbefugten Zugriff auf Ihr Smartphone einrichten können.

Die Bildschirmtastatur

Die meisten Android-Smartphones haben keine wirkliche Tastatur. Beim Antippen eines Texteingabefeldes erscheint dafür automatisch eine Bildschirmtastatur, auf der Buchstaben, Ziffern und auch Sonderzeichen eingegeben werden können.

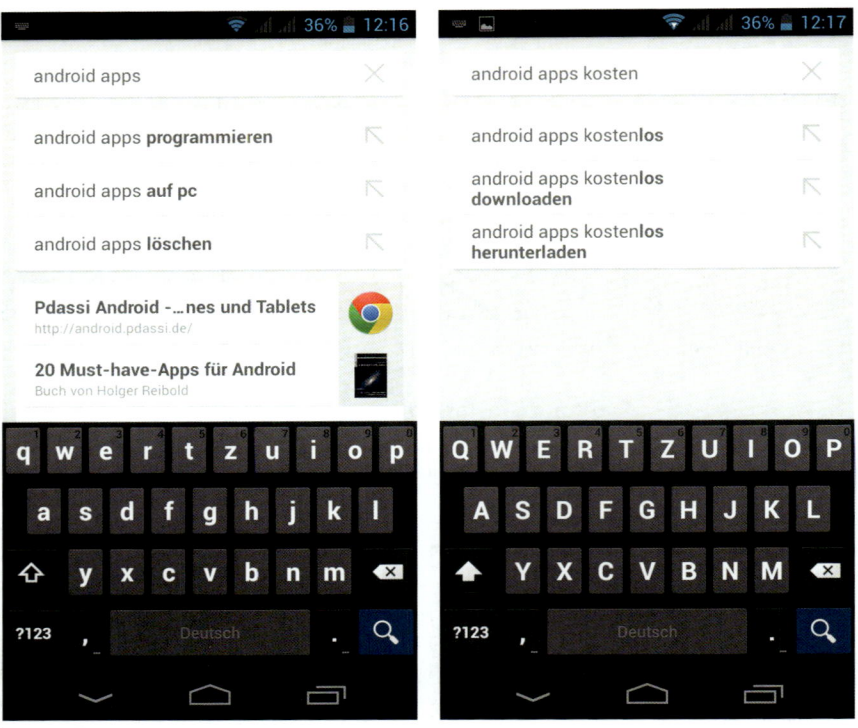

Bildschirmtastatur für Klein- und Großbuchstaben.

Ein angetippter Buchstabe wird vor dem Loslassen deutlich hervorgehoben, um Tippfehler zu vermeiden.

Zur Eingabe von Großbuchstaben muss zuerst die ⇧-Taste links unten angetippt werden, die die Bildschirmtastatur für den nächsten Buchstaben auf Großbuchstaben umschaltet.

Tippt man zweimal auf die ⇧-Taste, wird diese farbig hervorgehoben und die Großschreibung wird festgestellt, bis man sie mit einem weiteren Antippen wieder löst. Auf dem PC bezeichnet man die gleiche Funktion als Feststelltaste oder Caps Lock.

Einige Tasten zeigen ganz klein in der Ecke noch ein weiteres Zeichen. Zur Eingabe dieses Zeichens wie auch für Umlaute oder Buchstaben mit Akzent halten Sie den Finger länger auf dem jeweiligen Buchstaben. Es erscheint ein Zusatzfeld mit einer Auswahl von Varianten dieses Buchstabens. Auf diese Weise finden Sie auch das ß auf der Taste S. Bei einer Auswahl von mehreren Zeichen wird das eingegeben, auf dem Sie den Finger vom Bildschirm loslassen.

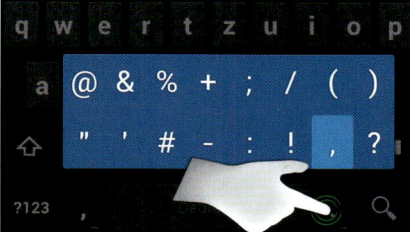

Umlaute und Sonderzeichen auf der Bildschirmtastatur eingeben.

Die Taste ?123 schaltet auf ein Tastaturlayout zur Eingabe von Ziffern und mathematischen Sonderzeichen um. Dort schaltet die Taste Alt oder =\< auf eine weitere Sonderzeichentastatur um.

Bildschirmtastatur für Ziffern und Sonderzeichen.

Von der Zifferntastatur kommt man mit der Taste ABC wieder zurück zur normalen Buchstabentastatur.

Tippt man auf eine Stelle auf dem Bildschirm, wo keine Texteingabe möglich ist, verschwindet die Bildschirmtastatur automatisch wieder. Sie können diese auch jederzeit mit einem Druck auf die Zurück-Taste ausblenden, wenn sie wichtige Bildschirmteile verdeckt.

Hoch- und Querformat

Zum flüssigen Schreiben von Texten ist die Bildschirmtastatur sehr klein. Hinzu kommt, dass man im Hochformat kaum mit zwei Fingern gleichzeitig auf dem Smartphone tippen kann.

Halten Sie das Smartphone beim Schreiben quer, dreht sich der Bildschirminhalt automatisch und die Tastatur füllt die gesamte Bildschirmbreite, dafür verdeckt sie aber noch größere Teile des Bildschirms.

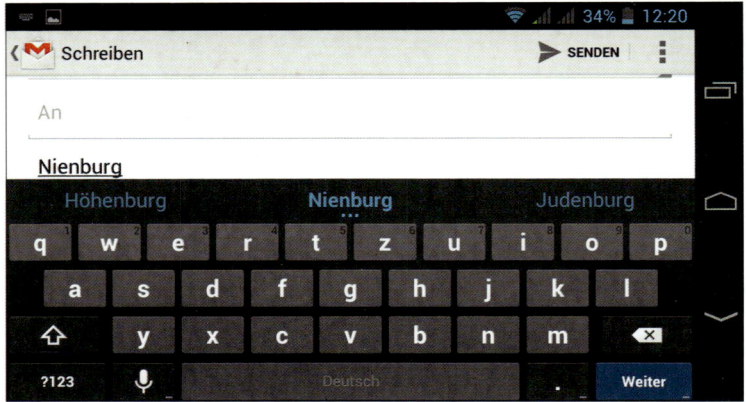

Die Bildschirmtastatur im Querformat.

Oberhalb der Tastatur werden beim Tippen Wortvorschläge gemacht, die Sie antippen und damit übernehmen können. Hat man sich an diese Vorschläge einmal gewöhnt, schreibt es sich deutlich schneller, da längst nicht mehr jedes Wort vollständig eingegeben werden muss.

Außer beim Schreiben ist das Querformat auch beim Betrachten von Fotos oder Videos, in der Kamera-App und bei bestimmten Spielen nützlich. Andere Apps dagegen oder auch der Startbildschirm unterstützen das Umschalten auf das Querformat nicht.

Telefonieren mit dem Android-Smartphone

Wundern Sie sich nicht, dass erst an dieser Stelle im Buch erwähnt wird, dass man mit Android-Smartphones auch telefonieren kann. Telefonieren ist längst nicht mehr die wichtigste Funktion eines Smartphones, das heute als persönlicher, jederzeit verfügbarer Begleiter noch ganz andere Aufgaben erfüllt.

Nur wenige Android-Smartphones haben noch die klassische grüne und rote Taste, die man von früheren Handys zum Telefonieren kennt.

Die Android-Oberfläche zeigt – solange vom Benutzer nicht verändert – unten links auf dem Startbildschirm ein Telefonsymbol an, das die Telefonfunktion des Smartphones aufruft. Jetzt können Sie über eine Zifferntastatur auf dem Touchscreen die Nummer wählen.

> **TIPP:** Kennen Sie die Telefonnummer einer Person nicht auswendig, verwenden Sie die Buchstaben auf der Zifferntastatur und tippen damit den Namen ein. Auch hier werden passende Kontakte sofort angezeigt.

Telefonieren mit dem Android-Smartphone

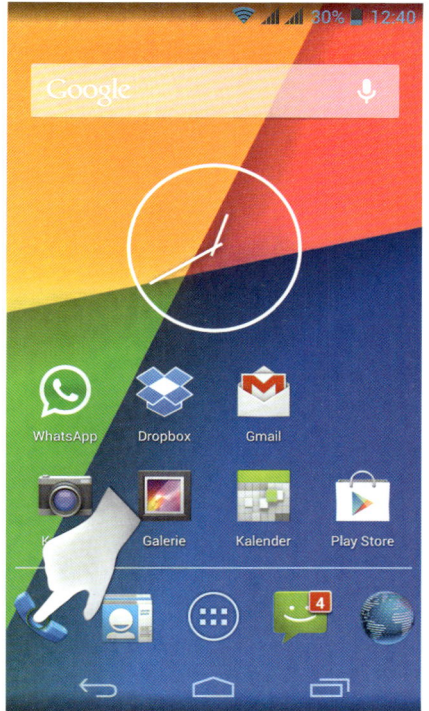 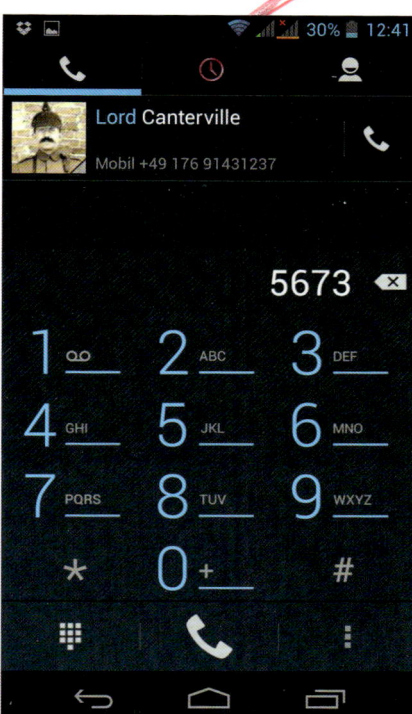

Die Telefonfunktion auf einem Android-Smartphone.

Haben Sie mit der Person, die Sie anrufen möchten, schon einmal gesprochen, können Sie die Anrufliste auf dem Smartphone verwenden. Diese wird oben in der Telefon-App als Uhr dargestellt. Tippen Sie diese an, erscheint eine Liste der zuletzt gewählten Nummern und der eingegangenen Anrufe.

Anstatt eine Nummer zu wählen, können Sie auch mit dem Symbol *Kontakte* rechts oben in der Telefon-App eine Person im Adressbuch suchen und anrufen. Ganz rechts befindet sich eine Liste mit Ihren Favoriten. Das ist die Gruppe *Starred in Android* in Ihrem Google-Adressbuch. Damit wählen Sie Ihre Familie und Freunde besonders schnell an. Unterhalb der Favoriten und der häufig angerufenen Personen erscheint das komplette Adressbuch.

Tippen Sie anschließend unten auf das Telefonsymbol, um die Verbindung aufzubauen. Während des Gesprächs werden Telefonnummer und Gesprächsdauer angezeigt. Ist zu der angerufenen Person ein Foto im Adressbuch hinterlegt, erscheint dieses ebenfalls auf dem Bildschirm.

Tippen Sie nach dem Gespräch auf den roten Balken, um die Verbindung zu trennen, »den Hörer aufzulegen«, wie es früher hieß.

2 ▪ Alltag mit dem Android-Smartphone

Anrufliste und Bildschirm während eines Anrufs.

> **INFO:** Viele Android-Smartphones verfügen über einen Annäherungssensor, der den Bildschirm automatisch ausschaltet, sobald man das Gerät ans Ohr hält. Dies spart nicht nur Strom, sondern verhindert auch, dass man versehentlich durch Berührung mit dem Ohr eine Aktion auf dem Touchscreen auslöst. Nehmen Sie das Smartphone wieder vom Ohr, wird der Bildschirm wieder benutzbar.

Funktionen während des Gesprächs

Die untere Symbolleiste auf dem Anrufbildschirm stellt einige nützliche Funktionen während eines Telefongesprächs zur Verfügung.

Tonwahltastatur – blendet eine Zifferntastatur ein, um zum Beispiel Sprachcomputer oder Mailboxen per Tonwahl zu steuern oder um bei Callthrough-Anbietern während des Gesprächs eine weitere Telefonnummer zu wählen.

Telefonieren mit dem Android-Smartphone

Lautsprecher – schaltet den Lautsprecher ein, dann kann man das Telefon auf den Tisch legen und frei sprechen, auch mit mehreren Personen im Raum.

Mikrofon stumm – schaltet das Mikrofon stumm, um Rückfragen zu stellen, die der Gesprächspartner nicht hört.

Gespräch halten – hält das Gespräch, ohne die Verbindung zu trennen, um zum Beispiel kurz einen eingehenden Anruf entgegenzunehmen.

Konferenz – startet eine Telefonkonferenz. Jetzt können Sie weitere Personen zum Gespräch hinzufügen.

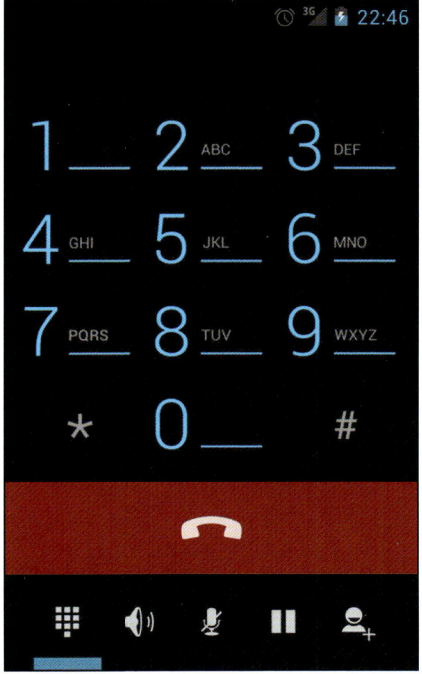

Tonwahltastatur und Konferenzbildschirm in der Telefonanwendung.

Verpasste Anrufe

Haben Sie einen Anruf auf dem Smartphone verpasst, wird dies in der Benachrichtigungsleiste angezeigt. So sehen Sie sofort, ob und wann jemand in Abwesenheit angerufen hat.

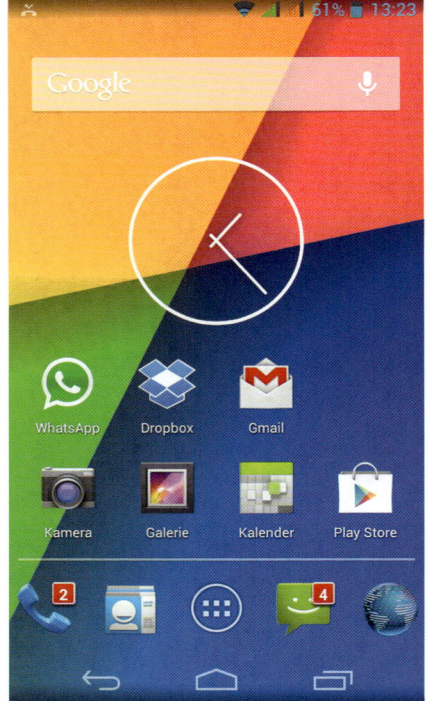 

Verpasste Anrufe in der Benachrichtigungsleiste und auf dem Telefonsymbol.

Wenn oben links ein Symbol für verpasste Anrufe erscheint, ziehen Sie diese Leiste herunter. Tippen Sie dort auf *Verpasste Anrufe*, kommen Sie direkt ins Anrufprotokoll der Telefon-App. Die Symbole für Telefon und Nachrichten zeigen verpasste Anrufe und SMS auffällig an.

Rufumleitungen einrichten

Die von einfachen Handys bekannten Einstellungen zur Rufweiterleitung auf die Mailbox finden Sie über den Menüpunkt *Einstellungen* in der Telefon-App. Wählen Sie *Anrufeinstellungen/Sprachanruf/Rufweiterleitung*. Um Änderungen vorzunehmen, ist eine Mobilfunkverbindung erforderlich. Eine Internetverbindung wird nicht benötigt.

Telefonieren mit dem Android-Smartphone

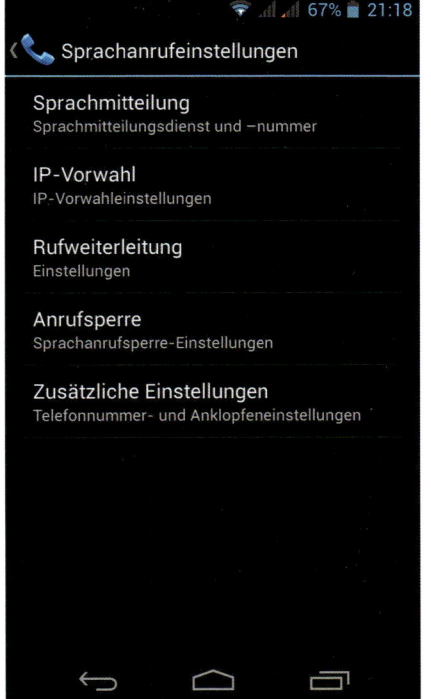 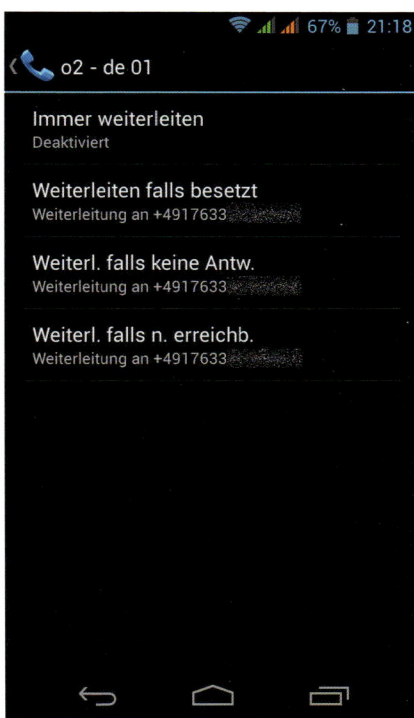

Einstellungen zur automatischen Rufumleitung.

> **Besonderheiten einiger Gerätehersteller**
>
> Viele Smartphone-Hersteller haben die Telefon-App angepasst. Samsung bietet zum Beispiel die Möglichkeit, bestimmte Anrufer oder solche, die ihre Nummer nicht übertragen, standardmäßig abzuweisen.

Automatische SMS bei Abwesenheit

Das Handy klingelt oft in unpassenden Momenten. Wenn man gerade in einer Konferenz ist oder beim Essen sitzt, möchte man einerseits nicht gestört werden, den Anrufer aber auch nicht einfach »wegdrücken«. Android bietet hier Kurzantworten an, die mit wenigen Fingerstrichen per SMS an einen Anrufer geschickt werden können. Allerdings lässt sich diese Funktion nur bei Anrufen vom Handy nutzen. SMS-Antworten an Festnetztelefone werden von den meisten Anrufern nicht verstanden.

Wählen Sie im Menü der Telefon-App den Menüpunkt *Einstellungen/Weitere Einstellungen/Kurzantworten*. Hier sind je nach Gerät einige Kurzantworten vordefiniert. Tippen Sie auf eine Kurzantwort, können Sie den Text bearbeiten und speichern.

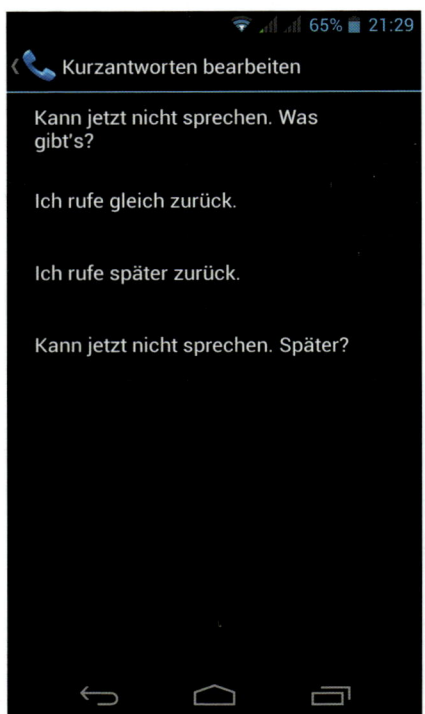 

Links: Kurzantworten bearbeiten, rechts: eingehenden Anruf mit Kurzantwort beantworten.

Wenn das Telefon klingelt, erscheint auf dem Bildschirm die Nummer oder der Name des Anrufers. Indem Sie das Telefonsymbol auf den grünen oder roten Telefonhörer schieben, nehmen Sie den Anruf an oder lehnen ihn ab. Schieben Sie das Telefonsymbol nach oben auf das SMS-Symbol, erscheint eine Liste der vordefinierten Kurzantworten. Wählen Sie eine Kurzantwort aus, wird diese automatisch per SMS an den Anrufer geschickt.

Tipps zur Wahl eines Tarifs für Android-Smartphones

Wer sich noch an die Mobilfunktarife vor einigen Jahren erinnert, kommt bei dem Gedanken, mit einem Smartphone permanent online zu sein, schnell ins Schwitzen. Heute ist mobiles Internet mit dem geeigneten Tarif aber für jeden erschwinglich.

Der mobile Internetzugang per UMTS, HSPA und auch LTE wird heute fast überall nach verbrauchtem Datenvolumen abgerechnet und nicht mehr nach

Onlinezeit, wie es früher bei den ersten Handys der Fall war. Zur Ermittlung des Datenverbrauchs spielt es keine Rolle, ob Daten aus dem Internet heruntergeladen oder vom Handy gesendet werden, wie z. B. E-Mails oder Fotos, die man bei Facebook hochlädt. Jedes MByte zählt. Bei den typischen 24 Cent/MByte ist die sporadische Internetnutzung eines einfachen Handys, mit dem man mal kurz E-Mails abruft oder sich eine Fahrplanauskunft holt, kein großes finanzielles Problem. Hier kommen bei durchschnittlicher Nutzung im Monat meist nicht einmal 10 MByte zusammen. Bei Android-Smartphones, die permanent im Internet sind und allein für reine Hintergrundaktivitäten jeden Monat etwa 100–200 MByte Datenvolumen verbrauchen, kann es allerdings schnell sehr teuer werden – zumal Smartphone-Apps darauf ausgelegt sind, ihre Daten aus dem Netz zu holen oder auch in der Cloud abzulegen.

Datenpakete mit 200 MByte, 500 MByte oder gar 1 GByte, die bei den meisten Prepaid-Anbietern zum Handytarif dazugebucht werden können, bieten bei Vorabbezahlung einen deutlich günstigeren Preis pro MByte als der Standardtarif.

Heute werden die meisten Tarife nach dem Verbrauch des Inklusivvolumens nicht mehr gestoppt, sondern auf GPRS-Geschwindigkeit gebremst, sodass man nicht komplett vom Internet abgeschnitten ist, da viele Funktionen von Smartphones ohne Internetanbindung gar nicht mehr funktionieren. Man kann das Freivolumen zwar ohne zusätzliche Kosten überschreiten, wird dann aber vom flotten UMTS/HSDPA auf GPRS-Niveau heruntergebremst, was die Nutzung für den Rest des Monats unattraktiv macht und höchstens noch für E-Mails ohne Anhang und den aktuellen Wetterbericht reicht. Denn es handelt sich dabei nicht um eine Bremse von wenigen Prozent, sondern eher um ein »vor die Wand fahren« von theoretisch bis zu 42 Mbit/s bei LTE (vergleichbar DSL 32.000) auf 64 Kbit/s (vergleichbar ISDN), also einen Geschwindigkeitsverlust von mehr als 99 %!

Seit die Internetverbindung nicht mehr komplett getrennt, sondern nur noch drastisch abgebremst wird, bezeichnen fast alle Anbieter ihre Datentarife als Internetflatrate. Entscheidend für die Preisunterschiede ist das Datenvolumen, bei dem die Bremse zuschlägt.

Bis vor etwa einem Jahr musste man die Datentarife zum Telefontarif dazukaufen oder Telefonminuten oder Flatrates zu einem Datentarif. Dabei war bei den meisten Anbietern nur die eine Tarifkomponente wirklich günstig, bei der anderen zahlte man deutlich mehr als bei anderen Anbietern. In letzter Zeit haben die meisten Mobilfunkbetreiber spezielle Smartphone-Tarife auf den Markt gebracht, die günstige Minutenpakete oder Flatrates zum Telefonieren mit einer Internetflatrate mit meist 200–300 MByte Inklusivvolumen kombinieren.

Diese Tarife bieten sich für alle an, die ihr Smartphone eher durchschnittlich sowohl zum Telefonieren als auch fürs Internet nutzen, und sind auch ideal für alle, die von einem einfachen Handy auf ein Smartphone umsteigen und nicht allein durch dessen Hintergrundaktivität in eine Kostenfalle tappen wollen. Wer überdurchschnittlich viel Internet nutzt oder sein Smartphone auch als Internetzugang fürs Notebook einsetzt, dafür aber wenig telefoniert, kommt mit einem speziellen Datentarif immer noch besser weg.

> **Tariftipp**
>
> Der derzeit (Sommer 2014) günstigste Smartphone-Tarif kostet mit 500 MByte Datenvolumen, 100 Freiminuten und 100 Frei-SMS 4,95 Euro im Monat: *bit.ly/ DeutschlandSIM500*. Leider ist dieser Tarif zwischenzeitlich immer mal wieder ausverkauft.

Ein weiteres wichtiges Auswahlkriterium für einen Internettarif ist neben dem Preis die Netzqualität bzw. Verfügbarkeit in der Region, in der man das Smartphone vorrangig nutzen möchte. Telefonieren kann man inzwischen in Deutschland fast überall, mit dem Internetzugang über schnelles HSPA sieht es jedoch ganz anders aus. Während die D-Netze von Vodafone und Telekom fast flächendeckend UMTS/HSDPA oder auch LTE mit bis zu 42 Mbit/s bieten, hängen die E-Netze von E-Plus und O2 noch deutlich hinterher. Hier stehen HSDPA und auch UMTS nur in den großen Ballungsräumen zur Verfügung, in Kleinstädten muss man sich häufig mit GPRS zufriedengeben.

Auf dem flachen Land gibt es noch große Versorgungslücken, wo mobiles Internet überhaupt nicht möglich ist. Auf diesen weißen Flecken der deutschen Landkarte bieten die D-Netze zumindest noch GPRS-Anbindung. Die Netzbetreiber werben zwar mit sehr hohen Prozentzahlen, wie viele Einwohner Deutschlands mittlerweile schnelles Internet über HSDPA nutzen können, allerdings beziehen sich diese auf die Bevölkerung und deren Wohnorte, nicht auf die Fläche Deutschlands. 80 % der Deutschen wohnen auf 20 % der Landesfläche. Demnach blieben selbst bei 80 % UMTS-Versorgung der Bevölkerung theoretisch 80 % der Fläche unterversorgt

In ländlichen Regionen und Mittelgebirgen sowie im Osten und äußersten Süden Deutschlands haben alle Mobilfunkprovider noch erhebliche Versorgungslücken im UMTS-Netz. In großstädtischen Ballungsräumen und den Tourismusregionen entlang der Küsten sind die Netze hingegen gut ausgebaut.

Alle aktuellen deutschen Netzbetreiber bieten interaktive Landkarten an, auf denen man die Netzabdeckung für GSM/GPRS, EDGE, UMTS, HSDPA und –

wenn angeboten – auch LTE ablesen kann. Diese Angaben gelten natürlich immer unter optimalen Bedingungen im Freien ohne Verschattung durch Gebäude und ohne schnelle Bewegung.

> **INFO:** Interaktive Karten zur Netzabdeckung der großen deutschen Mobilfunkanbieter:
>
> | Vodafone | *goo.gl/lR2oF* | E-Plus | *goo.gl/BU8WT4* |
> |---|---|---|---|
> | Telekom | *goo.gl/k3kGA* | O2 | *goo.gl/mbG1k* |

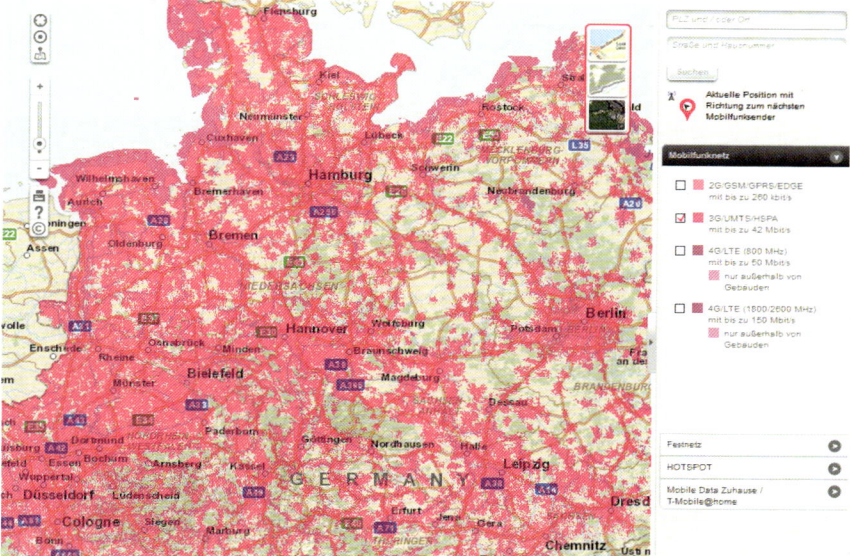

UMTS-Netzausbau der Telekom (Grafik: Telekom, Stand: August 2014).

LTE

Mit dem neuen Mobilfunkstandard LTE (**L**ong **T**erm **E**volution = langfristige Entwicklung), auch als Mobilfunk der vierten Generation bezeichnet, sollen in erster Linie ländliche Regionen versorgt werden, in denen bisher keine DSL-Festnetzanschlüsse zur Verfügung standen. Anstatt über ein Telefonkabel kommt das Internetsignal dabei über Funk ins Haus und das mit theoretisch bis zu 42,2 Mbit/s. LTE wird zwar von den Netzbetreibern als Festnetzersatz vermarktet, basiert aber wie UMTS auf Mobilfunktechnik und kann sogar die vorhandene UMTS-Mobilfunk-Infrastruktur in Teilen mitverwenden.

Natürlich eignet sich diese Technik auch für den schnellen Internetzugang bei entsprechend ausgestatteten Smartphones. Samsung liefert beispielsweise das Galaxy S5 auch in einer LTE-Version, die in Deutschland über Telekom, Vodafone und O2 zusammen mit derzeit noch sehr teuren LTE-Tarifen vermarktet wird.

Datennutzung ermitteln

Wegen der oft knapp begrenzten Flatrates in günstigen Mobilfunkverträgen ist die Anzeige der Datennutzung für viele User sehr interessant. In den *Einstellungen* unter *Datenverbrauch* können Sie rechtzeitig abschätzen, wann das Freivolumen Ihrer Flatrate aufgebraucht ist und welche Apps den größten Datenverkehr verursachen. Damit diese Anzeige optimal nutzbar ist, stellen Sie unter *Datennutzungszyklus* den Tag des Monats ein, an dem Ihr Mobilfunkanbieter das monatliche Datenvolumen der Flatrate zurücksetzt. Diesen Tag finden Sie üblicherweise auf Ihrer Mobilfunkrechnung.

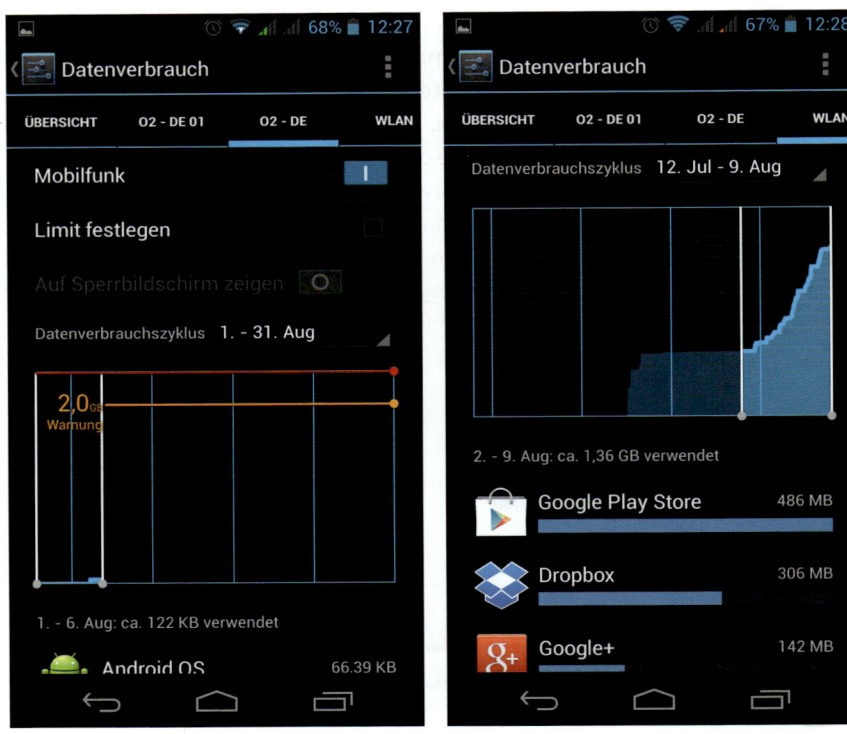

Datenverbrauch anzeigen.

Zum Vergleich zeigen die *Einstellungen* auch den Datenverbrauch im WLAN an. Bei Dual-SIM-Smartphones wird das verbrauchte Datenvolumen für jede SIM-Karte getrennt ermittelt.

Dual-SIM-Smartphones

Viele vermeintlich günstige Telefontarife sind in der Internetnutzung so teuer, dass sie für Smartphones uninteressant werden. Umgekehrt haben die preiswerten Surfflatrates oft hohe Minutenpreise beim Telefonieren. Es gibt viele Gründe, heute zwei SIM-Karten zu verwenden. Dafür aber immer zwei Handys mit sich herumzutragen, kann schnell lästig werden.

Dual-SIM-Smartphones bieten eine Lösung, die Tarifvorteile von zwei SIM-Karten zu nutzen und so z. B. eine Telefonflatrate bei einem billigen E-Netz-Anbieter mit einem Internettarif im deutlich besser ausgebauten D-Netz zu kombinieren. Außerdem braucht man statt eines beruflichen und eines privaten Handys nur noch ein Gerät. Im Urlaub oder nachts schaltet man die berufliche SIM-Karte einfach aus.

In Deutschland sind Dual-SIM-Smartphones den Mobilfunkprovidern, die auch die heimliche Macht über den Handymarkt haben, ein Dorn im Auge. Daher kommen die meisten derartigen Geräte aus China, wo zwei und mehr SIM-Karten in einem Handy alltäglich sind. Derartige Smartphones sind hierzulande oft nur über eBay erhältlich. Viele der preisgünstigen Geräte bieten zum Internetzugang nur das relativ langsame EDGE, kein UMTS an. Obwohl die chinesischen Geräte häufig an das Gehäusedesign bekannter Marken-Smartphones angelehnt sind, unterscheiden sie sich meist durch einen deutlich schwächeren Prozessor, eine sehr geringe Bildschirmauflösung und das Fehlen der Google-Zertifizierung. Deshalb fehlen auf diesen Geräten fast immer die Google Apps, Gmail, Google Maps und Google Play.

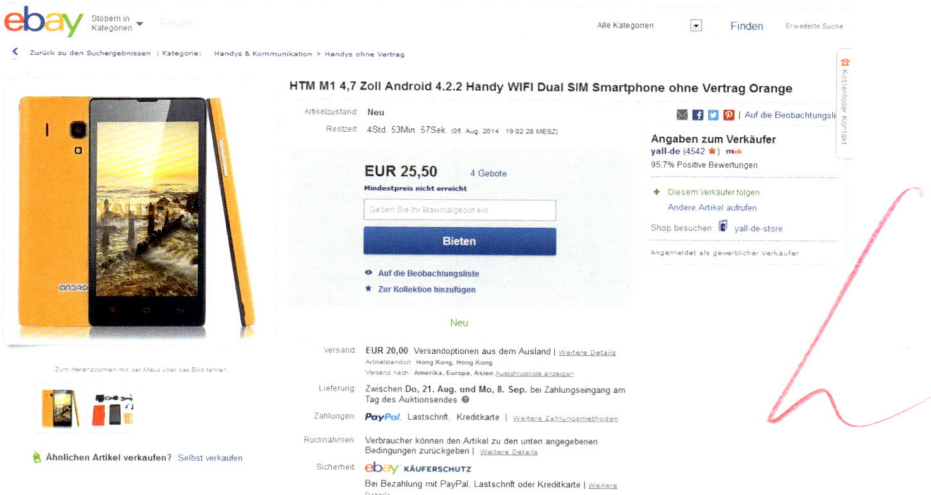

Typisches chinesisches Dual-SIM-Smartphone bei eBay.

2 ▪ Alltag mit dem Android-Smartphone

Auch bekannte Handyhersteller haben Dual-SIM-Smartphones im Programm, die allerdings in Deutschland kaum in einem Laden stehen. Archos stellt auf der IFA 2014 mit dem neuen Archos 50 Neon ein Dual-SIM-Smartphone speziell für den deutschen Markt vor.

Dual-SIM-Smartphones: Samsung Galaxy S5 Dual (chinesische Version), Sony Xperia M2 Dual, Archos 50 Neon (kein Größenvergleich).

Eine glänzende Ausnahme sind die aktuellen Dual-SIM-Handys von Simvalley, die über den Onlineversand Pearl (www.pearl.de) im deutschsprachigen Raum angeboten werden. Das Topmodell Simvalley SPX-28, ein Dual-SIM-Handy mit Android 4.2, hält technisch mit seinem 5-Zoll-Bildschirm (12,7 cm), 720 x 1.280 Pixeln Auflösung und 1,3-GHz Quad-Core-Prozessor mit den üblichen Smartphones der oberen Mittelklasse mit und unterstützt als eines von wenigen Dual-SIM-Androiden HSPA+ bis 21,1 Mbit/s und den WLAN n-Standard. Das preisgünstigere Simvalley SP-142 mit 4,5 Zoll Touchscreen (11,4 cm) und 540 x 960 Pixel Auflösung verfügt über einen 1,2-GHz-Prozessor und eine 5-Megapixel-Kamera.

> ### Dual-SIM-Outdoor-Smartphone
>
> Simvalley bietet mit dem SPT-900 ein Outdoor-Smartphone mit Dual-SIM-Technik an. Gerade weit weg von der Zivilisation funktionieren oft nur einzelne Mobilfunknetze. Hier erhöht die Dual-SIM-Technik die Wahrscheinlichkeit, im Notfall überhaupt Handyempfang zu haben. Das SPT-900 steckt in einem robusten IP67-zertifizierten wasserdichten Gehäuse.

Dual-SIM-Smartphones Simvalley SPX-28, SP-142, SPT-900 (kein Größenvergleich; Fotos: Pearl).

Neben der reinen Technik ist bei Dual-SIM-Handys die Integration der beiden SIM-Karten ins Betriebssystem wichtig. Android bietet von sich aus keine Dual-SIM-Funktionalität. Hier hat Simvalley gute Arbeit geleistet.

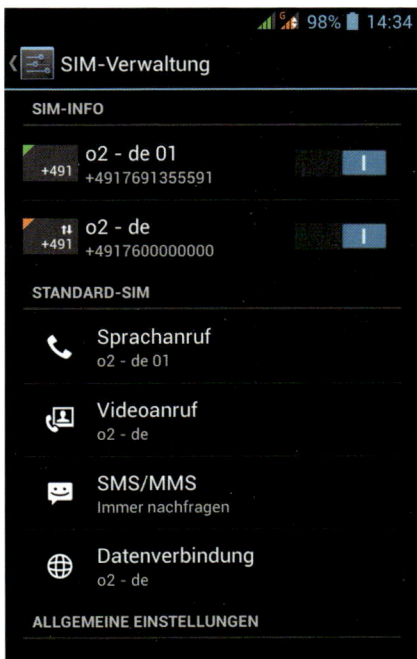

Dual-SIM-Einstellungen auf einem Simvalley-Smartphone.

Bei Sprachanrufen und SMS kann man jedes Mal wählen, welche SIM-Karte genutzt werden soll, oder auch eine SIM-Karte als Standard voreinstellen. Für Datenverbindungen legt man eine SIM-Karte fest, und zwar die mit dem günstigeren Internettarif. Die Statusleiste zeigt die Signalstärke für beide SIM-Karten parallel an. Der Datenverbrauch wird ebenfalls für beide SIM-Karten getrennt angezeigt.

Mit den richtigen Apps kostenlos ins Ausland telefonieren

Vom Festnetz ins Ausland telefonieren ist teuer, vom Handy ist es noch teurer. Mit den richtigen Apps kann man deutlich Geld sparen oder gar ganz kostenlos telefonieren. Dabei gibt es zwei verschiedene Methoden: Telefonieren per Voice over IP im Internet oder Telefonieren über eine Callthrough-Verbindung im normalen Telefonnetz.

Skype

Skype ist auf dem PC schon lange für kostenlose Telefonie im Internet bekannt. Skype funktioniert wie ein Messenger. Man registriert sich einmal mit seinem Namen auf der Skype-Webseite und kann dann alle Freunde, die ebenfalls

Skype verwenden, in eine Kontaktliste eintragen und deren Onlinestatus anzeigen lassen. Wie bei einem klassischen Messenger lassen sich auch Textnachrichten übertragen. Dabei werden auf dem Smartphone die gleichen Benutzernamen wie auch in der Skype-Version für PCs verwendet.

Durch Antippen eines Namens stellt man eine Gesprächsverbindung her. Mit Skype können Sie nicht nur mit anderen Skype-Nutzern kostenlos telefonieren, sondern auch zu sehr günstigen Preisen in das normale Telefonnetz der meisten Länder der Welt anrufen. Dazu kauft man ähnlich wie bei einer Prepaid-Karte online ein SkypeOut-Guthaben und wählt dann in der App die Telefonnummer. Skype listet die Gebühren für Gespräche in verschiedene Länder unter *www.skype.com/de/rates* auf.

Skype verwendet nicht das Mobilfunk-Telefonnetz, sondern eine Internetverbindung. Die App funktioniert am besten über WLAN, aber auch über UMTS oder HSDPA. Hier braucht man allerdings eine umfangreiche Datenflatrate, da bei VoIP-Gesprächen erhebliches Datenvolumen anfallen kann. Manche Mobilfunkbetreiber schließen VoIP-Gespräche in ihrer Flatrate explizit aus.

Telefonieren mit dem Android-Smartphone

 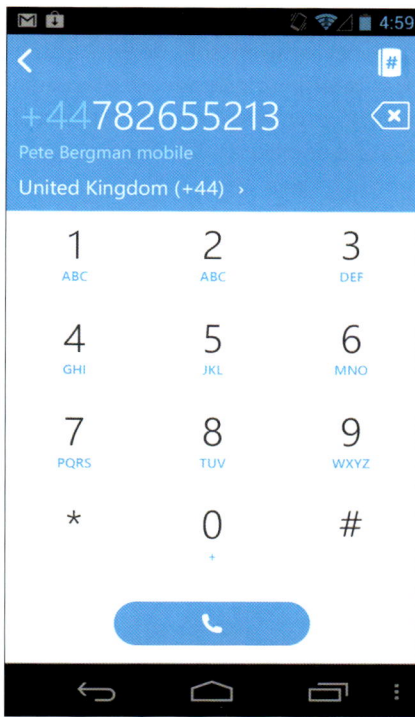

Telefonieren per Skype.

> **TIPP:** Für eine gute Gesprächsqualität sollte man sich mit dem Smartphone nicht zu hektisch bewegen und äußere Störquellen meiden.

Cheap Calls

Cheap Calls nutzt das normale Telefonnetz und nicht das Internet für kostenlose oder sehr kostengünstige Gespräche ins Ausland. Alle Gespräche in die unterstützten Länder kosten nur noch so viel wie ganz normale Festnetzgespräche   innerhalb Deutschlands. Mit einer Festnetzflatrate oder Inklusivminuten ins Festnetz sind Auslandsgespräche sogar komplett kostenlos, und das ohne Abo, Prepaid-Guthaben oder Registrierung. Welche Länder Cheap Calls unterstützt, finden Sie unter *www.cheapcalls.de/rates*.

Cheap Calls bietet beste Sprachqualität, da man nicht über VoIP, WLAN oder Softphones wie bei anderen Anbietern, sondern über das deutsche Telefonnetz telefoniert. Daher ist auch keine Datenflatrate zum Telefonieren erforderlich, sondern eher eine Festnetzflatrate oder ausreichend Inklusivminuten zum Telefonieren ins Festnetz.

Cheap Calls baut Gespräche über eine deutsche Einwahlnummer im Festnetz auf. Von dort werden die Gespräche dann kostengünstig ins Ausland weitergeleitet. So zahlen Sie nur die deutschen Festnetztarife Ihres Mobilfunkanbieters und einen Auslandszuschlag, der über ein eigenes Prepaid-Guthaben bei Cheap Calls abgerechnet und nicht Ihrer Mobilfunkrechnung angelastet wird.

 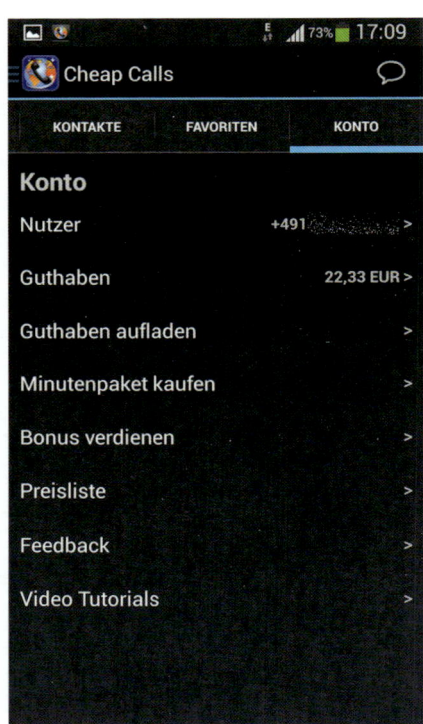

Telefonieren über Cheap Calls.

Starten Sie die *Cheap Calls*-App und wählen Sie Ihren Gesprächspartner aus dem Telefonbuch des Smartphones aus oder geben Sie die Nummer direkt mit dem Ziffernblock der App ein. Cheap Calls ermittelt automatisch, ob die Nummer unterstützt wird, und verbindet Sie dann mit Ihrem Gesprächspartner über die deutsche Einwahlnummer. Sollte die Nummer Ihres Gesprächspartners nicht unterstützt werden, erhalten Sie einen entsprechenden Hinweis, ohne dass der Anruf aufgebaut wird. Damit wird das Risiko hoher Kosten für Auslandsgespräche vermieden.

Adressbuch – Kontakte

Seit den ersten Handys kann man dort seine wichtigsten Telefonnummern mit Namen speichern. Die Zeiten, in denen man beim Wechsel auf ein neues Handy Termine und Telefonnummern abtippen musste, sind lange vorbei. Heute synchronisiert man seine Daten mit dem PC oder in der Cloud.

Auf Android-Smartphones ist eine komplette Kontaktverwaltung enthalten, mit der Sie Ihr Adressbuch nicht nur auf dem Smartphone, sondern auch auf dem PC über ein Google-Konto verwalten können. Die App *Kontakte* synchronisiert automatisch die Adressen, die in dem Google-Konto gespeichert sind, das bei der Einrichtung des Smartphones festgelegt wurde. Damit haben Sie die gleiche Kontaktliste auf dem Smartphone, auf dem PC und auf jedem anderen Gerät, das mit einem Google-Konto synchronisieren kann, zur Verfügung.

Mit einer vertikalen Fingerbewegung auf dem Touchscreen können Sie schnell durch das Adressbuch blättern. Der aktuelle Anfangsbuchstabe wird großflächig angezeigt, damit Sie im richtigen Moment stoppen können. Außerdem finden Sie bestimmte Personen schnell im Adressbuch, indem Sie die Anfangsbuchstaben des Namens eintippen. Das Adressbuch filtert die Liste immer genauer, je mehr Buchstaben bereits eingegeben sind.

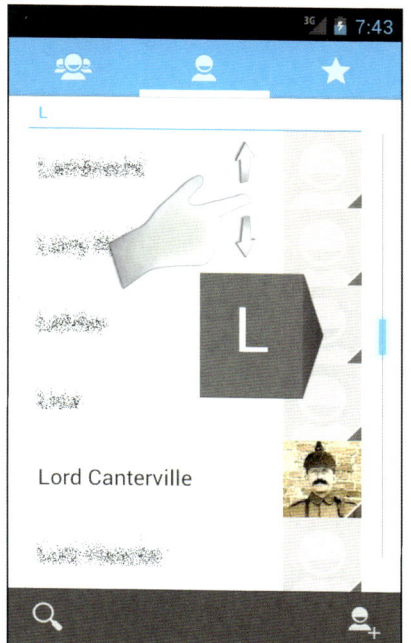
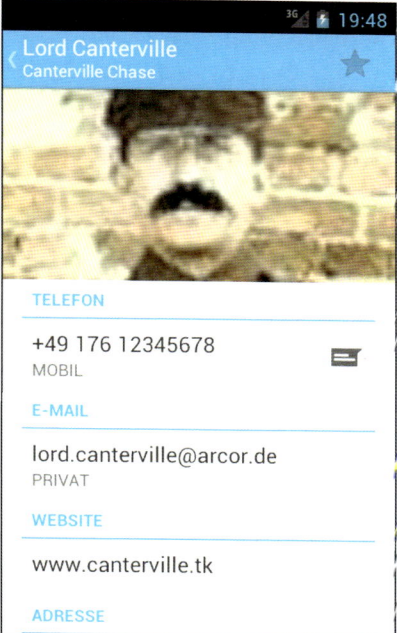

Das Adressbuch auf einem Android-Smartphone.

Tippen Sie auf einen Eintrag, werden alle zu dieser Person gespeicherten Daten angezeigt. Diese sind automatisch mit der passenden App verknüpft. Tippen Sie also auf die Telefonnummer, ruft das Smartphone die Person an, tippen Sie auf eine E-Mail-Adresse, öffnet sich die E-Mail-App.

> **Datenschutz**
>
> Immer wieder hört man die Medien gegen Google wettern. Tatsächlich ist aber kein Fall bekannt, dass Google mit den anvertrauten Daten irgendetwas Vertragswidriges gemacht hätte. Auch ist die Wahrscheinlichkeit, ein fremder Hacker könnte bei Google einbrechen und die persönlichen Daten stehlen, dank erhöhter Sicherheit der Großrechenzentren deutlich geringer, als dass ein Hacker per Trojaner auf dem eigenen Computer Daten stiehlt oder ein ganz simpler Dieb einfach das Smartphone samt Daten klaut.

Kontakte sortieren

Die App *Kontakte* bietet verschiedene Möglichkeiten zur Darstellung und Sortierung von Namen. So können Sie entweder die in Westeuropa übliche Schreibweise mit Vor- und Nachname verwenden – *Hans Müller* – oder die sogenannte bayerische Variante – *Müller, Hans*. Unabhängig von der Darstellung lassen sich die Kontakte nach Vorname oder Nachname in der Liste sortieren.

Um die Einstellungen zu ändern, tippen Sie in der Kontaktliste auf das Menüsymbol mit den drei Punkten unten rechts und wählen im Menü die *Einstellungen*. Hier finden Sie die Optionen *Liste sortieren nach* und *Kontaktnamen-Anzeige*.

Neue Adresse eintragen

In der App *Kontakte* können Sie jederzeit einen neuen Eintrag hinzufügen. Tippen Sie dazu in der Liste auf das Symbol mit dem Pluszeichen – es befindet sich meist über oder unter der Kontaktliste. Jetzt müssen Sie angeben, ob der Kontakt nur im Telefon oder in Ihrem Google-Konto gespeichert werden soll. Für eine vollständige Synchronisierung wählen Sie natürlich immer Ihr Google-Konto aus. Haben Sie mehr als ein Konto verknüpft, müssen Sie das gewünschte Google-Konto angeben.

Es öffnet sich ein Formular zur Eingabe der Kontaktdaten einer neuen Person. Mit einer vertikalen Fingerbewegung auf dem Touchscreen können Sie nach oben und unten zwischen den Feldern hin- und herblättern. Geben Sie hier die jeweiligen Daten ein. Sie brauchen nicht alle Felder auszufüllen.

Adressbuch – Kontakte

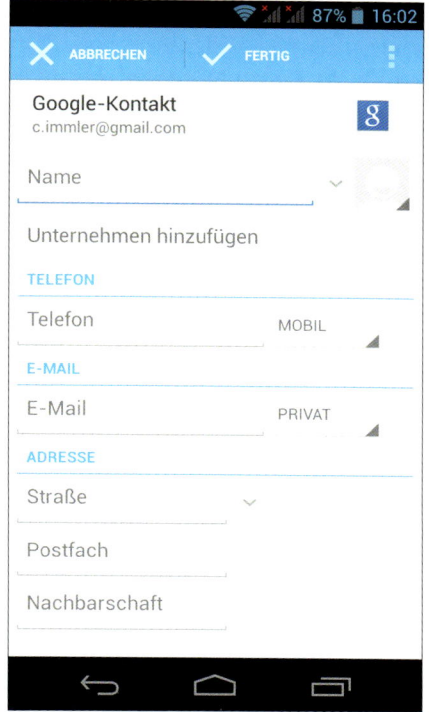 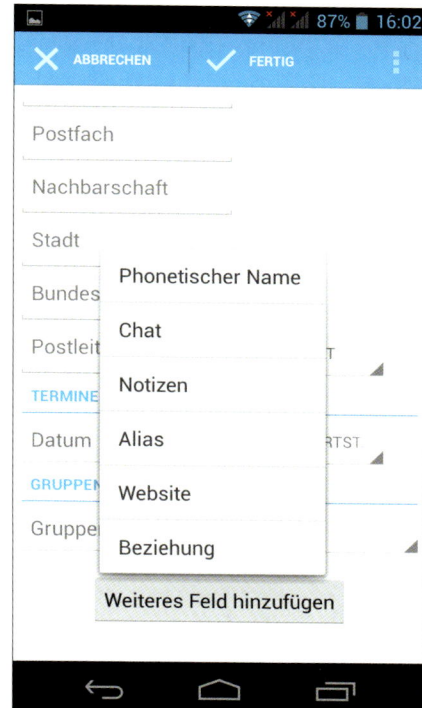

Neuen Kontakt hinzufügen.

In den Feldern für Telefonnummer und E-Mail-Adresse können Sie noch weitere Telefonnummern und Mailadressen hinzufügen. Nach der Eingabe einer Telefonnummer oder E-Mail-Adresse erscheint darunter das Wort *Hinzufügen*. Tippen Sie darauf, wird sofort ein weiteres Eingabefeld angelegt.

Wählen Sie die Art der Telefonnummer sowie der E-Mail-Adresse aus, indem Sie auf das Feld rechts daneben tippen. Hier erscheint eine Liste verschiedener Typen von Telefonnummern: *Privat*, *Mobil*, *Geschäftlich* etc.

Spezielle, selten gebrauchte Felder werden standardmäßig nicht zur Eingabe angeboten. Diese können Sie über die Schaltfläche *Weiteres Feld hinzufügen* einblenden.

Adresse bearbeiten

Natürlich können Sie einen gespeicherten Adressbucheintrag auch nachträglich bearbeiten. Tippen Sie dazu in der Anzeige des jeweiligen Eintrags auf die Menü-Taste und wählen Sie im Menü *Bearbeiten*. Sie haben dann die gleichen Funktionen zur Verfügung wie beim Anlegen eines neuen Eintrags im Adressbuch.

Visitenkarten drahtlos übertragen

Viel einfacher als über klassische Visitenkarten auf Papier lassen sich Kontaktdaten drahtlos von einem Smartphone auf ein anderes übertragen und beim Empfänger direkt ins Adressbuch übernehmen.

1. Wählen Sie den Kontakt im Adressbuch, tippen Sie auf das Menüsymbol oben rechts und wählen Sie im Menü *Teilen*.

2. Wählen Sie in der Liste installierter Kommunikations-Apps die gewünschte Versandart aus.

3. Bei E-Mail oder Gmail öffnet sich eine neue Mail. Hier brauchen Sie nur noch den Empfänger und einen kurzen Text einzutragen. Die Kontaktdaten sind bereits angehängt.

4. Der Empfänger kann den Kontakt direkt in sein Adressbuch auf dem Smartphone importieren, indem er den Mailanhang öffnet. Vor dem Importieren muss allerdings das Konto gewählt werden, wenn mehrere Konten auf dem Smartphone eingerichtet sind.

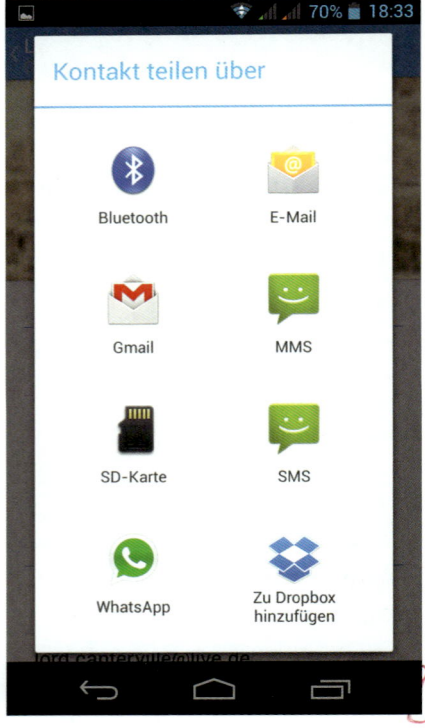

Kontaktdaten aus dem Adressbuch versenden.

Adressbuch – Kontakte

> **Termineinladungen an PCs und einfache Handys verschicken**
>
> Android verwendet hierfür das Format VCF (vCard). Diese Dateien können auch auf dem PC von verschiedenen Anwendungen, wie z. B. Microsoft Outlook, importiert werden. Da es sich um ein reines Textformat handelt, lassen sich Kontakte sogar per SMS auf ganz einfache Handys schicken.

Adressbuch auf dem PC bearbeiten

Wesentlich komfortabler als auf dem Smartphone selbst kann man das Adressbuch auf dem PC bei Gmail bearbeiten.

Melden Sie sich mit den gleichen Zugangsdaten bei *mail.google.com* an, die Sie auch auf dem Smartphone verwenden. Unter *Kontakte* finden Sie dort das komplette Adressbuch des Smartphones und können alle Daten direkt bearbeiten sowie auch neue Kontakte hinzufügen.

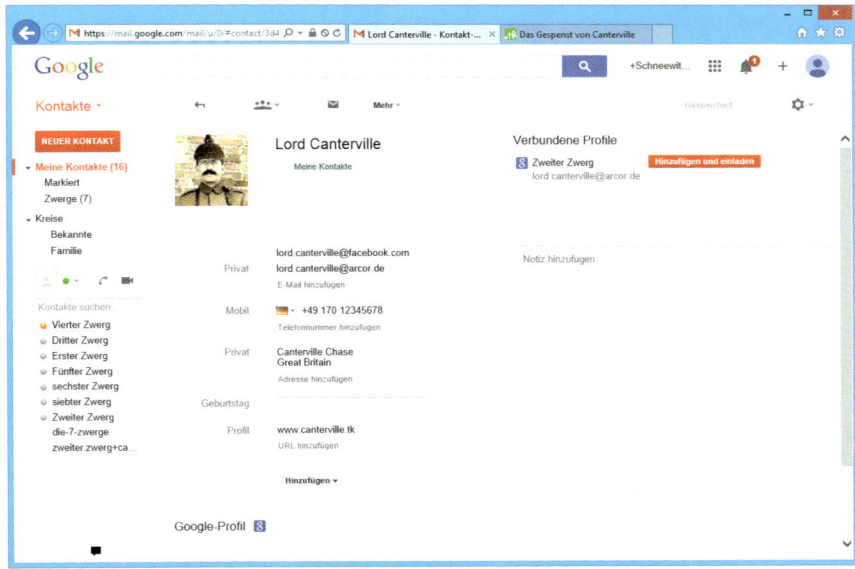

Kontakte vom Smartphone im Google-Konto auf dem PC bearbeiten.

Haben Sie früher Ihre Adressen auf dem PC mit Outlook oder einem anderen Programm verwaltet, können Sie sie nun ins Google-Konto einlesen.

1. Suchen Sie dazu in Ihrer bisherigen Adressverwaltung eine Funktion zum Export im CSV-Format. Dabei handelt es sich um ein einfaches Textformat, das sogar mit einem Texteditor bearbeitet werden kann. In Outlook heißt der Menüpunkt *Datei/Importieren/Exportieren/Exportieren*. Wählen Sie dort

Kommagetrennte Werte (Windows) und *Kontakte*. In Outlook Express heißt es *Datei/Exportieren/ Adressbuch* und im nächsten Schritt *Textdatei (mit Kommas als Trennzeichen)*.

2. Klicken Sie in der Liste aller Kontakte im Google-Konto auf dem PC links auf *Kontakte importieren* und wählen Sie dann den Menüpunkt *Importieren*.

3. Wählen Sie jetzt die CSV-Datei aus, die Sie aus Ihrer alten Adressverwaltung exportiert haben, und klicken Sie auf *Importieren*.

Kontakte aus einer CSV-Datei importieren.

Die Kontakte werden importiert und danach im Google-Konto angezeigt. Sollte es Schwierigkeiten beim Import geben, klicken Sie auf den Link *Weitere Informationen*. Hier finden Sie detaillierte Hinweise zu den CSV-Formaten, die Google importieren kann.

> **INFO:** Die Synchronisation der Daten mit dem Smartphone erfolgt vollautomatisch im Hintergrund. Nach wenigen Sekunden ist eine bearbeitete Adresse auf dem Smartphone, ohne dass Sie irgendetwas tun müssen.

Wer sein Outlook noch nicht ganz aufgeben will, kann die Kontakte aus Outlook auch mit dem Google-Konto synchronisieren, sodass sie bei Veränderungen in beiden Anwendungen zur Verfügung stehen. Weder Google noch Microsoft bieten eigene Tools zu diesem Zweck an. Das kostenlose Programm *GO Contact Sync Mod* (googlesyncmod.sourceforge.net) erfüllt diesen Zweck aber sehr gut.

Terminkalender

Neben dem Adressbuch verfügt ein Android-Smartphone auch über einen handlichen Terminkalender, der immer greifbar ist. Mit dem Google-Kalender sind die Termine auf dem Smartphone und dem PC immer synchron. Jeder, der ein Google-Konto hat, hat damit automatisch auch einen Google-Kalender, man muss ihn nur nutzen.

Im Browser auf dem PC finden Sie Ihren persönlichen Google-Kalender unter *calendar.google.com*. Dort können Sie Termine anlegen und auch auf dem Smartphone angelegte Termine einsehen und bearbeiten. Die Synchronisation mit dem Google-Kalender wird mit der Einrichtung des Google-Kontos auf dem Smartphone automatisch mit eingerichtet.

Die App *Kalender* auf dem Smartphone zeigt automatisch alle Termine, die Sie im Google-Kalender vermerkt haben. Sie können natürlich auch jederzeit neue Termine eintragen.

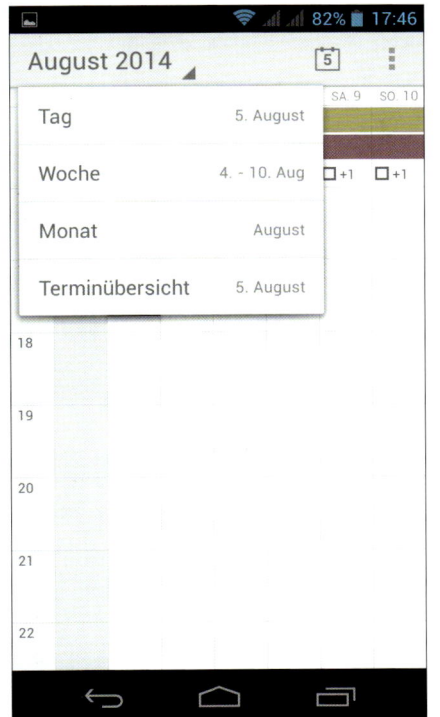 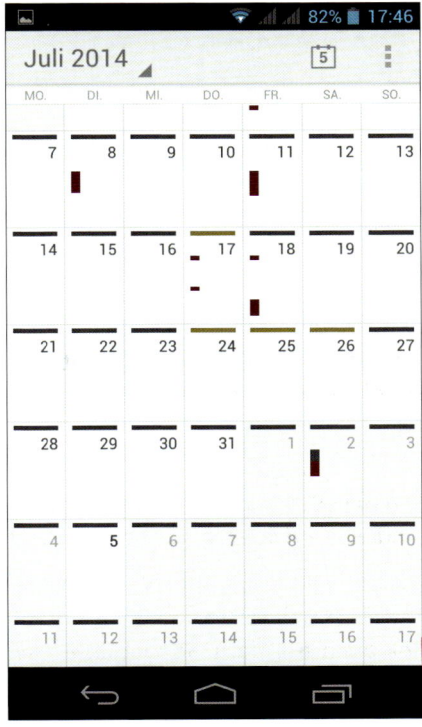

Zwischen verschiedenen Ansichten im Kalender umschalten.

Tippen Sie auf das Feld links oben, wo der Monat oder das Datum angezeigt wird, um zwischen verschiedenen Ansichten umzuschalten. Mit einer vertikalen oder horizontalen Fingerbewegung kommen Sie innerhalb einer Ansicht zu einem späteren Datum, zum Beispiel auf den nächsten Monat oder die nächste Woche.

Der graue Balken zeigt das aktuelle Datum und die Zeit innerhalb der gerade dargestellten Ansicht – Monat, Woche oder Tag. In der Monatsansicht wird das aktuelle Datum hervorgehoben.

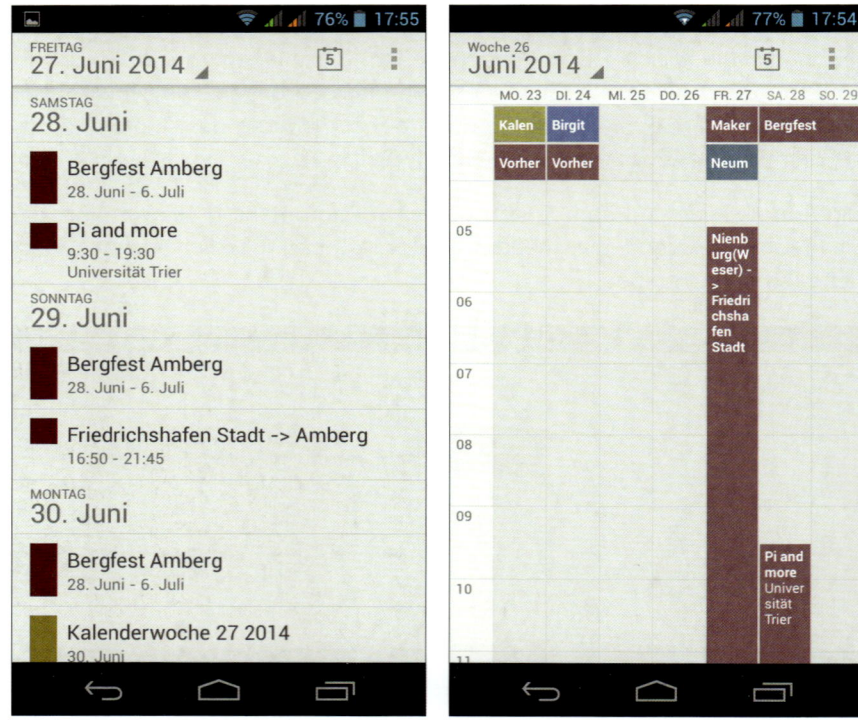

Terminübersicht und Wochenansicht im Kalender.

Neuen Termin im Kalender eintragen

Neue Termine können Sie auf dem Smartphone oder im Google-Kalender auf dem PC eintragen. Nach kurzer Zeit sind sie auf beiden Geräten vorhanden.

1. Um einen neuen Termin einzutragen, platzieren Sie die Markierung auf den gewünschten Zeitpunkt und tippen darauf. Es erscheint ein Formular, in dem Datum und Zeit bereits vorgewählt sind. Sie können diese aber auch jederzeit noch ändern. In der Grundeinstellung dauert jeder Termin eine Stunde. Sie können jedoch auch jederzeit eine andere Endzeit festlegen.

2. Ganz oben können Sie wählen, in welchem Kalender der Termin eingetragen werden soll, nur auf dem Handy, im Google-Konto oder in einem weiteren abonnierten Kalender.

3. Schalten Sie für ganztägige Termine die Option *Ganztägig* ein. Diese Termine erhalten dann keine Zeitangabe und erscheinen ganz oben in der Tages- und Wochenansicht.

 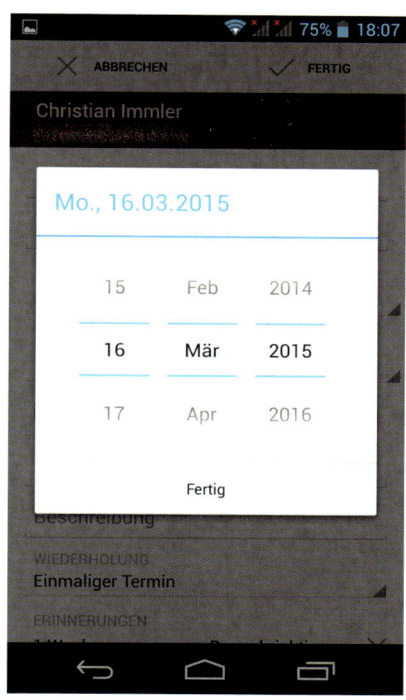

Termin im Kalender eintragen.

4. Geben Sie für den neuen Termin noch einen Namen und eine Beschreibung ein. Bei Bedarf können Sie auch noch Gäste hinzufügen.

5. Weiter unten können Sie Erinnerungen eintragen, wenn Sie vor dem Termin benachrichtigt werden möchten. Diese Einstellung können Sie auch später noch vornehmen.

6. Nach einem Klick auf *Fertig* erscheint der Termin im Kalender.

Tippen Sie später auf einen Termin, werden alle im Termin gespeicherten Angaben angezeigt. Mit dem Stiftsymbol oben rechts können Sie den Termin auch nachträglich noch bearbeiten.

Möchten Sie sich an einen Termin erinnern lassen, fügen Sie in der Terminanzeige eine Erinnerung hinzu. Das Smartphone erinnert dann über die Benachrichtigungsleiste und auf Wunsch auch mit einem Signalton rechtzeitig an den Termin. Den Zeitraum können Sie selbst festlegen.

Regelmäßige Termine brauchen nicht jedes Mal neu eingetragen zu werden. Der Kalender auf Android-Smartphones bietet diverse Möglichkeiten zur Terminwiederholung. Tippen Sie auf das Feld *Wiederholung* und wählen Sie eine Methode aus.

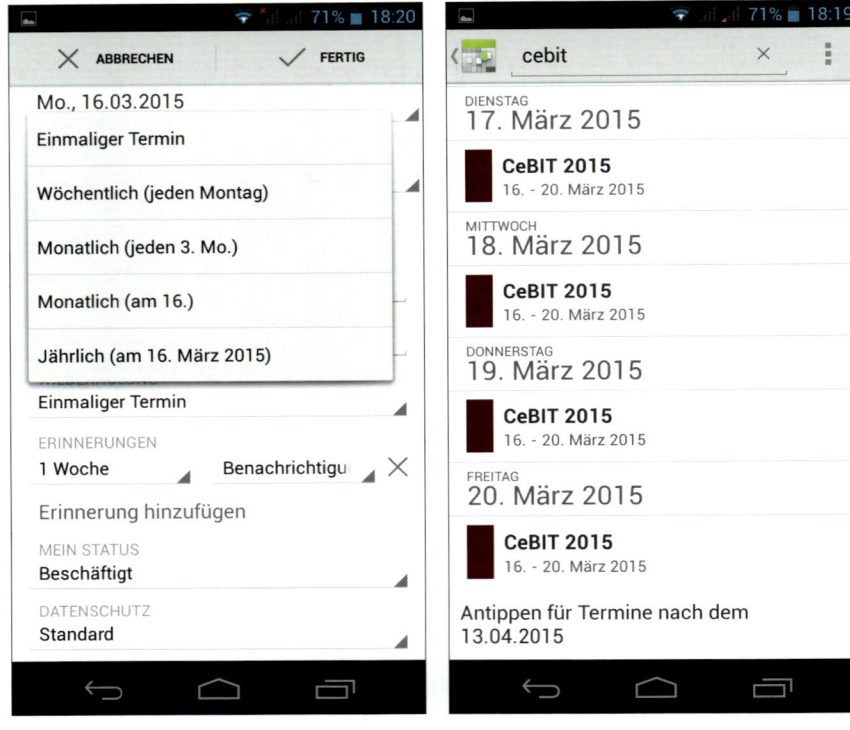

Terminwiederholung und Suche nach Terminen.

Haben Sie viele Termine im Kalender, ist es oft nicht einfach, einen bestimmten wiederzufinden, besonders wenn man sich nicht an das Datum erinnert. Hier hilft die Suchfunktion im Kalender weiter. Tippen Sie auf das Menüsymbol und wählen Sie im Menü *Suchen*. Nach Eingabe eines Stichwortes im Suchfeld zeigt der Kalender eine Übersicht aller Termine, in denen dieses Stichwort vorkommt. Dabei wird der angezeigte Zeitraum automatisch auf einen aktuellen Zeitraum eingeschränkt. Zum Anzeigen von Terminen, die weit in der Zukunft oder weit in der Vergangenheit liegen, tippen Sie auf die jeweiligen Anzeigen am Ende der Terminliste.

Wichtige Kalendereinstellungen

In den Kalendereinstellungen, die Sie über das Menüsymbol oben rechts erreichen, legen Sie fest, auf welche Weise das Smartphone an Termine erinnern soll. Neben der normalen Benachrichtigung über die Benachrichtigungsleiste kann auch ein Klingelton abgespielt oder ein Vibrationsalarm aktiviert werden. Auf Wunsch sind auch Pop-up-Benachrichtigungen mitten auf dem Bildschirm möglich, die jedoch die flüssige Benutzung des Smartphones jedes Mal unterbrechen. Hier legen Sie auch die Standardzeit für Erinnerungen fest, die sich für jeden Termin allerdings auch verändern lässt.

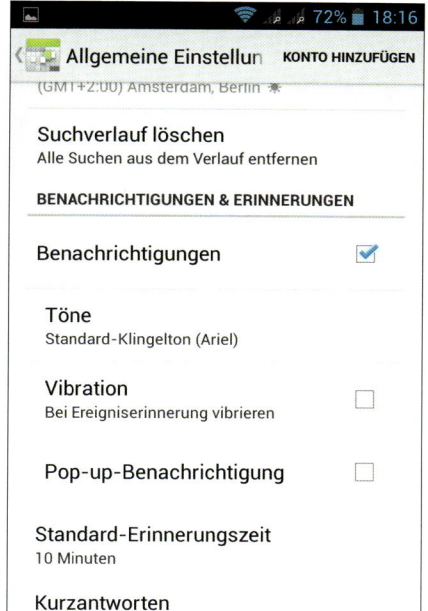
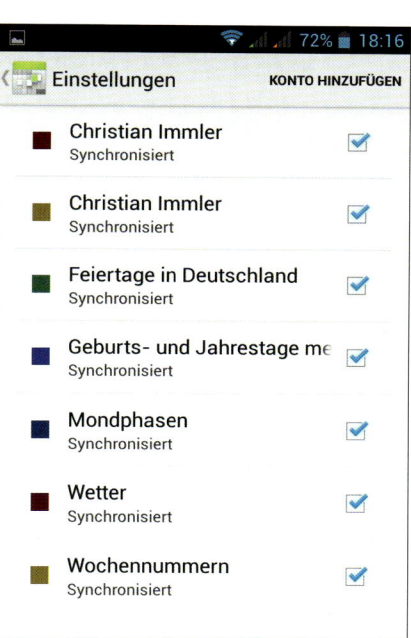

Kalender- und Synchronisationseinstellungen.

Haben Sie im Google-Konto mehrere Kalender, brauchen Sie nicht unbedingt immer alle Termine auf dem Smartphone. In den Synchronisationseinstellungen legen Sie fest, welche Kalender mit dem Smartphone synchronisiert werden sollen und welche nicht.

Kalender und Termine importieren

Der Google-Kalender bietet die Möglichkeit, weitere Kalender von Freunden, Firmenkalender oder öffentliche Kalender mit Feiertagen, Schulferien oder anderen Terminen zu importieren. Diese werden dann in anderer Farbe im eigenen Google-Kalender auf dem PC wie auch auf dem Smartphone angezeigt.

Um einen Kalender zu importieren, melden Sie sich auf dem PC im Browser bei *calendar.google.com* mit Ihrem Google-Konto an. In den *Einstellungen* unter *Kalender* können Sie weitere Kalender importieren. Welche dieser Kalender auf dem Smartphone angezeigt werden sollen, legen Sie im Menü unter *Anzuzeigende Kalender* fest.

Einige Apps können einzelne Termine direkt in den Google-Kalender auf dem Smartphone eintragen, ohne dass ein ganzer Kalender importiert werden muss. Diese werden dann auch synchronisiert und stehen auf dem PC im Browser zur Verfügung. Ein gutes Beispiel ist der DB Navigator, der den Fahrplan für eine ausgewählte Strecke auf Wunsch in den Kalender einträgt.

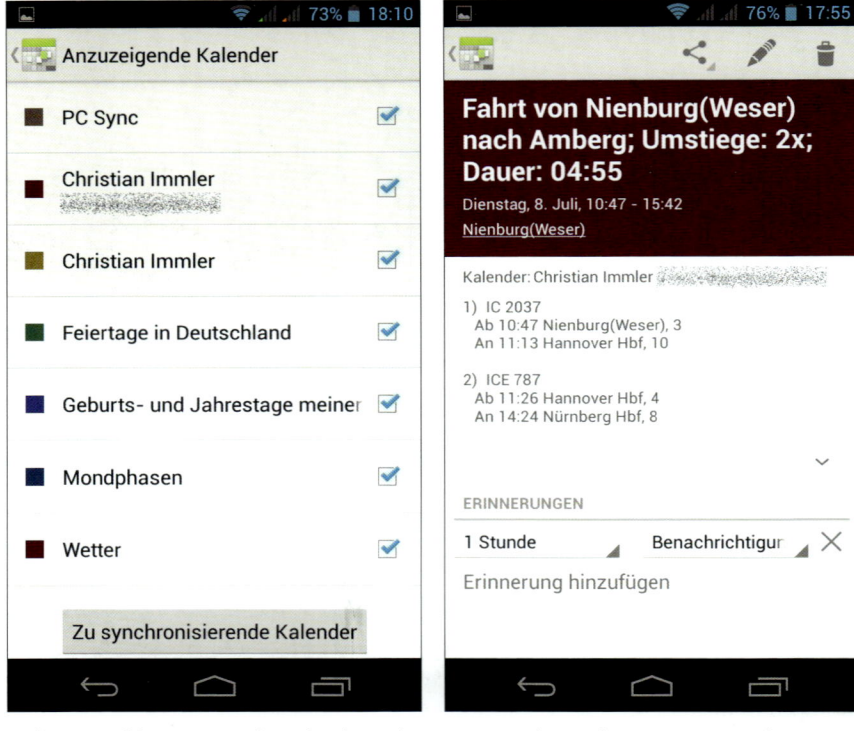

Links: Auswahl anzuzeigender Kalender, rechts: automatisch angelegter Termin aus dem DB Navigator.

Zu Terminen einladen

Andere Personen zu einem Termin einzuladen, ist häufig mit Missverständnissen verbunden. Da vergisst jemand den Ort oder den Zeitpunkt oder versäumt es einfach, den Termin in den Kalender einzutragen. Mit Android lassen sich Termine ganz einfach »teilen«.

Terminkalender

1. Wählen Sie im Kalender den Termin und tippen Sie oben auf das *Teilen*-Symbol.

2. Wählen Sie in der Liste installierter Kommunikations-Apps die gewünschte Versandart aus.

3. Bei E-Mail oder Gmail öffnet sich eine neue Mail. Hier brauchen Sie nur noch den Empfänger und einen kurzen Text einzutragen. Der Termin ist als Anhang bereits eingefügt.

4. Der Empfänger kann den Termin direkt in seinen Kalender auf dem Smartphone importieren, indem er den Mailanhang öffnet. Zur Sicherheit wird der Termin vor dem eigentlichen Importieren in den Kalender in einem Fenster auf dem Bildschirm angezeigt.

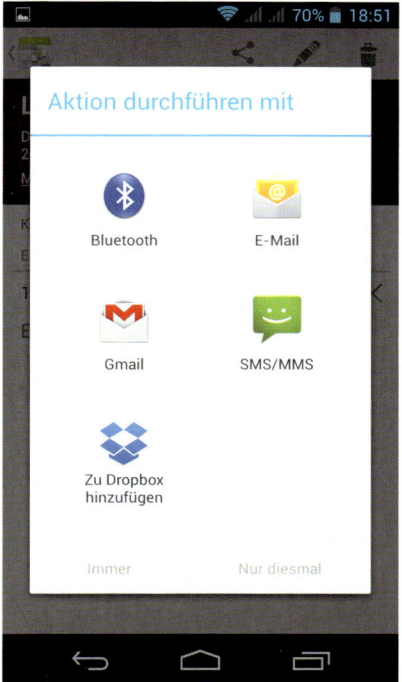 

Links: Termin versenden, rechts: Termin beim Empfänger in den Kalender importieren.

Termineinladungen an PCs verschicken

Android verwendet für den Versand von Terminen das Format VCS (vCalendar). Diese Dateien können auch auf dem PC von verschiedenen Kalendern wie z. B. Microsoft Outlook importiert werden.

Google-Kalender mit Mozilla Lightning synchronisieren

Verwenden Sie auf dem PC den Kalender von Thunderbird mit der Lightning-Erweiterung, können Sie Ihren persönlichen Google-Kalender direkt dort einbinden und auf diesem Weg Termine zwischen Smartphone und PC synchronisieren.

1. Zuerst brauchen Sie Ihre private Google-Kalender-Adresse. Lassen Sie sich dazu bei *calendar.google.com* Ihren Kalender anzeigen und klicken Sie links in der Kalenderspalte auf den kleinen Pfeil neben Ihrem privaten Kalender und wählen Sie dort *Kalender-Einstellungen*.

Die Einstellungen für den persönlichen Google-Kalender.

2. Klicken Sie jetzt mit der rechten Maustaste auf das grüne *ICAL*-Symbol bei *Privatadresse* und kopieren Sie über den Kontextmenüpunkt *Link-Adresse kopieren* Ihre persönliche Kalenderadresse in die Zwischenablage.

Hinter dem Symbol ICAL verbirgt sich die persönliche Kalenderadresse.

3. Wechseln Sie zu Thunderbird Lightning, klicken Sie mit der rechten Maustaste in die Kalenderspalte ganz links und wählen Sie dort den Menüpunkt *Neuer Kalender*.

4. Wählen Sie im nächsten Dialogfeld die Option *Im Netzwerk* und klicken Sie auf *Weiter*.

5. Wählen Sie im nächsten Dialogfeld das Format *Google Kalender* und tragen Sie im Feld *Adresse* Ihre persönliche Kalenderadresse aus der Zwischenablage ein.

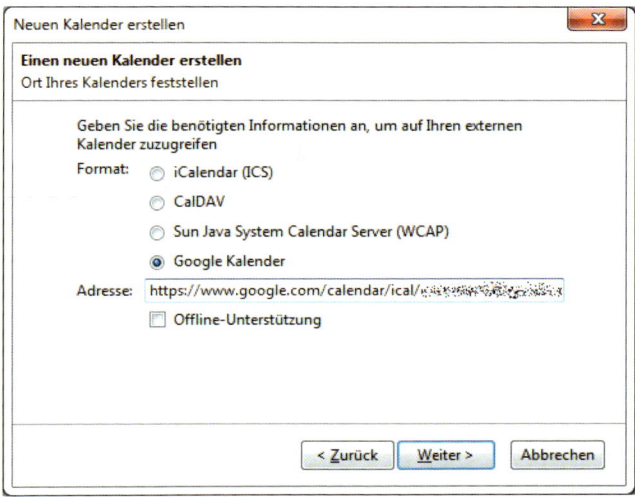

Google-Kalender in Thunderbird Lightning einbinden.

6. Im nächsten Schritt geben Sie dem Kalender noch einen Namen und eine Anzeigefarbe.

7. Danach synchronisiert sich der Google-Kalender automatisch mit Thunderbird Lightning.

> **INFO:** Mit einem großen Update im Herbst 2013 hat Google die Synchronisation mit Microsoft Outlook nach einer langen Ankündigungsphase endgültig eingestellt.

Uhr und Wecker

Ein Smartphone, das man fast immer bei sich trägt, eignet sich geradezu ideal als Taschenuhr oder Wecker. Android liefert eine Uhr für den Startbildschirm und einen Wecker mit. Auf vielen Geräten ist die Uhr auf dem Startbildschirm bereits vorinstalliert. Wenn nicht, können Sie das leicht selbst vornehmen.

Uhr auf den Startbildschirm bringen

Android liefert ein Widget mit einer Analoguhr mit, die gleichzeitig auch als Wecker benutzt werden kann.

1. Rufen Sie die Apps-Liste auf und schalten Sie dort auf die Seite *Widgets* um.

2. Tippen Sie etwas länger auf das Widget *Analoguhr*, bis der Startbildschirm erscheint.

 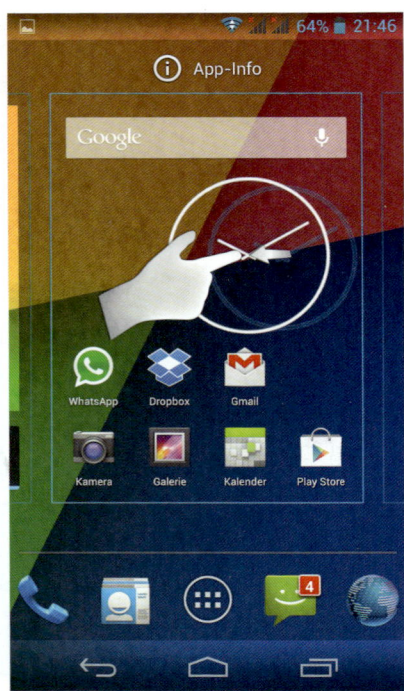

Uhr auf den Startbildschirm ziehen.

3. Jetzt können Sie das Widget an der gewünschten Position auf dem Startbildschirm ablegen und dort loslassen. Die Uhr wird ab sofort ständig auf dem Startbildschirm angezeigt.

Android liefert zu dem Widget auch noch eine App *Uhr* mit, die eine Digitaluhr im Vollbildmodus auf dem Bildschirm zeigt. Einfacher, als die App in der Liste zu finden, geht es aber, indem Sie einfach die Uhr auf dem Startbildschirm antippen.

Mit den Symbolen am oberen Bildschirmrand lässt sich diese App auch als Wecker, Kurzzeit-Timer und als Stoppuhr verwenden.

Tippen Sie auf das Standortsymbol unten in der Mitte, können Sie weitere Städte hinzufügen, deren aktuelle lokale Uhrzeit auf dem Uhrenbildschirm mit angezeigt werden soll.

Uhr und Wecker

Digitaluhr und Kurzzeit-Timer in der Uhr-App.

 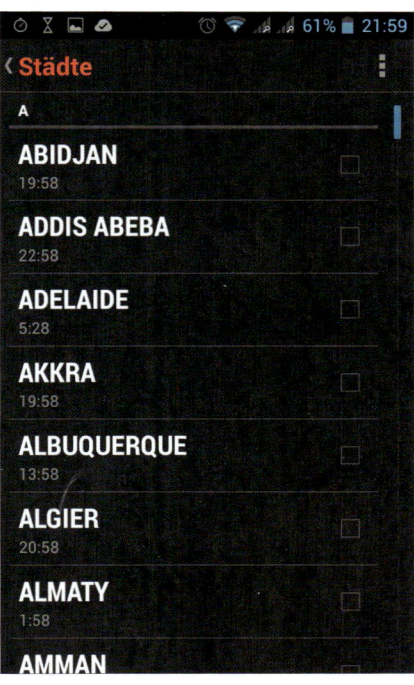

Weltzeituhr in der Uhr-App.

Wecker einstellen

In dieser App können Sie auch einen Wecker stellen.

1. Hier sind möglicherweise bereits ein paar Wecker voreingestellt, die Sie aktivieren oder auch ändern können.

2. Über die Schaltfläche mit dem Plussymbol oben rechts können Sie auch noch weitere neue Wecker festlegen. Auf diese Weise stellen Sie sich Wecker für verschiedene Tage oder Ereignisse, die sich wiederholen. Sie brauchen diese Wecker dann nur bei Bedarf ein- oder auszuschalten und müssen sie nicht jedes Mal neu einstellen.

3. Legen Sie die Weckzeit und den gewünschten Klingelton fest. Über die Liste *Wiederholen* bestimmen Sie die Wochentage, an denen der Wecker klingeln soll, wenn es sich nicht um ein einmaliges Ereignis handelt, an das Sie sich vom Wecker erinnern lassen wollen.

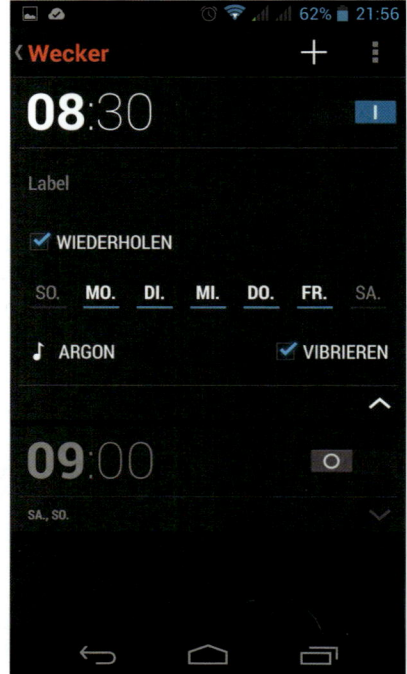 

Links: Weckereinstellungen, rechts: Der Wecker klingelt.

Ein Weckersymbol in der Benachrichtigungszeile oben rechts weist darauf hin, dass ein Wecker aktiv ist. Wenn dieser klingelt, erscheint zusätzlich eine auffällige Anzeige auf dem Bildschirm, unabhängig davon, welche App gerade läuft.

- Ziehen Sie in dieser Anzeige das Weckersymbol nach links auf das zzz-Symbol, bedeutet das, Sie möchten noch etwas schlummern. Der Wecker klingelt in wenigen Minuten noch einmal.

- Ziehen Sie das Weckersymbol nach rechts auf das Symbol mit dem wachen Auge, klingelt der Wecker nicht noch einmal, sondern erst wieder, wie es in der Wiederholung eingestellt ist, also beispielsweise am nächsten Tag.

Kapitel 3

Apps finden und installieren

Ähnlich wie es für PCs Tausende verschiedene Programme gibt, wird auch der Markt an Apps immer umfangreicher und zugleich unübersichtlicher. So ziemlich jedes erdenkliche Thema lässt sich mit der passenden App auf dem Handy darstellen. Für Android sind mittlerweile weit über 1.000.000 verschiedene Apps erhältlich, etwa zwei Drittel davon kostenlos. Allerdings werden Sie, wenn Sie sich einige Zeit mit diesem Thema beschäftigt haben, feststellen, dass Sie über 99 % dieser Apps nicht brauchen.

Der Google Play Store

Die erste Anlaufstelle, um Apps auf ein Android-Smartphone herunterzuladen, ist für die meisten Nutzer der Google Play Store (früher: Android Market). Zum Download aus dem großen Angebot ist eine spezielle App nötig, die auf allen Android-Smartphones mit Google-Zertifizierung vorinstalliert ist. Nur Smartphones besonders kleiner Hersteller, die sich keine Google-Lizenz leisten wollen, oder Geräte aus chinesischer Billigproduktion haben keinen Zugang zum Google Play Store.

Der Google Play Store listet alle Apps getrennt nach Anwendungen und Spielen in unterschiedlichen Kategorien auf. Hier kann man sich anhand von Bestenlisten und Empfehlungslisten inspirieren lassen. Diese Listen sollen zwar zur Orientierung dienen, sind aber weitgehend aussagelos, da sich Entwickler dort »einkaufen« können. Um eine bestimmte App zu finden, verwendet man am besten die Suchfunktion.

Der Google Play Store zeigt auf dem Smartphone immer nur die Apps an, die auf dem jeweiligen Gerät auch tatsächlich laufen. Zu jeder App werden eine Beschreibung sowie Screenshots angezeigt. Bei einigen Apps gibt es auch

YouTube-Videos, die die Funktion näher erläutern. Da die Beschreibungen sowie die Videos nicht von Google selbst stammen, sondern von den Entwicklern geliefert werden müssen und nur minimalen Qualitätskontrollen unterliegen, sind sie häufig kaum brauchbar.

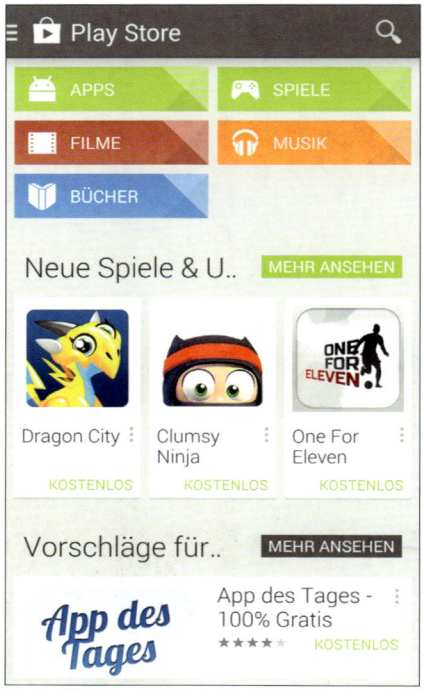 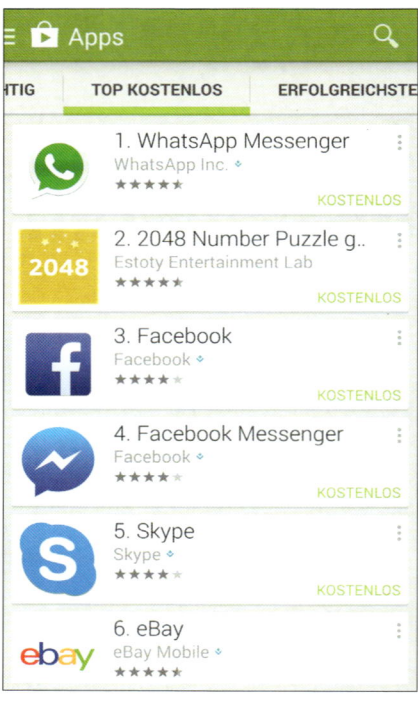

Der Google Play Store auf dem Smartphone.

> **ACHTUNG:** Der Google Play Store braucht eine Anmeldung mit einem Google-Konto. Falls Sie bei der Einrichtung Ihres Smartphones kein Google-Konto angegeben haben, müssen Sie dies spätestens tun, wenn Sie den Google Play Store nutzen wollen.

Apps auf dem Smartphone installieren

Zur Installation auf dem Smartphone sind nach Auswahl der App nur noch zwei Klicks erforderlich. Der Google Play Store zeigt an dieser Stelle an, auf welche Systemkomponenten die jeweilige App zugreifen kann. Diese Berechtigungen sollte man sich in jedem Fall vor der Installation ansehen. Viele werbefinanzierte Apps fordern uneingeschränkten Internetzugriff oder gar die Berechtigung, Anrufe zu tätigen oder SMS zu verschicken. Bei Apps wie zum Beispiel Telefonbüchern oder Branchenverzeichnissen ist diese Berechtigung zur Funktionalität wichtig, bei einfachen Spielen oder Grafikprogrammen besteht jedoch die Gefahr, dass Apps auf diesem Weg teure Verbindungen aufbauen – eine Betrugsmasche, die unter dem Namen Dialer schon zu Zeiten analoger Modems am PC bekannt war.

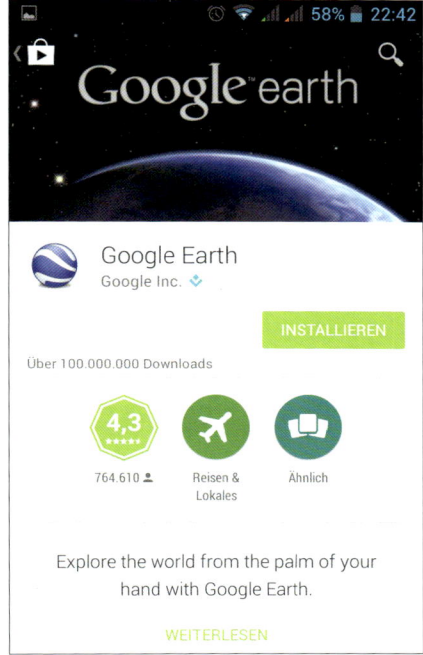 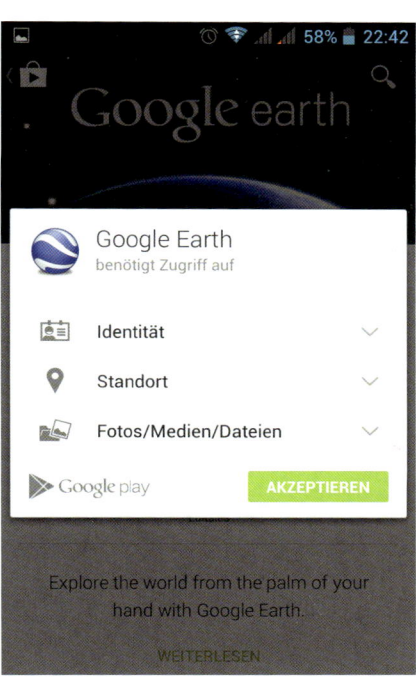

Neue App aus dem Google Play Store installieren.

Trotz der teilweise bedenklich klingenden Bezeichnungen sind die meisten Berechtigungen für das Funktionieren einer App wirklich nötig. Achten sollten Sie vor allem auf folgende Berechtigungen:

- **Telefonnummern direkt anrufen:** Damit kann eine App beliebige Telefonnummern – theoretisch auch kostenpflichtige Sonderrufnummern – anrufen, und das auch, ohne dass die Telefon-App zu sehen ist.
- **Kurznachrichten senden:** Damit kann die App SMS verschicken.
- **Uneingeschränkter Internetzugriff:** Seit das Thema App-Berechtigungen in aller Munde ist, fragt kaum noch eine App nach gezielten Internetberechtigungen, sondern verlangt immer gleich uneingeschränkten Internetzugriff, was den Blick auf die Berechtigungen schon fast wieder ad absurdum führt.

Wer bei den Zugriffsberechtigungen Sicherheitsbedenken hat, kann die Installation an dieser Stelle noch abbrechen.

3 ▪ Apps finden und installieren

> **Bewertungen und Nutzerkommentare**
>
> Das Symbol *Empfehlung der Redaktion* sowie die Anzahl der Sterne und auch die Gesamtzahl der Installationen sind noch ein guter Richtwert für die Qualität der App. Die Nutzerkommentare sollten Sie dagegen besser ignorieren. Wie in fast allen Onlineshops zeugen diese von absolut mangelhaftem technischem Verständnis, dafür umso mehr von übersteigertem Geltungsbewusstsein einiger Nutzer. Besonders die Bewerter mit wenigen Sternen würden bereits im Deutschunterricht der ersten Klasse durchfallen. Wie viele andere Webseiten auch, würde sich Google Play einen Gefallen tun, wenn die Kommentare redaktionell gefiltert oder ganz abgeschaltet würden.

Automatische App-Updates

Unter *Meine Apps*, erreichbar durch Antippen der oberen linken Ecke, speichert der Google Play Store alle von dort heruntergeladenen Apps.

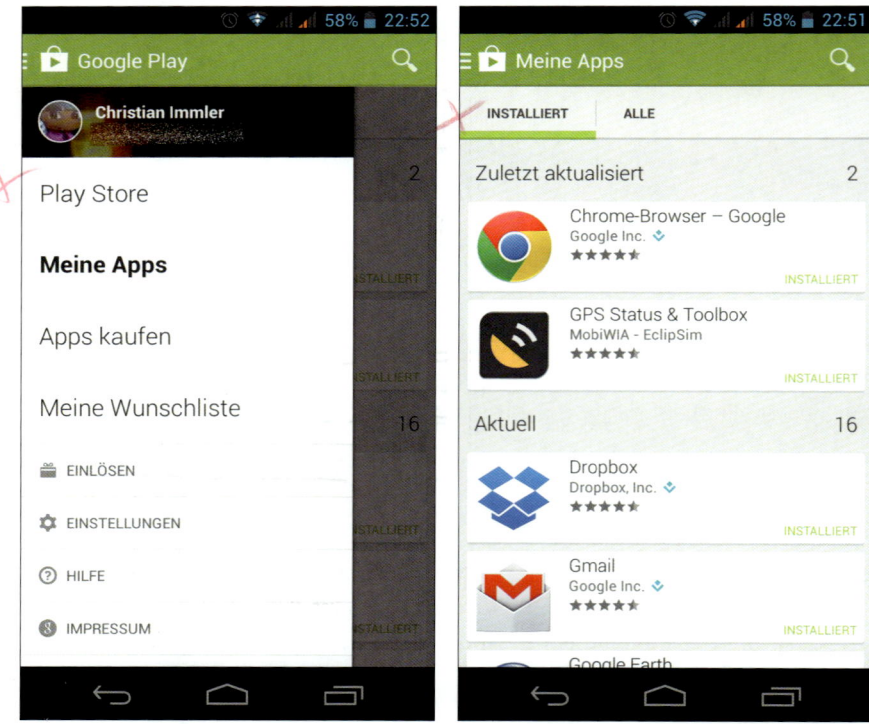

Meine Apps in Google Play.

In dieser Liste werden auch Update-Benachrichtigungen angezeigt, wenn von einer App eine neue Version verfügbar ist.

Einige Apps erhalten häufig Updates. Um nicht jede App manuell updaten zu müssen, können Sie auch alle anstehenden Updates auf einmal aktualisieren.

> **TIPP:** Möchten Sie sich über Updates keine Gedanken machen müssen, schalten Sie über den Menüpunkt *Einstellungen* im Google Play Store die Funktion *Automatische App-Updates* ein. Um Mobilfunkdatenvolumen zu sparen, sollten Sie gleichzeitig die Option *Updates nur über WLAN zulassen* aktivieren. Damit werden automatische Updates nur heruntergeladen, wenn das Handy in einem WLAN ist. Manuell können Sie trotzdem jederzeit App-Updates auch über HSPA installieren.

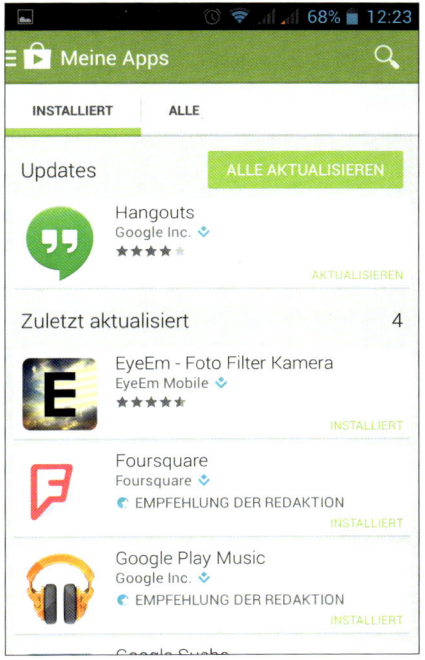
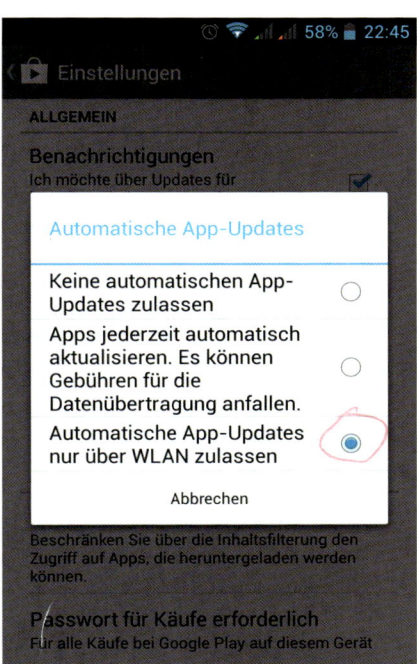

Update im Google Play Store.

Sowie ein Update neue Berechtigungen erfordert, wird es nicht mehr automatisch installiert. In diesem Fall müssen Sie zuerst den neuen Berechtigungen zustimmen. Danach kann das Update manuell installiert werden.

Der Google Play Store auf dem PC

Der Google Play Store ist auch vom PC über einen beliebigen Webbrowser unter *play.android.com/store* zu erreichen. Hier kann man Apps finden und auch direkt auf seinen Geräten installieren.

3 ▪ Apps finden und installieren

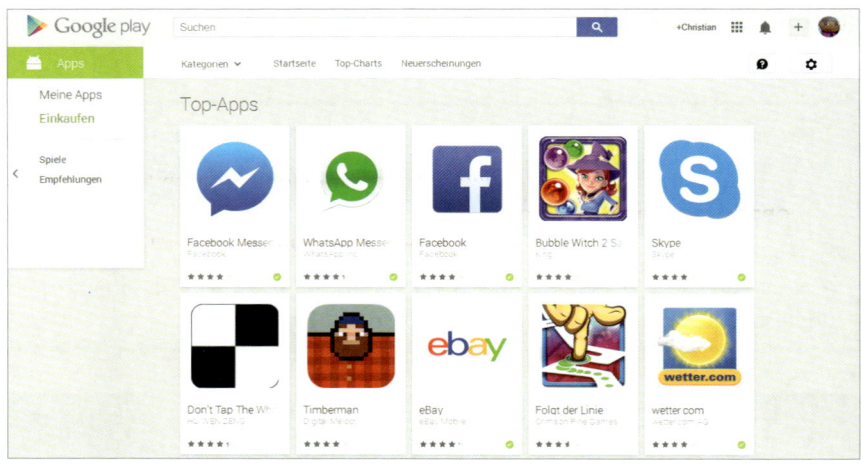

Der Google Play Store auf dem PC.

Zur Installation von Apps muss man auf dem PC im Browser mit dem Google-Konto angemeldet sein, das auch auf dem Smartphone verwendet wird. Unter dem Link *Meine Apps* können Benutzer die verwendeten Geräte verwalten. Hier sehen Sie auch alle auf Ihren Android-Geräten installierten Apps.

Bevor Sie eine App zur Installation auswählen, prüfen Sie unterhalb des grünen Installationsbuttons die Gerätekompatibilität. Ein Klick auf das i-Symbol zeigt alle in diesem Google-Konto eingetragenen Android-Geräte. Anhand von Betriebssystemversion, Bildschirmgröße und einigen anderen technischen Kriterien wird ermittelt, mit welchen der Geräte die App kompatibel ist.

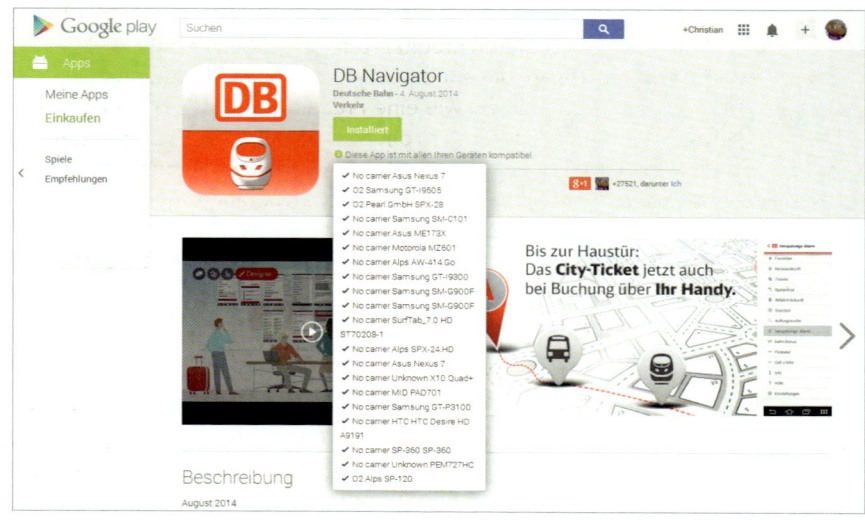

Anzeige der Gerätekompatibilität im Google Play Store auf dem PC.

Um eine App auf dem Smartphone zu installieren, klicken Sie auf dem PC auf den *Installieren*-Button bei der jeweiligen App. Wählen Sie jetzt noch das gewünschte Gerät aus, wenn Sie unter Ihrem Google-Konto mehrere Android-Geräte angemeldet haben, wie beispielsweise ein Smartphone und ein Tablet.

Um die Installation auf dem jeweiligen Gerät brauchen Sie sich keine Gedanken mehr zu machen. Die App wird nun vollautomatisch an Ihr Smartphone geschickt und dort installiert. Sie werden darüber in der Benachrichtigungszeile informiert. Beachten Sie hierbei, dass die Bestellung sofort per Push auf Ihr Smartphone geschickt wird. Das verbraucht Datenvolumen oder erzeugt Kosten, falls Sie keine Flatrate besitzen. Besonders schnell und kostenlos geht es natürlich, wenn Ihr Smartphone per WLAN online ist.

So kann man Apps kaufen

Kostenpflichtige Apps werden im Google Play Store mit Googles eigenem Bezahlsystem Google Wallet bezahlt. Dies funktioniert zurzeit nur mit einer gültigen Kreditkarte, einer Prepaid-Guthabenkarte und bei einigen Telefonanbietern auch über die Mobilfunkrechnung. Spätestens beim ersten Kauf einer App müssen Benutzer in ihrem Google-Konto Kreditkartendaten und auch eine gültige Postanschrift hinterlegen. Alternativ können Sie Prepaid-Guthaben für den Google Play Store in Form von Geschenkkarten unter anderem bei verschiedenen Supermarkt- und Tankstellenketten kaufen und beim Onlinekauf einlösen.

> **TIPP:** Haben Sie keine Kreditkarte und wollen auch nicht gleich 15 Euro für die kleinste Guthabenkarte ausgeben, besorgen Sie sich eine Prepaid-Kreditkarte. Verschiedene Anbieter bieten Kreditkarten der großen Kreditkartensysteme MasterCard oder Visa an, die auf einer Guthabenbasis geführt werden. Diese Prepaid-Kreditkarten müssen wie eine Prepaid-Handykarte mit einem bestimmten Betrag aufgeladen werden, der dann zum Einkauf ausgegeben werden kann. Danach funktioniert diese Kreditkarte wie jede andere Kreditkarte auch im Google Play Store, in Internetshops wie auch in klassischen Läden, aber eben nur bis zum aufgeladenen Betrag. Dies hat natürlich noch weitere Vorteile: Bei Missbrauch oder Diebstahl ist der maximale Schaden ebenfalls auf die aufgeladene Summe begrenzt.

Eine App, die Sie einmal auf einem Android-Gerät gekauft haben, können Sie auf weiteren Geräten wieder installieren, ohne sie neu zu kaufen. Wählen Sie dazu im Menü von Google Play *Meine Apps*. Dort finden Sie neben den installierten Apps noch eine Liste *Alle*, die alle Apps enthält, die Sie jemals mit diesem Google-Konto auf irgendeinem Android-Gerät heruntergeladen haben – Freeware und auch Kauf-Apps.

Nicht mehr benötigte Apps deinstallieren

Irgendwann ist der Speicher des Smartphones voll oder Sie wollen mal wieder den Überblick in der Apps-Liste haben. Wie auch immer, es wird der Zeitpunkt kommen, an dem Sie bestimmte Apps wieder vom Smartphone entfernen möchten. Leider funktioniert dies nicht mit allen der vorinstallierten Werbe-Apps.

Am einfachsten deinstallieren Sie Apps direkt aus der Apps-Liste. Halten Sie den Finger länger auf die zu deinstallierende App, bis oben das *Deinstallieren*-Symbol erscheint. Ziehen Sie die App auf dieses Symbol und bestätigen Sie die Sicherheitsabfrage.

Da diese einfache Methode nicht mit jeder App funktioniert, gibt es noch eine weitere Möglichkeit, Apps vom Smartphone zu entfernen. Wählen Sie in den *Einstellungen* die Option *Apps*. In dieser Liste wählen Sie die App aus, die Sie entfernen möchten. Auf der nächsten Bildschirmseite wird der Speicherverbrauch der App detailliert angezeigt. Hier können Sie die App dann deinstallieren.

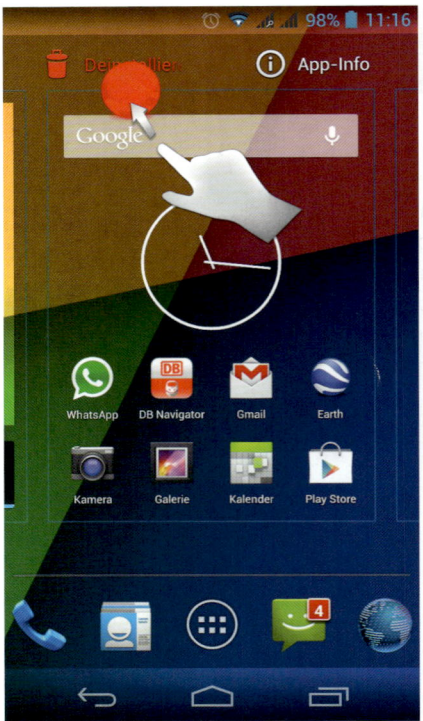 

App über die Apps-Liste deinstallieren.

Der Google Play Store

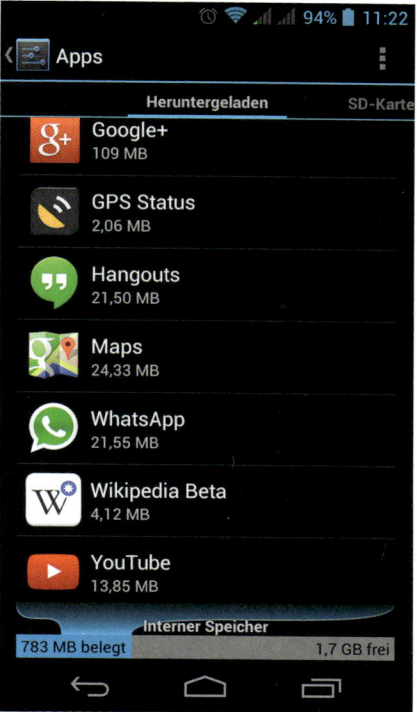 

App über die Einstellungen deinstallieren.

> **TIPP:** Manche Apps bieten die Möglichkeit, sie vom Hauptspeicher auf die Speicherkarte zu verschieben, um Hauptspeicher zu sparen. Die verschobenen Apps können genauso gestartet werden wie vorher. Diese Funktion muss aber von der jeweiligen App unterstützt werden und funktioniert natürlich nur auf Geräten mit Speicherkarte. Apps, die Hintergrundfunktionen nutzen oder ein Widget auf dem Startbildschirm verwenden, lassen sich nicht auf die Speicherkarte verschieben. Bei einigen Apps ist die Abfrage beim Verschieben auf die Speicherkarte nicht sauber integriert, sodass sie sich zwar verschieben lassen, danach aber einige Funktionen nicht mehr genutzt werden können. Bedenken Sie auch, dass die auf die Speicherkarte verschobenen Apps nicht zur Verfügung stehen, wenn das Smartphone im Laufwerkmodus mit dem PC verbunden ist.

Eine weitere Methode, Apps zu deinstallieren, ist der Google Play Store. Hier finden Sie unter *Meine Apps* eine Liste installierter Apps. Wählen Sie die App aus, die entfernt werden soll. Auf der Detailseite sehen Sie den Button *Deinstallieren*. Hier erscheint nur noch eine Abfrage, danach wird die App vom Smartphone entfernt.

Diese Methode funktioniert nur mit Apps, die über den Google Play Store installiert wurden. Apps aus anderen Quellen können auf diese Weise nicht deinstalliert werden. Bei einigen vorinstallierten Apps lassen sich nur die später heruntergeladenen Updates deinstallieren. Die App selbst bleibt installiert.

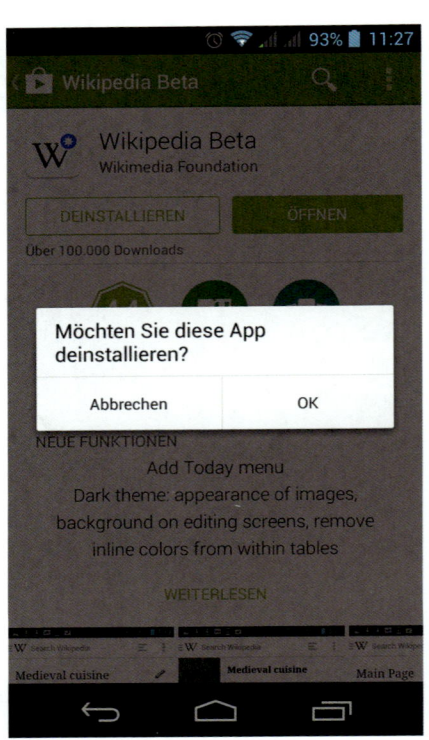

Apps über den Google Play Store deinstallieren.

Apps per QR-Code installieren

Immer mehr Plakate und andere Offlinewerbeformen zeigen Internetadressen, die sich der vorbeigehende Betrachter allerdings merken oder aufschreiben muss. Im Gegensatz zur Bannerwerbung kann man eine URL auf einem Plakat nicht einfach anklicken.

QR-Codes (**Q**uick **R**esponse = schnelle Antwort) bieten hier eine komfortable Lösung. Sie sind der schnelle Weg zu einer Webseite, ohne Adressen abzutippen. Diese grobpixeligen Schwarz-Weiß-Grafiken findet man inzwischen auch auf Fahrscheinen, Visitenkarten und T-Shirts. Auch an Straßenbahnhaltestellen, Fahrkartenautomaten und touristischen Sehenswürdigkeiten sind aktuelle Infos häufig per QR-Code abrufbar.

Apps per QR-Code installieren

Großformatige Außenwerbung mit QR-Code für die CeBIT.

Um die mobile Version einer Webseite zu bewerben, bieten auch viele Webseitenbetreiber auf ihren Seiten QR-Codes an, die einen Link auf die mobile Seite enthalten.

Scannt man mit der Handykamera so einen Code, wird dieser von der entsprechenden Software ausgewertet, und die darin enthaltenen Daten werden direkt an den Browser übergeben. Voraussetzung dafür ist nur eine QR-Code-Lesesoftware auf dem Smartphone.

Barcode Scanner

Die App *Barcode Scanner* scannt QR-Codes, wertet sie aus und startet automatisch einen Browser, wenn es sich bei den im QR-Code gespeicherten Informationen um einen Weblink handelt. QR-Codes können neben Weblinks auch Telefonnummern, Kurztexte oder Kontaktdaten beinhalten.

Im Google Play Store finden sich diverse Apps zum Lesen von QR-Codes. Viele davon sind voller Werbung. Die hier vorgestellte Open-Source-App ist werbe-

3 ▪ Apps finden und installieren

frei und bietet gegenüber manchen anderen noch diverse interessante Zusatzfunktionen.

> **ACHTUNG:** Barcode-Scanner-Apps funktionieren nur auf Smartphones, deren Kamera über eine Autofokusfunktion verfügt.

1. Starten Sie den *Barcode Scanner* auf dem Smartphone und halten Sie die Kamera auf einen QR-Code.
2. Sowie der Code erkannt wurde, zeigt der *Barcode Scanner* den Inhalt an. Bei einem Weblink gibt es direkt die Möglichkeit, einen Browser zu starten.

Der Barcode Scanner hat einen QR-Code erkannt.

3. Sie können auch direkt aus dem *Barcode Scanner* heraus den Link per E-Mail oder SMS weitergeben.

> **TIPP:** Mit dem *Barcode Scanner* können Sie auch Apps auf dem Smartphone installieren. Fotografieren Sie dazu die im Buch abgedruckten QR-Codes. Diese führen direkt in den Google Play Store.

Daten zwischen zwei Smartphones per QR-Code weitergeben

Kontakte, Lesezeichen oder Apps lassen sich per QR-Code ganz einfach von einem Smartphone an ein anderes weitergeben. Dazu erzeugt man auf dem einen Gerät einen QR-Code auf dem Bildschirm und fotografiert diesen mit dem anderen Smartphone.

Apps per QR-Code installieren

Der *Barcode Scanner* bietet über das Symbol *Senden* die Möglichkeit, QR-Codes für auf dem Smartphone gespeicherte Lesezeichen, Kontakte oder Apps auf dem Bildschirm anzuzeigen. Bei Apps wird ein Link auf die jeweilige App im Google Play Store generiert.

Scannen Sie dann mit dem anderen Smartphone ebenfalls mit dem *Barcode Scanner* den angezeigten QR-Code, und der entsprechende Link wird dort aufgerufen. Bei Adressen werden diese ins Adressbuch des Smartphones übernommen.

Informationen per QR-Code von einem Handy an ein anderes weitergeben.

Auf diese Weise lassen sich auch beliebige Texte per Zwischenablage in den *Barcode Scanner* kopieren, der daraus einen QR-Code erzeugt, um den Text auf ein anderes Smartphone zu übertragen.

Das funktioniert unabhängig vom Betriebssystem des empfangenden Smartphones. Nur QR-Codes, die auf Apps im Google Play Store verlinken, sind auf Android-Smartphones beschränkt.

Alternativen zum Google Play Store

Neben dem Google Play Store gibt es noch weitere unabhängige Anbieter von Android-Apps, die auch andere Zahlungsmethoden anbieten, wie etwa Lastschrift oder PayPal.

Ein weiterer Aspekt ist eher technischer Art. Nicht alle Apps werden auf jedem Gerät tatsächlich angezeigt. Dies kann verschiedene Ursachen haben. Einige Smartphones haben keinen Google Play Store und sind auf alternative Downloadquellen für Apps angewiesen. Hobby-Programmierer und Open-Source-Projekte können auch nicht immer für jede Betaversion oder Neuentwicklung die Gebühr bezahlen, die Google für das Einstellen in den Play Store verlangt.

Zahlreiche Entwickler sind aus den genannten Gründen dazu übergegangen, ihre Apps zusätzlich oder gar ausschließlich über ihre eigenen Webseiten oder unabhängige Downloadportale anzubieten.

Apps werden außerhalb des Google Play Store als APK-Dateien zum Download angeboten. Diese können direkt über den Browser oder auch aus einem Dateianhang einer E-Mail auf dem Smartphone installiert werden. Die heruntergeladenen Dateien sind über einen Dateimanager oder noch einfacher unter *Downloads* oder direkt nach dem Herunterladen über die Benachrichtigungsleiste zu finden.

Je nach Einstellung des Smartphones kann bei der ersten Installation einer APK-Datei ein Hinweis erscheinen, dass Installationen aus unbekannten Quellen nicht zulässig sind. Direkt aus dieser Meldung heraus besteht Zugriff auf die zugehörige Systemeinstellung, mit der man die Installation aus unbekannten Quellen zulassen kann.

> **Hintergrund**
>
> Die Installation einer App aus einer APK-Datei aus einer anderen vertrauenswürdigen Quelle ist technisch gleichermaßen sicher wie aus dem Google Play Store. Mit den Warnungen innerhalb des Betriebssystems macht Google Marketing für seinen Play Store. Auch dort haben es Entwickler immer wieder geschafft, bösartige Software zu verbreiten. Letztendlich ist jeder Anwender selbst dafür verantwortlich, welche Apps er auf seinem Smartphone installiert. Diese Verantwortung kann einem kein App-Shop-Betreiber abnehmen, egal ob Google Play oder ein anderer. Apps von unbekannten chinesischen Downloadseiten oder gar über ein Werbebanner zu installieren, ist dagegen leichtsinnig.

Alternativen zum Google Play Store

Heruntergeladene Apps installieren.

Installation aus unbekannten Quellen zulassen.

Amazon App-Shop

Amazon bietet einen eigenen App-Shop für Android-Apps an, der in Deutschland zurzeit mit einer kostenlosen App jeden Tag beworben wird. Der App-Shop läuft über eine eigene App, die auf dem Smartphone installiert werden muss.

Auf der Startseite des Amazon App-Shops für den PC sehen Sie alle Apps und können sich eine E-Mail oder SMS mit dem Downloadlink aufs Handy schicken lassen: amzn.to/1e5lWnF. Oder Sie nutzen den QR-Code zum Download des Amazon App-Shops.

Der Amazon App-Shop.

Amazon bietet vor allem Spiele an, wobei die Kauf-Apps deutlich im Vordergrund stehen. Über die Suchfunktion findet man aber auch diverse kostenlose Apps. Etwas befremdlich wirkt, dass die Topdownloads der Freeware unter *Bestseller* zu finden sind. Zur Nutzung des Amazon App-Shops braucht man ein Amazon-Kundenkonto. Dort wird automatisch bei der Anmeldung im App-Shop das 1-Click-Kaufen aktiviert.

Alternativen zum Google Play Store

Samsung Galaxy Apps

Samsung bietet einen eigenen App-Shop an, der auf Samsung-Smartphones über eine vorinstallierte App oder auch auf dem PC über *apps.samsung.com* genutzt werden kann. Der Samsung Apps Shop ist im Design an den Google Play Store angelehnt, bietet aber übersichtlichere Kategorien, allerdings deutlich weniger Apps.

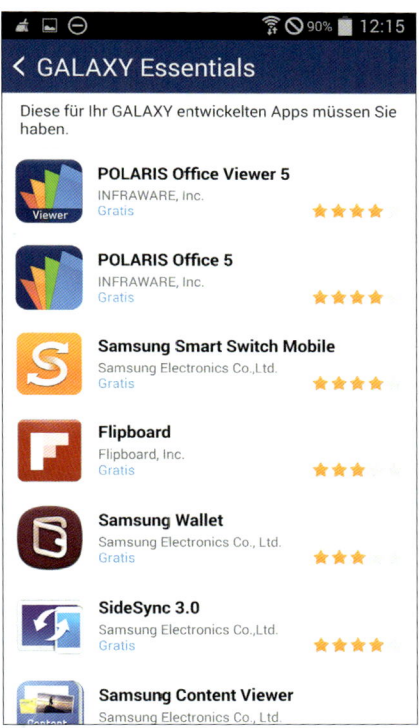

Der Samsung Apps Shop.

Zur Verwendung ist auf dem Smartphone wie auch auf dem PC ein Samsung-Konto erforderlich, das in den meisten Fällen bereits bei der Ersteinrichtung eines Samsung-Galaxy-Smartphones angelegt wurde.

Kostenpflichtige Apps lassen sich nur per Kreditkarte erwerben. Allerdings gibt es hier für Samsung-Nutzer immer mal wieder Apps kostenlos, die bei Google Play bezahlt werden müssen. Außerdem bekommen Samsung-Kunden bei speziellen Aktionen Gutscheincodes zum Download von Apps aus dem Samsung Apps Shop.

91

pdassi für Android

Bei pdassi unter *android.pdassi.de* finden Sie diverse kostenlose Apps. Kostenpflichtige Apps können per Bankeinzug, Überweisung, PayPal oder Kreditkarte gekauft werden. Firmen und öffentliche Einrichtungen können auf Rechnung kaufen, was im Google Play Store ebenfalls nicht möglich ist.

Der App-Shop von pdassi kann mit einer speziellen App aufgerufen werden oder auch einfach im Browser auf dem Smartphone. Man kann auch vom PC aus einkaufen und bekommt die Downloadlinks der Apps dann als E-Mail aufs Handy geschickt.

Der Android-App-Shop von pdassi im Browser.

Kapitel 4

Online mit dem Smartphone

Internet unterwegs wird immer wichtiger. Viele Nutzer verbringen inzwischen mehr Zeit mit dem Handy im Internet, als damit zu telefonieren. Schnell eine Fahrplanauskunft holen, eine eBay-Auktion verfolgen oder die aktuellsten Nachrichten des Tages lesen – der vorinstallierte Webbrowser auf den Android-Smartphones macht es möglich.

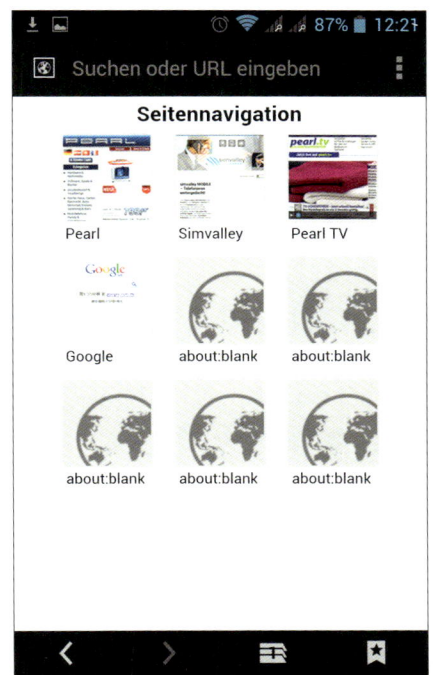 

Der Standardbrowser von Android mit einer mobil optimierten und einer nicht optimierten Webseite.

4 ▪ Online mit dem Smartphone

Die Bedienung des Android-Browsers ähnelt einem Browser auf dem PC mit ein paar Besonderheiten für den kleinen Touchscreen und die Android-typischen Bedienelemente.

Oben in die Browserzeile gibt man die gewünschte URL ein. Diese Zeile verschwindet automatisch, wenn eine Webseite angezeigt wird, um Platz auf dem Bildschirm freizugeben. Schieben Sie den Bildschirm ganz nach oben, um diese Eingabezeile wieder einzublenden.

Webseiten, die nicht speziell für Smartphones optimiert sind, lassen sich im Querformat oft besser darstellen. Halten Sie das Smartphone quer, dreht sich die Darstellung automatisch, sodass in der Breite mehr Platz zur Verfügung steht.

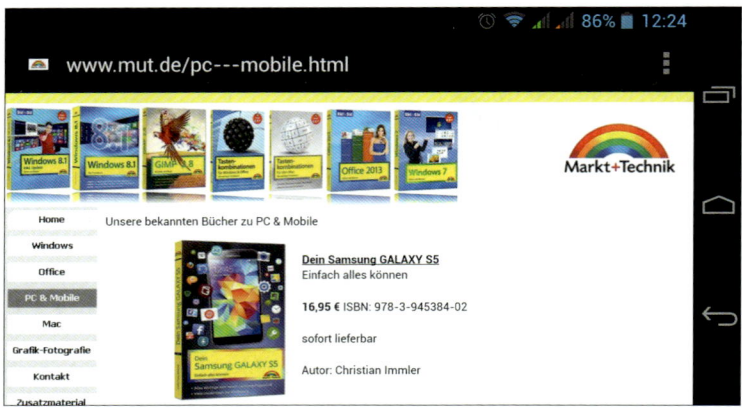

Die Markt+Technik-Webseite im Querformat im Android-Browser.

Websuche mit Google

Um bei Google zu suchen, müssen Sie nicht erst den Browser starten, geben Sie einfach den gesuchten Begriff in das Suchfeld auf dem Startbildschirm ein. Sie können auch aus einer beliebigen App heraus länger die Home-Taste drücken und mit dem Finger nach oben auf das Google-Symbol ziehen, dann erscheint Google Now ebenfalls mit einem Suchfeld.

Alternativ zum Suchfeld auf dem Startbildschirm können Sie einen Suchbegriff auch in die Adresszeile des Browsers eintragen. Dieser wird dann über Google gesucht.

Die Google-Suche zeigt am Anfang Werbung, News und Bilder an. Scrollen Sie auf dem Bildschirm weiter nach unten, um zu den tatsächlichen Suchergebnissen zu kommen.

Websuche mit Google

 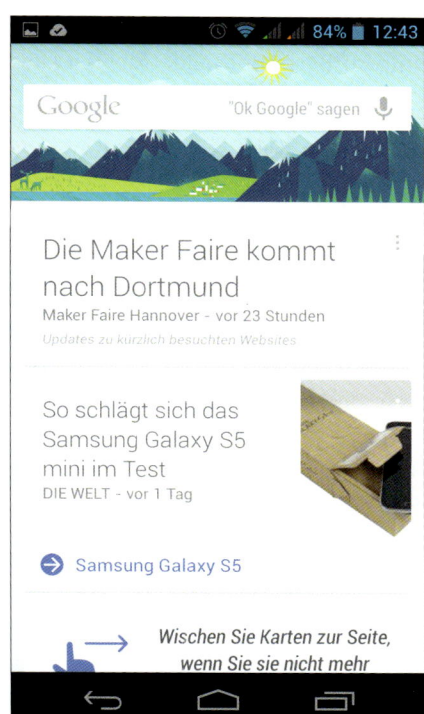

Google-Suchfeld auf dem Startbildschirm und in Google Now.

Die mobile Google-Suche bietet neben der Websuche auch eine lokale Suche nach Restaurants, Cafés und anderen Lokalitäten, sofern der eigene Standort erkannt wird. Damit dies funktioniert, müssen Sie beim ersten Aufruf der Google-Suche die Standortabfrage zulassen.

> **Genauen Standort verwenden**
>
> Android-Smartphones können zur Positionsbestimmung neben GPS auch Mobilfunkzellen und bekannte WLAN-Standorte nutzen, sodass die Positionsermittlung auch innerhalb von Gebäuden relativ genau funktioniert.
>
> Google verwendet zur lokalen Suche standardmäßig nur einen ungefähren Standort, der anhand der Daten des Internetproviders ermittelt wird. Wesentlich genauere Ergebnisse gibt es mit dem genauen Standort anhand der GPS-Position. Dazu muss GPS auf dem Smartphone eingeschaltet und in den Einstellungen des Browsers unter *Datenschutz & Sicherheit* der Standortzugriff aktiviert sein. Tippen Sie dann auf der Google-Startseite auf *Einstellungen* und schalten Sie unter *Sucheinstellungen* die Funktion für den genauen Standort ein. Dann aktivieren Sie bei den lokalen Suchergebnissen das Symbol *Genauen Standort verwenden*.

4 ▪ Online mit dem Smartphone

Die Suchergebnisse werden in der Google-App angezeigt. Erst nachdem Sie auf ein Suchergebnis getippt haben, wird der Browser geöffnet.

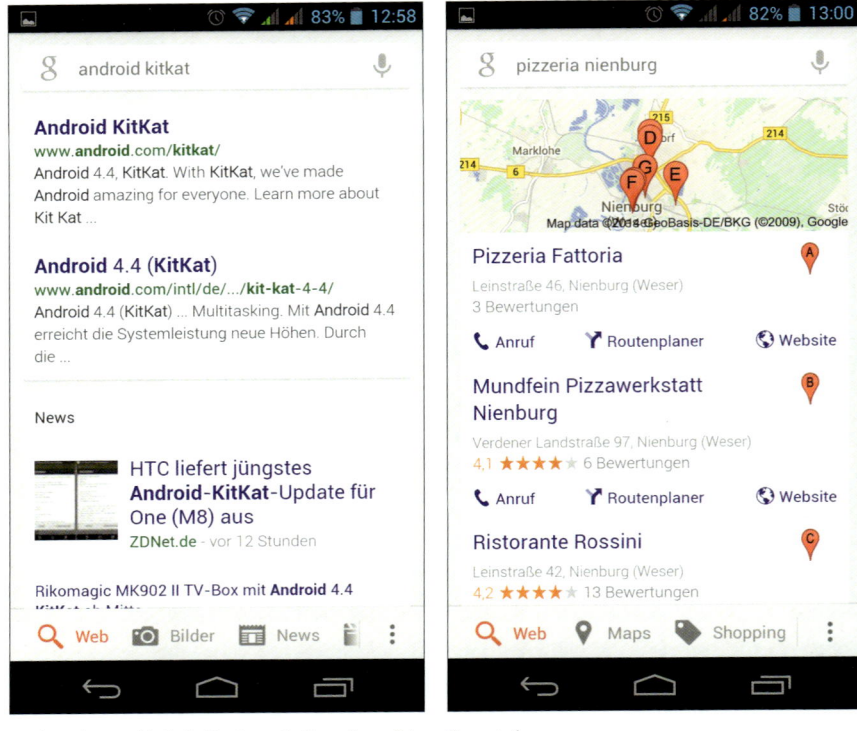

Websuche und lokale Suche mit Google auf dem Smartphone.

Googles Sprachsuche

Wenn man bei einem Suchbegriff nicht genau weiß, wie er geschrieben wird, ist es oft einfacher, ihn zu sprechen statt zu schreiben. Google bietet dazu eine eigene Sprachsuche an.

Das Google-Suchfeld auf dem Startbildschirm zeigt ganz rechts ein Mikrofonsymbol. Tippen Sie darauf und sprechen Sie den Suchbegriff ins Mikrofon. Google setzt das gesprochene Wort in Text um und sucht den Begriff. Dazu wird automatisch der Browser mit der Google-Suche geöffnet.

Über das Menüsymbol unten rechts erreichen Sie die Einstellungen der Sprachsuche. Achten Sie darauf, dass hier Deutsch als Sprache eingestellt ist, sonst wird die Sprachsuche alles fehlerhaft erkennen. Zusätzlich können Sie hier anstößige Wörter aus der Suche ausblenden.

Websuche mit Google

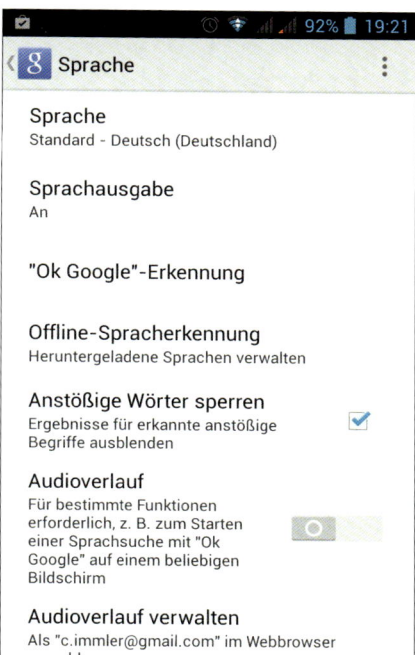

Sprachsuche und Einstellungen.

Achtung Datenvolumen

Die Sprachsuche erfolgt nicht direkt auf dem Smartphone, sondern das gesprochene Wort wird als Audiodatei an einen Google-Server übertragen, wo die Auswertung stattfindet. Hier fällt erheblich mehr Datenvolumen an als bei der Eingabe eines Suchbegriffs mit der Tastatur.

Andere Suchmaschine wählen

Sie können die Standardsuchmaschine auf Wunsch auch ändern. Wählen Sie dazu im Menü des Browsers *Einstellungen/Erweitert*. Hier haben Sie eine Auswahl bekannter Suchmaschinen wie Bing, Yahoo! und auch Ask.com. Smartphone-Hersteller und Mobilfunknetzbetreiber haben die Möglichkeit, hier weitere Suchmaschinen zur Auswahl hinzuzufügen.

Ist die Option *Suchmaschine vereinheitlichen* aktiviert, wirkt sich die Änderung der Suchmaschine auch auf das Suchfeld auf dem Startbildschirm aus.

Bing und Yahoo! bieten mobil optimierte Suchseiten für Smartphones, die oft ganz andere Ergebnisse liefern als Google.

4 ▪ Online mit dem Smartphone

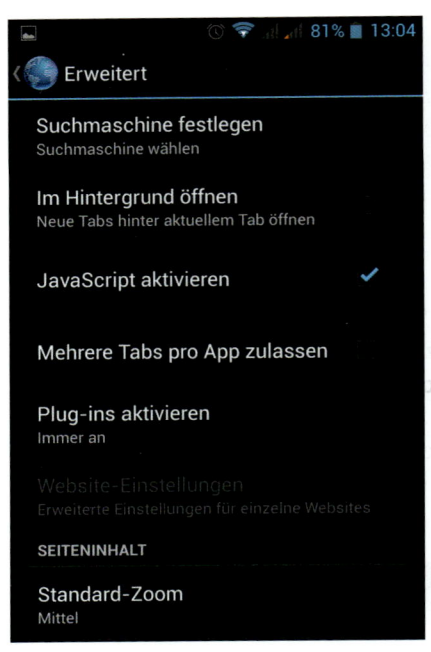 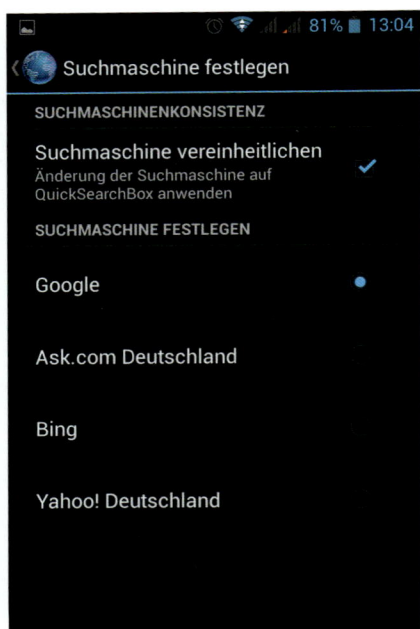

Standardsuche im Browser verändern.

Suche im Browser mit Bing und Yahoo!

Google Chrome – der bessere Browser

Google bietet seinen Browser Chrome, der auf dem PC in kürzester Zeit größte Beliebtheit erreichte, auch für Android an. Auf aktuellen Android-Smartphones ist Chrome parallel zum Standardbrowser oft bereits vorinstalliert.

Chrome bietet wie auf dem PC einen sehr schnellen Seitenaufbau, flüssiges Zoomen und Scrollen sowie Surfen in mehreren Tabs. Tabs und Lesezeichen werden zwischen PC und Smartphone synchronisiert, sodass man zu Hause direkt weitersurfen kann, wenn man unterwegs eine interessante Webseite entdeckt hat. Dazu müssen Sie sich nur beim ersten Start in Chrome mit Ihrem Google-Konto anmelden.

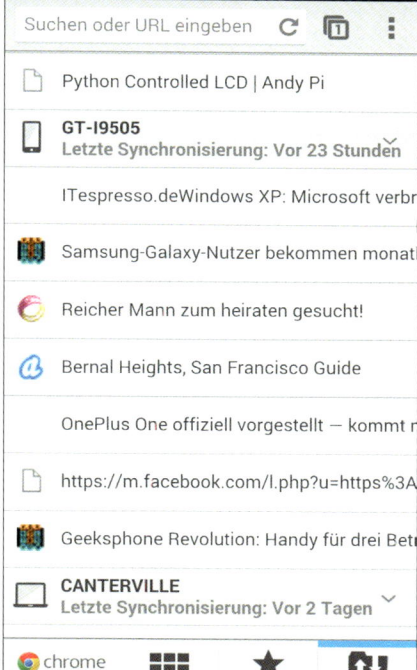

Der Chrome-Browser auf dem Smartphone.

Lesezeichen im Chrome-Browser

Lesezeichen helfen, im Webbrowser eine bestimmte Webseite wiederzufinden. Speichern Sie deshalb Internetadressen, die Sie voraussichtlich später noch einmal brauchen, als Lesezeichen ab.

Tippen Sie dazu auf das Menüsymbol oben rechts und dort dann auf das Sternsymbol. Jetzt erscheint ein Formular, in dem der Titel der Webseite und die Adresse bereits eingetragen sind. Beide Einträge können an dieser Stelle noch geändert werden. Wählen Sie dann einen der vorgegebenen Lesezeichenordner aus oder legen Sie einen neuen an.

Webseite als Lesezeichen speichern.

Über den Menüpunkt *Lesezeichen* kommt man jederzeit schnell in die Liste aller gespeicherten Lesezeichen. Gerätehersteller und Mobilfunknetzbetreiber legen häufig auch Lesezeichen im Browser an.

Lesezeichen, die auf dem PC angelegt wurden, werden automatisch mit angezeigt, wenn Sie auf dem PC und dem Smartphone mit dem gleichen Google-Konto in Chrome angemeldet sind. Das Gleiche gilt auch für die Verlaufsliste.

Google Chrome – der bessere Browser

Lesezeichenliste und Liste der offenen Browserfenster.

Das Symbol oben rechts neben der Adresszeile des Browsers öffnet eine Liste der offenen Browserfenster. Hier können Sie zwischen den Fenstern hin- und herwechseln sowie nicht mehr benötigte Tabs schließen, um Speicher freizugeben. Ganz oben können Sie auch einen neuen Tab anlegen. Ein Fingerstrich von oben aus der Adresszeile in Richtung Bildschirmmitte öffnet ebenfalls die Liste der offenen Tabs.

Lesezeichen auf dem Startbildschirm

Besonders häufig besuchte Webseiten können Sie sich auch direkt auf den Startbildschirm des Smartphones legen. Ein Klick auf diese Verknüpfung startet den Browser und ruft direkt das Lesezeichen auf.

Öffnen Sie die gewünschte Webseite im Chrome-Browser, tippen Sie auf das Menüsymbol und wählen Sie die Option *Zum Startbildschirm hinzufügen*. Tragen Sie dann noch den gewünschten Titel ein, der mit der Verknüpfung angezeigt werden soll.

4 ▪ Online mit dem Smartphone

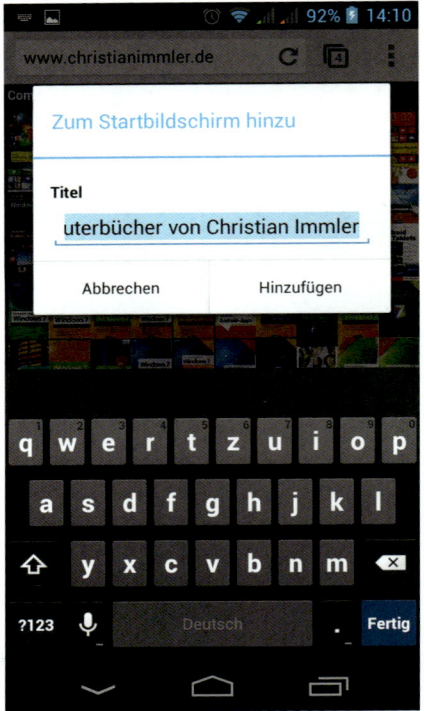 

Lesezeichen auf dem Startbildschirm ablegen.

Wenn Sie jetzt zum Startbildschirm zurückgehen, finden Sie dort ein neues Symbol mit der neu gespeicherten Seite. Tippen Sie darauf, wird automatisch der Browser mit dieser Seite gestartet.

Lesezeichen-Widget

Eine weitere Möglichkeit, Lesezeichen direkt auf dem Startbildschirm abzulegen, ist das Lesezeichen-Widget. Dieses aktualisiert sich selbstständig und zeigt in einem scrollbaren Fenster Vorschaubilder aller im Browser angelegten Lesezeichen.

Halten Sie das Lesezeichen-Widget eine kurze Zeit, können Sie es in der Größe verändern und so mehr oder weniger Lesezeichen gleichzeitig auf dem Startbildschirm darstellen. Ziehen Sie es dazu mit den Anfasserpunkten auf den Kanten in die gewünschte Form.

Google Chrome – der bessere Browser

 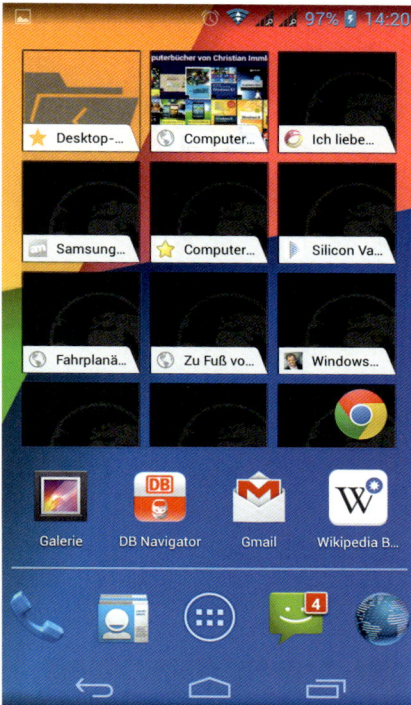

Lesezeichen-Widget für den Startbildschirm.

Tipps zum Chrome-Browser

Der Chrome-Browser zeigt die meisten normalen Webseiten in einer gut lesbaren Schriftgröße an. Gibt es doch einmal Schwierigkeiten mit der Lesbarkeit, kann man auf der Seite zoomen. Dazu können Sie die Multitouch-Technik nutzen. Berühren Sie den Bildschirm mit zwei Fingern gleichzeitig und ziehen Sie beide Finger auseinander. Damit wird die Darstellung vergrößert und umgekehrt beim Zusammenschieben der Finger wieder verkleinert.

Noch einfacher zoomt man durch kurzes Doppeltippen auf den Bildschirm. Die Seite wird dann vergrößert dargestellt. Nochmaliges Doppeltippen schaltet wieder auf die ursprüngliche Darstellung zurück. Allerdings darf sich an der entsprechenden Stelle kein Link befinden.

Im Menü des Browsers unter *Einstellungen/Bedienungshilfen* können Sie dieses Verhalten beeinflussen. Hier können Sie einen Faktor für die Textskalierung bei der Darstellung von Webseiten angeben, wenn Texte auf kleineren Bildschirmen schwer lesbar sein sollten. Allerdings funktioniert dies nur bei Webseiten, bei denen die Schriftgrößen nicht fest im HTML-Code definiert sind.

Zoomeinstellungen und gezoomte Seite im Browser.

Manche Webdesigner haben Angst, ihr Design könnte beschädigt werden, dass sie über ein Skript das Zoomen auf der Seite verhindern wollen. Aktivieren Sie die Option *Zoom zwingend aktivieren*, um diese Anfrage von Webseiten zu umgehen und alle Seiten zoombar zu machen.

Desktopdarstellung von Webseiten auf dem Smartphone

Viele Webserver entscheiden anhand der Browserkennung, die ein Gerät sendet, welche Version einer Webseite dargestellt werden soll. Immer mehr Webportale bieten ihre Inhalte für Smartphones in einer besonders schlanken, auf kleine Bildschirme optimierten Version an.

Die mobilen Versionen der Webseiten lassen sich zwar auf dem Smartphone deutlich besser bedienen, enthalten aber oft nicht die kompletten Informationen der Desktopversion. Möchten Sie die komplette Seite sehen, selbst wenn diese auf dem Smartphone nur eingeschränkt darstellbar ist, tippen Sie im Menü des Browsers auf *Desktop-Version*.

Google Chrome – der bessere Browser

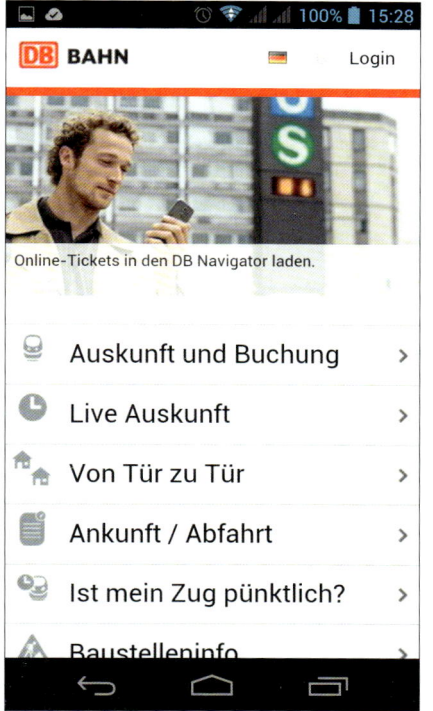 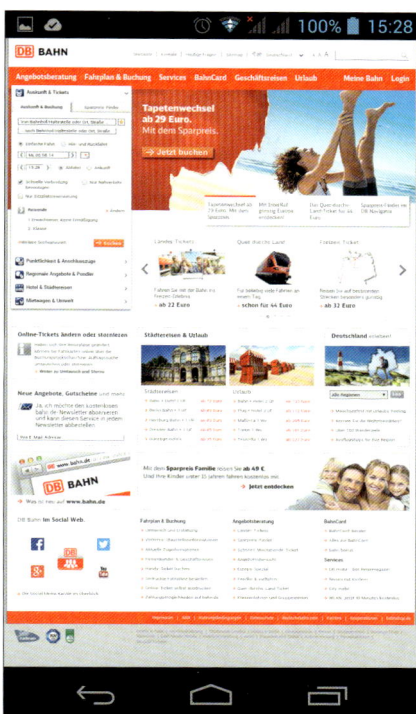

Die Webseite der Bahn ist ein gutes Beispiel für unterschiedliche Inhalte für mobile Nutzer und Desktopnutzer. Die Desktopversion der Seite ist für Smartphones wenig geeignet.

> **ACHTUNG:** Dieses Umschalten funktioniert nicht auf jeder Seite. Das hängt von der Methode ab, die der jeweilige Webserver verwendet, um PCs von Smartphones zu unterscheiden. Bedenken Sie auch, dass die Desktopversionen von Webseiten ein deutlich höheres Datenübertragungsvolumen verursachen als die für mobile Geräte optimierten Versionen.

Seitenlinks weitergeben

Wer eine interessante Internetseite gefunden hat, kann diese, ohne sie sich zwischendurch merken zu müssen, an Freunde weiterleiten.

Wählen Sie dazu im Menü des Chrome-Browsers die Option *Teilen*. Jetzt öffnet sich die Auswahl aller im System eingetragenen Kommunikationsmethoden, die sich zum Weiterleiten oder Speichern von Internetadressen eignen. Standardmäßig sind auf den meisten Smartphones bereits diverse Apps dafür installiert. Nach der Installation weiterer Apps tragen sich unter anderem auch Facebook, Google+ und Twitter in diese Liste ein. Wählen Sie hier die gewünschte Anwendung aus und leiten Sie so den Link zur aktuellen Webseite weiter.

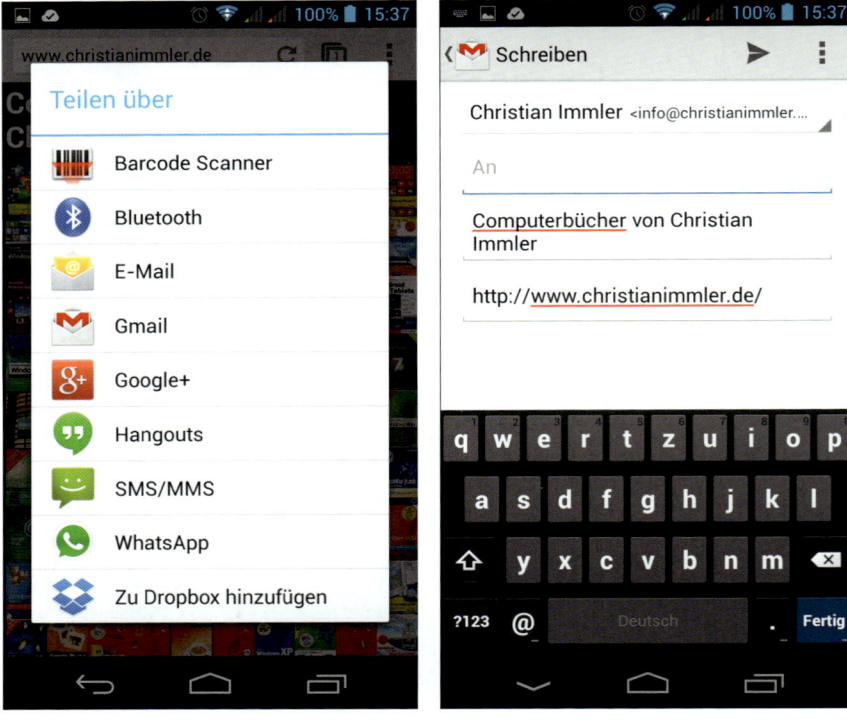

Seite im Browser teilen.

Bei E-Mails wird die Betreffzeile automatisch mit dem Seitentitel gefüllt und der eigentliche Link in den Mailtext eingetragen, sodass der Empfänger lediglich darauf zu klicken braucht. Sie müssen nur noch den Empfänger angeben und vielleicht noch einen freundlichen Satz in die Mail schreiben, damit die Internetadresse nicht ganz so unvermittelt beim Empfänger ankommt.

Anonym surfen

Der Browser auf Smartphones hinterlässt genauso wie ein PC-Browser in der Verlaufsliste, in Cookies und Temporärdateien Spuren des eigenen Tuns im Netz. Diese bieten jedem, der Zugriff auf das Gerät hat, freien Einblick auf alle Seiten, die Sie zuletzt besucht haben.

Möchten Sie nicht, dass ein anderer Benutzer des Smartphones sieht, dass Sie bestimmte Webseiten besucht haben, können Sie für diese Seiten den Inkognito-Modus nutzen. Dazu wird immer ein neues Browserfenster gestartet.

Google Chrome – der bessere Browser

Wählen Sie dazu im Menü *Neuer Inkognito-Tab*. Es öffnet sich ein neues Fenster mit einem Hinweis zum Inkognito-Modus. Zur deutlichen Unterscheidung haben Inkognito-Tabs oben eine dunkle Titelleiste.

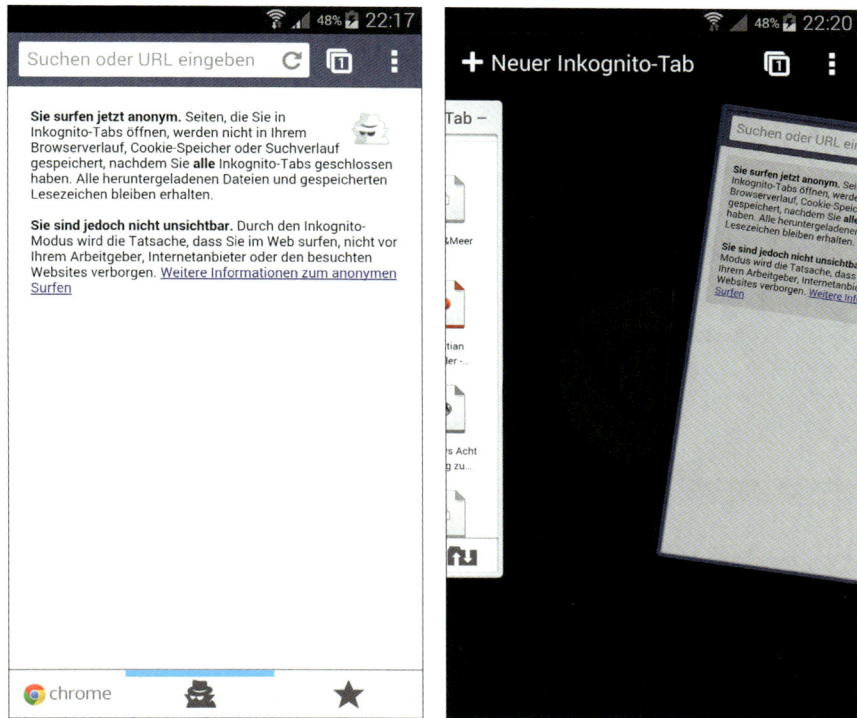

Inkognito-Modus im Browser aktivieren und beenden.

Öffnen Sie einen Link aus einem Inkognito-Tab, der einen neuen Tab öffnet, wird dieser ebenfalls im Inkognito-Modus geöffnet.

Mit dem Schließen des letzten Inkognito-Tabs wird dieser Modus wieder beendet. Tippen Sie dazu oben auf das Symbol mit der Anzahl geöffneter Tabs und wischen Sie dann den Inkognito-Tab nach rechts aus dem Bildschirm heraus. Auf diese Weise lassen sich auch normale Tabs in Google Chrome schließen.

> **TIPP:** Möchten Sie nachträglich Ihre Spuren verwischen, die sich beim Surfen im »normalen« Modus angesammelt haben, wählen Sie im Menü des Browsers *Einstellungen/Datenschutz*. Tippen Sie dort ganz unten auf *Browserdaten löschen*. Dort können Sie den Cache und Verlauf löschen sowie auch Cookies, gespeicherte Formulardaten und Passwörter.

Verfolgungsschutz »Do Not Track«

Möchten Sie nicht nur selbst auf dem Smartphone keine Spuren hinterlassen, sondern auch für die Anbieter unerkannt bleiben, können Sie mit dem Tracking-Schutz im Chrome-Browser Inhalte bestimmter Drittanbieter blockieren. Der Tracking-Schutz wird in den *Einstellungen* des Chrome-Browsers unter *Datenschutz/Do Not Track* eingeschaltet.

Viele Webseiten beziehen heute Informationen aus mehreren Quellen, nicht nur vom eigentlichen Seitenbetreiber, sondern auch von Dritten. Vielfach handelt es sich dabei um Werbung oder um Statistikmodule, die das Surfverhalten der Besucher beobachten.

Der Tracking-Schutz (DNT = Do Not Track) weist den jeweiligen Webserver an, Skripte von Drittanbietern auf Webseiten, die das eigene Surfverhalten ausspionieren, zu blockieren. Dabei werden nur »heimliche« Aufrufe blockiert. Klicken Sie eine der betreffenden Webseiten direkt an, können Sie sie ganz normal besuchen. Tracking-Schutz ist also kein Webfilter.

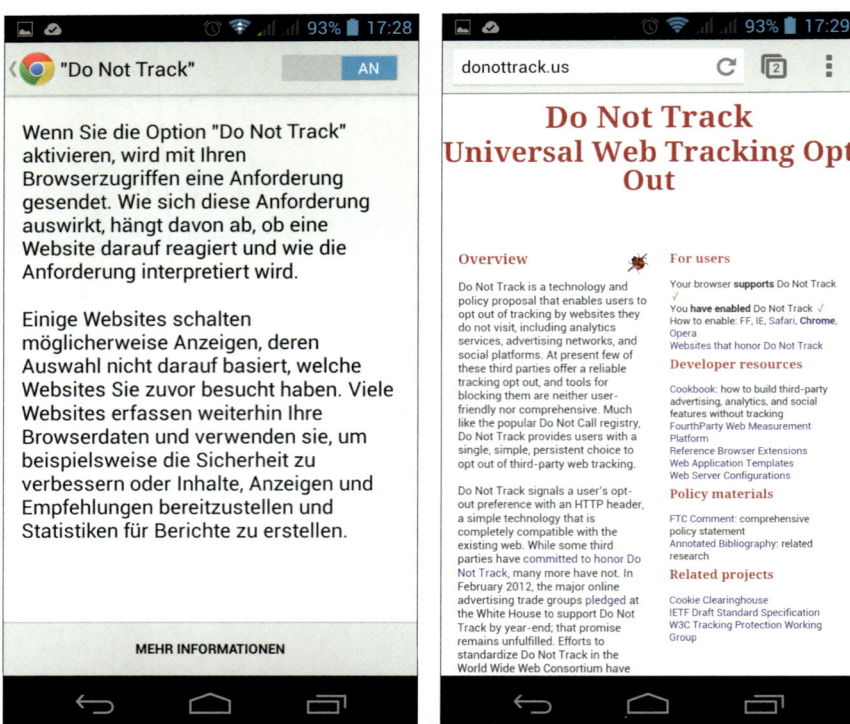

Links: "Do Not Track"-Einstellungen in Chrome, rechts: Onlinetest bei *donottrack.us*.

Die Technik basiert auf der Kooperation der Werbeanbieter, deren Skripte die vom Browser zurückgemeldeten Benutzerwünsche respektieren müssen. Wenn ein Webserver die DNT-Einstellung des Browsers ignoriert, ist der Tracking-Schutz wirkungslos.

Verständlicherweise wollen Sie, wenn Sie den Tracking-Schutz aktiviert haben, auch wissen, ob dieser auch wirklich funktioniert.

Die Webseite www.donottrack.us bietet einen einfachen Onlinetest an, der prüft, ob ein Browser DNT überhaupt unterstützt und ob diese Funktion eingeschaltet ist. Hier finden Sie auch Hinweise, wie der Tracking-Schutz in unterstützten Browsern aktiviert werden kann.

> **DNT – ein Politikum im Internet**
>
> Das Verfolgen von Benutzeraktivitäten, um personalisierte Inhalte anzuzeigen, ist an sich eine nützliche Technologie, die nur von den Medien immer häufiger in ein schlechtes Licht gerückt wird, da sie von Werbetreibenden gerne missbraucht wird.
>
> Als Microsoft mit Windows 8 den Tracking-Schutz standardmäßig aktivierte, nahm die beim W3C (World Wide Web Consortium) für dieses Thema zuständige Arbeitsgruppe öffentlich Stellung: Ein Nutzer solle selbst entscheiden, ob er Tracking wünsche oder nicht. Ein Browser dürfe standardmäßig keinen Do-Not-Track-Header (DNT) übertragen. Wenn Browser standardmäßig einen DNT-Header senden, werden Werbeanbieter ganz schnell dazu übergehen, dies nicht mehr zu beachten. Webseiten mit offensichtlich illegalen Spionageinteressen werden den Tracking-Schutz ohnehin ignorieren.
>
> Die Digital Advertising Alliance (DAA), die Interessenvertretung der Werbetreibenden, will DNT generell nur akzeptieren, wenn es nicht voreingestellt ist. Andernfalls könnten sich Anbieter von Werbung entscheiden, die DNT-Header einfach zu ignorieren.
>
> Nach Aussage des W3C steht es Microsoft natürlich frei, den Internet Explorer auch weiterhin einen DNT-Header senden zu lassen. Das entspreche aber nicht dem W3C-Standard. Sollte Microsoft dennoch behaupten, W3C-konform zu arbeiten, sei das ein Fall für die Aufsichtsbehörden. Google lässt in Chrome den DNT-Header standardmäßig ausgeschaltet, bis der Benutzer ihn einschaltet.

Chrome als Standardbrowser einrichten

Viele Smartphone-Hersteller haben den Chrome-Browser zwar auf ihren Geräten vorinstalliert, aber nicht als Standardbrowser. Wer grundsätzlich lieber Chrome als den einfachen Android-Browser nutzt, kann die Standardeinstellung leicht umstellen. Um den Android-Browser verschwinden zu lassen, sind zwei Einstellungen zu verändern:

- Symbol in der unteren Leiste des Startbildschirms austauschen.

- Standard-Browsereinstellung ändern, damit bei der Eingabe eines Suchbegriffs oder beim Antippen eines Weblinks in einer E-Mail automatisch Chrome gestartet wird.

Gehen Sie folgendermaßen vor:

1. Um das Symbol auszutauschen, halten Sie das »alte« Internetsymbol länger, bis am oberen Bildschirmrand das Symbol *Entfernen* erscheint. Ziehen Sie das Internetsymbol darauf, verschwindet es aus der Symbolleiste am unteren Bildschirmrand.

 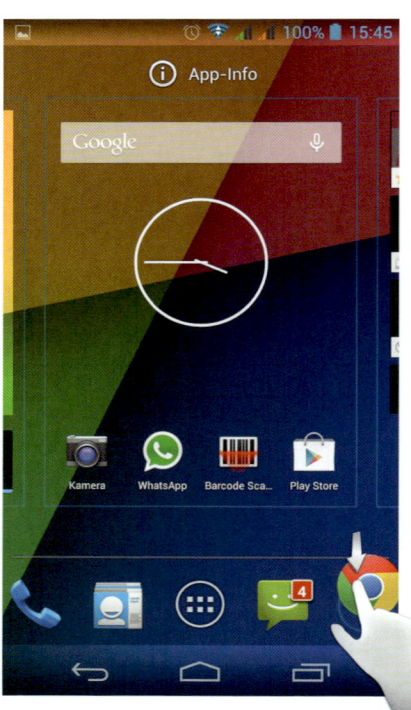

Internet-Symbol gegen Chrome austauschen.

2. Tippen Sie jetzt auf das Symbol in der Mitte unten auf dem Startbildschirm, um die Liste aller installierten Apps anzuzeigen. Suchen Sie hier das Chrome-Symbol, halten Sie es einen kurzen Moment und ziehen Sie es an die gewünschte Position in der Symbolleiste am unteren Bildschirmrand. Damit wird es automatisch dort verankert.

3. Um die Standardbrowser-Einstellung zu ändern, geben Sie irgendeinen Suchbegriff in das Suchfeld auf dem Startbildschirm ein und tippen dann auf eines der Suchergebnisse. Ist kein Standardbrowser definiert, erscheint das Dialogfeld *Vorgang abschließen mit*. Aktivieren Sie hier das Chrome-Symbol und tippen Sie dann auf die Schaltfläche *Immer*. Wenn später das gleiche Dialogfeld wieder erscheint, zum Beispiel beim Antippen eines Links in einer E-Mail, gehen Sie wieder genauso vor.

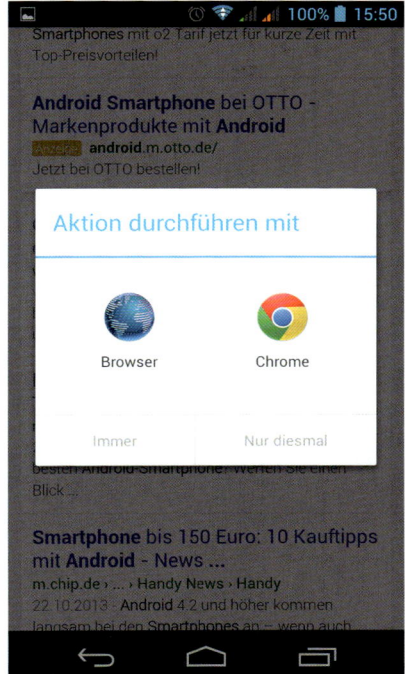 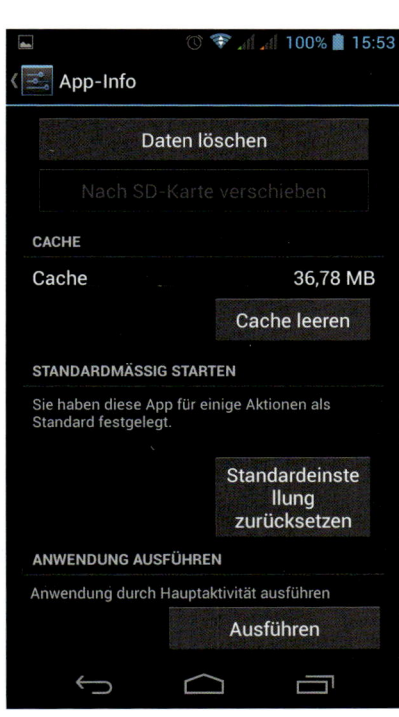

Standardbrowserwahl zurücksetzen.

Sollte die Browserauswahl nicht angezeigt werden und sofort der Android-Browser starten, ist dieser bereits als Standardbrowser eingerichtet.

1. Um zu Chrome zu wechseln, öffnen Sie die *Einstellungen*. Scrollen Sie nach unten in den Bereich *Apps*.

2. Wählen Sie den derzeit als Standardbrowser eingestellten Browser und tippen Sie auf dem nächsten Bildschirm auf *Standardeinstellung zurücksetzen*.

3. Geben Sie jetzt wieder auf dem Startbildschirm einen Suchbegriff ein. Jetzt erscheint das Dialogfeld *Vorgang abschließen mit*, in dem Sie den neuen Standardbrowser Chrome festlegen können.

WLAN optimieren

Zu Hause gehen Sie am besten über Ihren WLAN-Router mit dem Smartphone ins Internet. Dies spart nicht nur wertvolles Datenvolumen Ihrer Mobilfunkflatrate, die Übertragungsraten sind auch deutlich höher. Wie ein WLAN eingerichtet wird, haben Sie bereits bei der Ersteinrichtung des Smartphones gesehen.

In den Einstellungen unter *WLAN* finden Sie alle WLANs in der Nähe sowie auch alle gespeicherten WLANs, mit denen das Smartphone schon einmal verbunden war.

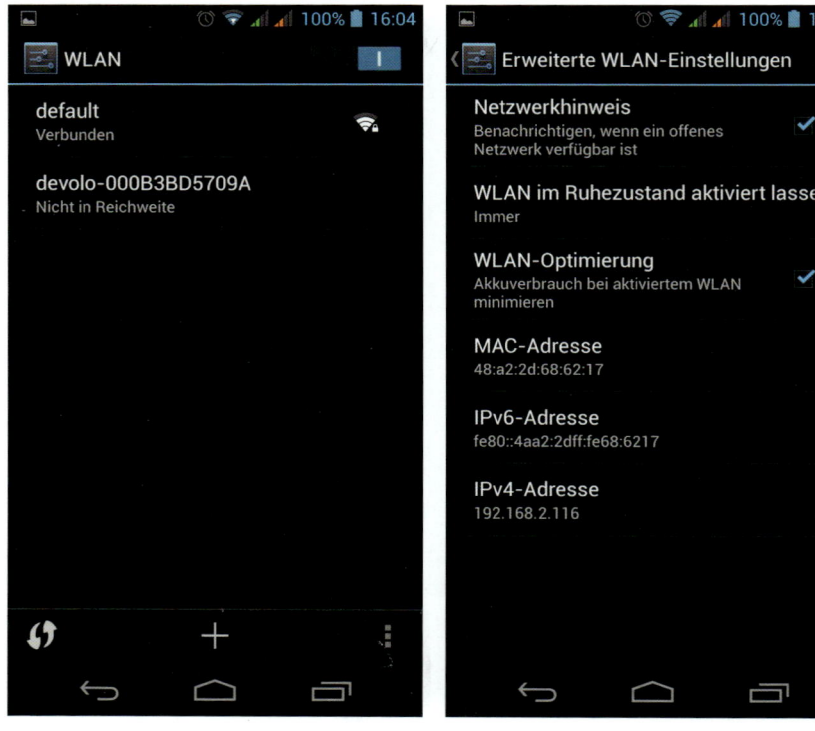

WLAN-Einstellungen.

Tippen Sie auf das Menüsymbol unten rechts und wählen Sie die Option *Erweitert*. Schalten Sie hier die *WLAN-Optimierung* ein, um den Akkuverbrauch zu verringern. Noch mehr Akkuverbrauch lässt sich sparen, wenn Sie das WLAN im Ruhezustand automatisch abschalten lassen. Dann bleibt allerdings die Mobilfunkverbindung aktiv, damit das Handy weiterhin Benachrichtigungen über neue E-Mails und andere Aktivitäten erhalten kann, was das verbrauchte Datenvolumen erhöht, da Daten über das Mobilfunknetz übertragen werden, obwohl ein WLAN in Reichweite wäre.

WLAN optimieren

Schalten Sie das WLAN unterwegs, außerhalb der Reichweite eines WLANs, am besten ganz aus, um Strom zu sparen. WLAN mit oder ohne Empfang saugt den Akku schnell leer.

Wesentlich einfacher, als jedes Mal die *Einstellungen* aufzurufen, ist es, das WLAN direkt über die Benachrichtigungsleiste ein- und auszuschalten. Ziehen Sie die Benachrichtigungsleiste nach unten und tippen Sie rechts oben auf das *Einstellungen*-Symbol. Jetzt können Sie durch Antippen der entsprechenden Symbole unter anderem WLAN, GPS, Bluetooth und die Bildschirmhelligkeit umschalten. All diese Funktionen belasten den Akku besonders stark.

Einstellungen in der heruntergezogenen Benachrichtigungsleiste.

Schaltet man über das Symbol in der Benachrichtigungsleiste WLAN ein, sucht sich das Smartphone automatisch unter den gespeicherten WLAN-Verbindungen die mit der besten Signalstärke und verbindet sich damit.

Tippen Sie hier länger auf das WLAN-Symbol, gelangen Sie zum *Einstellungen*-Bildschirm fürs WLAN.

Wifi Analyzer

Die kostenlose App *Wifi Analyzer* findet WLANs in der Nähe und zeigt deren Kanäle und Signalstärke an.

Läuft man mit dem *Wifi Analyzer* durchs Haus oder auch draußen durch die Straßen, lassen sich die Ausbreitungsbedingungen der verschiedenen WLANs gut ermitteln. Auch beim Aufstellen des eigenen Routers kann diese App eine Hilfe sein. Wählen Sie den Kanal eines neuen WLAN-Routers immer so, dass möglichst viel Abstand zu den WLANs der Nachbarn gegeben ist. Router auf dicht nebeneinanderliegenden WLAN-Kanälen können Interferenzen verursachen, die den WLAN-Empfang schwächen.

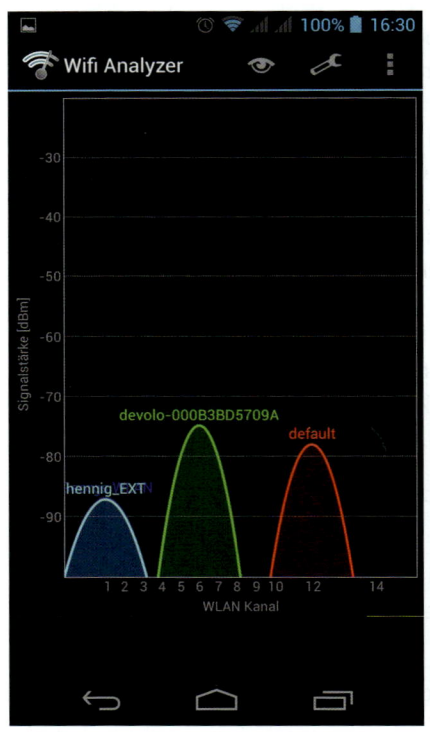 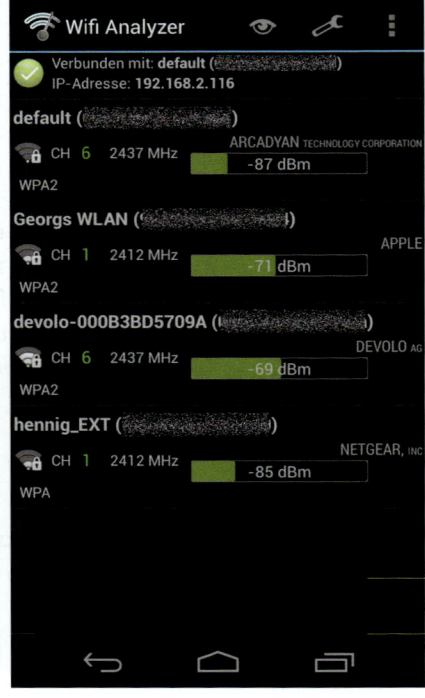

Wifi Analyzer zeigt alle WLANs in Reichweite.

Sicherheit im WLAN

Sicherheit im WLAN ist immer wieder ein wichtiges Thema, das man auch als Privatnutzer nicht unterschätzen sollte. Wenn Fremde von der Straße aus oder die Nachbarn Zugang zu Ihrem drahtlosen Netzwerk bekommen, können sie nicht nur das Internet benutzen, sondern auch persönliche Daten ausspähen und eventuell sogar manipulieren. Firewalls helfen hier wenig, da sich der Access Point zum WLAN innerhalb der Firewall befindet und nicht »draußen« im Internet.

Neben den dadurch möglichen Betrugsgeschäften mit fremden Bank- oder eBay-Daten ist auch die Gefahr krimineller Aktivitäten nicht zu unterschätzen. Lädt sich jemand über Ihr WLAN zum Beispiel kriminelles oder urheberrechtlich gesehen illegales Material herunter, wird die IP-Adresse Ihres Internetanschlusses übermittelt. Die Strafverfolgungsbehörden stellen also Sie persönlich zur Rede. Dann wird es schwer, Ihre Unschuld zu beweisen.

Was jahrelang von Fall zu Fall ausgelegt wurde, wurde im Mai 2011 vom Bundesgerichtshof offiziell geregelt. Jedes private WLAN muss »*... durch angemessene Sicherungsmaßnahmen vor der Gefahr geschützt sein, von unberechtigten Dritten zur Begehung von Urheberrechtsverletzungen missbraucht zu werden*«. Dazu zählt neben einer Verschlüsselung auch, dass das vom Hersteller vorgegebene Standardpasswort des Routers durch ein eigenes ersetzt wird. Neue Router verwenden kein Standardpasswort mehr, sondern ein individuelles, für jedes Gerät unterschiedliches. Dieses finden Sie meist auf einem Aufkleber direkt auf dem Router. Bei diesen Geräten muss der Betreiber des Anschlusses das Passwort nicht ändern. Viele Router bieten auch die Möglichkeit, den Zugang zur Konfigurationsoberfläche auf Kabelverbindungen zu beschränken. Mit dieser Option haben Unbefugte auf der Straße keine Chance mehr, den Router umzukonfigurieren, um Netzwerkschlüssel zu ändern oder andere Einstellungen zu manipulieren.

Beachten Sie bei der Einrichtung eines privaten WLANs folgende Sicherheitsregeln:

- Schalten Sie das WLAN-Modul im Router ab, wenn Sie es längere Zeit nicht benutzen. Das verringert das Risiko eines unbemerkten Angriffs, wenn Sie nicht zu Hause sind.

- Richten Sie den Router nach den lokalen Gegebenheiten aus. Für eine Etagenwohnung ist ein Router mit Zusatzantenne und mehreren 100 m Reichweite völlig überdimensioniert und stellt ein hohes Sicherheitsrisiko dar. In großen Büros verwendet man sinnvollerweise mehrere kleine Access Points anstelle eines großen, um das Netzwerk an die lokalen Ausbreitungsbedingungen besser anzupassen.

- Verändern Sie das Standardpasswort zur Router-Konfiguration, damit niemand sich an Ihrem Router zu schaffen macht, sich selbst Zugang verschafft oder einen anderen (teuren) Internetzugang einrichtet.

Bei drahtlosen Netzwerken ist die Verschlüsselung besonders wichtig, da man im Gegensatz zu einem kabelgebundenen Netzwerk nicht merkt, wenn sich ein fremder Computer unautorisiert mit dem Netzwerk verbindet. Aktivieren Sie wenn möglich immer die WPA2-Verschlüsselung. Das veraltete WEP bietet keinen verlässlichen Schutz und sollte nicht mehr zum Einsatz kommen. Dazu muss am Router und auf jedem Gerät einmalig ein Schlüssel eingegeben werden, der auf allen Geräten gleich ist. Geräte ohne diesen Schlüssel haben keinen Zugang zum WLAN.

Alle modernen Router unterstützen aktuelle WPA2-Verfahren (Wi-Fi Protected Access 2). Dieses bietet zusätzlichen Schutz durch dynamische Schlüssel. Nach der Initialisierung mit dem Schlüssel kommt ein Session-Key zum Einsatz. Allerdings können Sie dieses Verfahren auf dem Router nur nutzen, wenn es von allen angeschlossenen Geräten unterstützt wird. Nicht alle älteren Handys und PDAs verstehen WPA2. Aber selbst der Bundesgerichtshof verlangt nicht, aus jedem privaten WLAN einen Hochsicherheitstrakt zu machen, sodass WEP durchaus weiterhin verwendet werden darf. Immer wieder veröffentlichen Computerzeitschriften Workshops zum Knacken von WEP-Schlüsseln. Das Knacken eines Schlüssels ist aber immer noch deutlich aufwendiger als die unberechtigte Nutzung eines unverschlüsselten WLAN und gilt zudem im Zweifelsfall als rechtswidriges Eindringen in ein Netzwerk.

Einige Router bieten die Möglichkeit, nur bestimmte Geräte überhaupt per WLAN ins Netzwerk zu lassen. Zur Identifikation werden die MAC-Adressen der Geräte herangezogen. Diese MAC-Adresse ist eine weltweit eindeutige Kennung jeder Netzwerkkarte.

Die MAC-Adresse eines Android-Handys finden Sie in den *Einstellungen* unter dem Punkt *Über das Telefon/Status*.

Alternative Browser für Android

Wie auf dem PC haben unabhängige Softwarehersteller auch für Android-Smartphones weitere Browser entwickelt, die interessante Funktionen bieten und so zahlreiche Fans für sich gewinnen konnten. Aber auch auf dem Smartphone ist wie auf dem PC kein Browser objektiv der beste. Die Browserwahl ist immer eine Frage des persönlichen Geschmacks. Wir zeigen Ihnen hier ein paar beliebte Alternativen zum Android-Standardbrowser.

Alternative Browser für Android

Firefox

Firefox für Android basiert auf der gleichen Technologie wie der beliebte Browser für PCs. Auch auf dem Smartphone überzeugt Firefox durch seine extrem schlanke wie auch funktionelle Oberfläche. Tippt man oben rechts auf die kleine Ziffer, erscheinen links Tabs mit weiteren Seiten.

Die aktuelle Firefox-Version unterstützt alle wichtigen aktuellen Webtechnologien wie Tabs, JavaScript und HTML-Layer und bietet auch schon sehr weitreichende HTML5-Unterstützung.

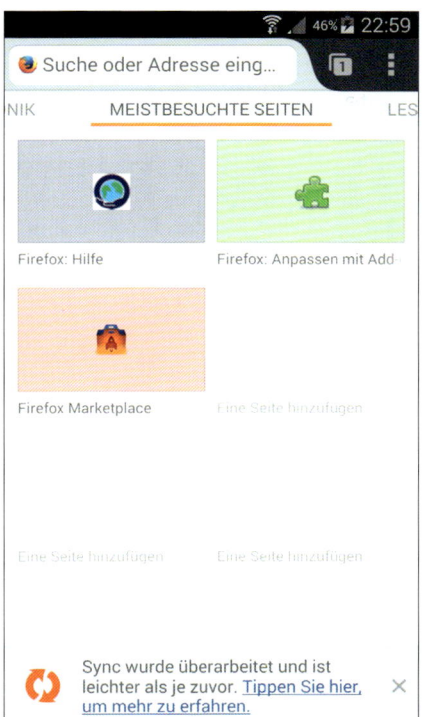

Startseite und Tabs im mobilen Firefox.

Natürlich bietet Firefox auch alle Funktionen moderner Android-Browser, wie einen privaten Modus, Umschaltung auf die Desktopversion von Webseiten, Lesezeichen, Chronik und das Teilen von Internetadressen über verschiedene Kommunikationswege.

117

4 ▪ Online mit dem Smartphone

> **Firefox Sync**
>
> Per Firefox Sync lassen sich Lesezeichen, Passwörter und Formulareingaben mit anderen Smartphones oder Firefox auf dem PC synchronisieren, sodass man nicht alles auf dem Smartphone neu eingeben muss. Sie finden die Lesezeichen sowie die Chronik der zuletzt geöffneten Webseiten automatisch auch auf dem Smartphone. Dazu legen Sie auf dem PC ein Firefox-Konto an und melden sich mit demselben Konto auch bei Firefox für Android an.

Die kombinierte Such- und Adressleiste findet schnell einen gesuchten Begriff in der Chronik der besuchten Seiten wie auch über verschiedene Suchmaschinen. Dabei kann man als Benutzer auswählen, wo gesucht werden soll. Weitere Suchanbieter können über Add-ons eingebunden werden.

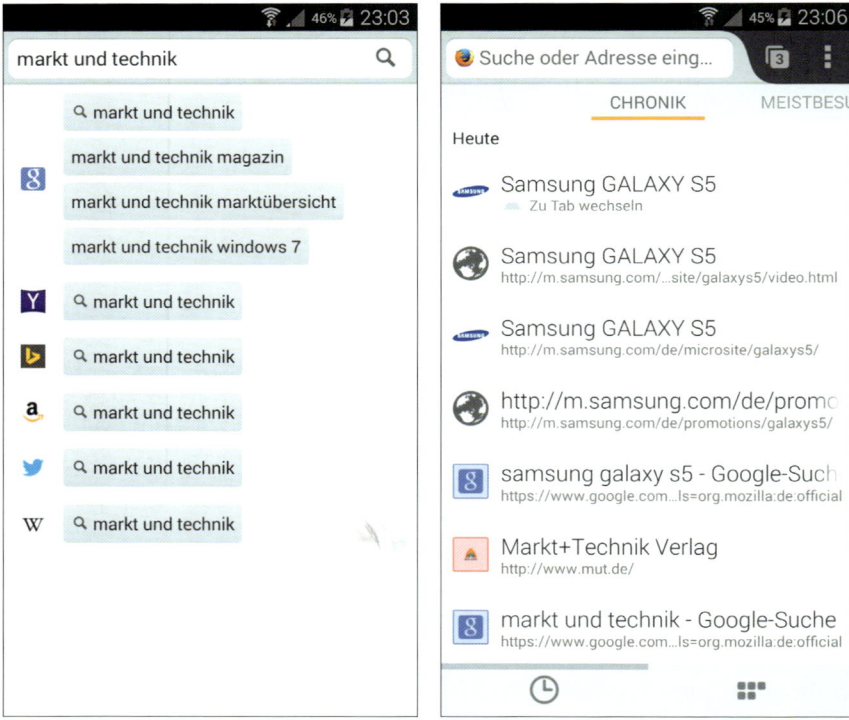

Suche und Chronik in Firefox.

Firefox bietet auf dem Smartphone eine ähnliche Add-on-Technik wie auf dem PC. Über solche nachträglich installierbaren Add-ons lassen sich zusätzliche Funktionen hinzufügen oder das Aussehen von Firefox verändern.

Alternative Browser für Android

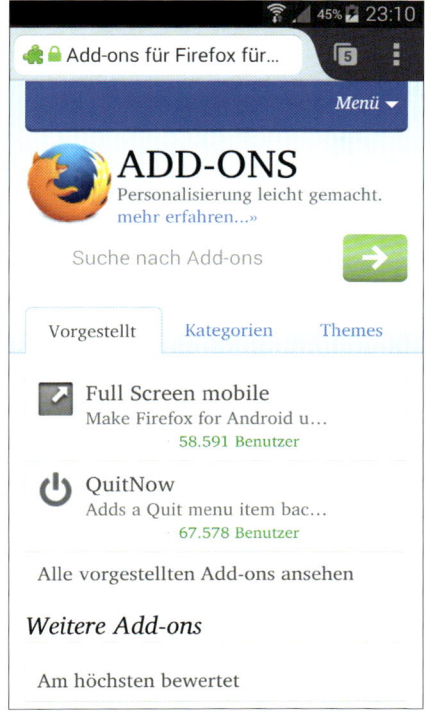

Add-ons in Firefox installieren.

Firefox Aurora

Für ganz Neugierige – oder Mutige – veröffentlichen die Mozilla-Entwickler immer schon die übernächste Firefox-Version, die noch nicht einmal Betastatus erreicht hat, unter dem Namen Aurora.

Aurora wird nicht über den Google Play Store angeboten. Neue Versionen werden sehr häufig veröffentlicht, deshalb führt der abgebildete QR-Code nicht direkt zum Download, sondern auf die Downloadseite, von der man jederzeit die aktuellste Aurora-Version herunterladen kann.

Die Entwickler von Mozilla erbitten Telemetriedaten und Crash-Reports des Browsers, um Fehler frühzeitig zu finden. Da Mozilla ein nicht kommerzielles Projekt ist, gibt es hier auch keine bezahlten Betatester. Wer diese frühe Version des neuen Browsers nutzt, sollte so fair sein, diese Einstellungen zur Datenübertragung nicht abzuschalten. Nutzer mit paranoiden Sorgen um ihre Privatsphäre sollten lieber den fertigen Firefox verwenden.

4 ▪ Online mit dem Smartphone

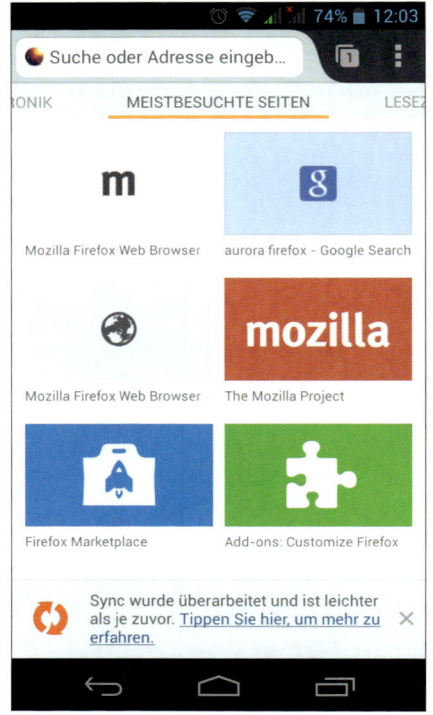 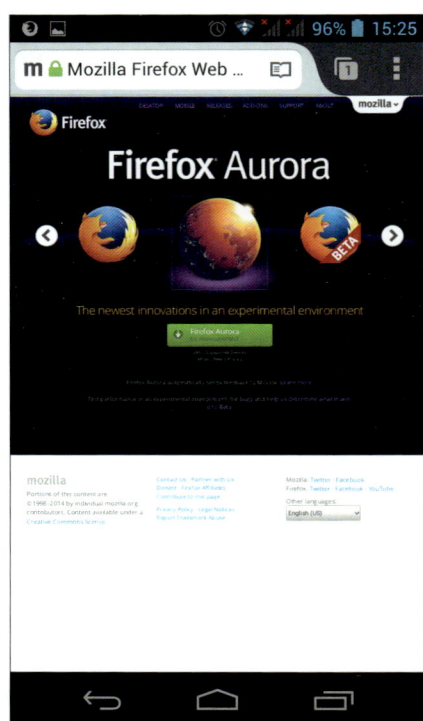

Firefox Aurora ist jetzt auch auf Deutsch erhältlich.

Opera Mini

Eine weitere interessante Alternative zum Android-Standardbrowser ist die mobile Version des unter Insidern auch auf dem PC bekannten Opera-Browsers.

Opera Mini bietet einen Vollbildmodus und eine komfortable Navigation per Touchscreen oder Handytastatur. Verlinkte Webseiten können in neuen Bildschirmfenstern geöffnet und auf einfache Weise als Lesezeichen gespeichert werden. Ähnlich wie auf dem PC ist ein automatisches Ausfüllen von Formularen und das Vervollständigen von Internetadressen möglich.

Eine lokale Startseite vereinfacht die Navigation und zeigt die am häufigsten angewählten Internetseiten an. Opera Mini bietet beste Unterstützung für aktuelle Webtechnologien und auch für HTML5.

Alternative Browser für Android

Startseite und fingerfreundliches Hauptmenü in Opera Mini.

> **TIPP:** Opera bietet allen Anwendern eine Online-Lesezeichenverwaltung an. Dazu ist nur ein kostenloses Benutzerkonto bei *my.opera.com* erforderlich, das man auch direkt auf dem Smartphone anlegen kann. Die Lesezeichen aus Opera Mini lassen sich automatisch online speichern und mit anderen Geräten sowie dem Opera-Browser auf dem PC synchronisieren. Die Webseite *link.opera.com* stellt alle eigenen Lesezeichen in jedem beliebigen Browser zur Verfügung, sodass sich jeder seine mobilen Favoriten bequem auf dem PC zusammenstellen und dann auf das Smartphone übertragen kann.

Opera Mini verwendet eine serverseitige Komprimierung aller aufgerufenen Webseiten. Je nach Aufbau der Seite lässt sich das zu übertragende Datenvolumen um bis zu 90 % eindampfen, was der Geschwindigkeit des Seitenaufbaus zugutekommt und auch Datenvolumen spart.

Webseiten, die keine Rücksicht auf die Bildschirmauflösung des Besuchers nehmen, sind auf Handys normalerweise nicht lesbar. Opera Mini dagegen kann Webseiten, die keine Smartphone-optimierte Darstellung kennen, einspaltig umformatieren, sodass sie ohne horizontales Scrollen darstellbar sind.

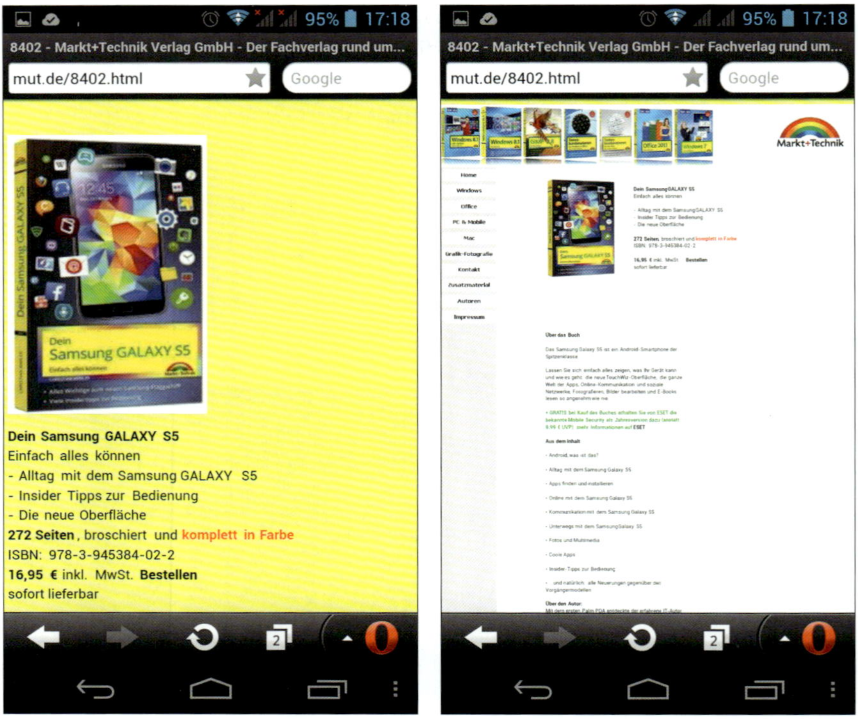

Opera Mini mit Anzeige einer »normalen«, nicht für das Handy optimierten Webseite und mit der gleichen Seite in einspaltiger Smartphone-optimierter Version.

> **Opera Store**
>
> Opera beinhaltet einen eigenen Mobile Store, aus dem man Apps für Android-Smartphones herunterladen kann.

Dolphin Browser

Der Dolphin Browser zeigt Webseiten auf dem Smartphone so an, wie sie auch auf dem PC zu sehen wären. Komfortable Zoomfunktionen ermöglichen trotzdem eine einfache Navigation. Auf Wunsch kann bei jeder Webseite auf die   mobil optimierte Darstellung umgeschaltet werden – vorausgesetzt, die jeweilige Seite bietet diese Variante an.

Alternative Browser für Android

Die Adresszeile unterstützt die Autovervollständigen-Funktion, wie man es von Desktopbrowsern kennt. Auch die Darstellung mehrerer Webseiten in Tabs sowie der private Modus, eine eigene Browserkonfiguration, die keine persönlichen Surfspuren auf dem Gerät hinterlässt, wurden den aktuellen Versionen von PC-Browsern nachempfunden.

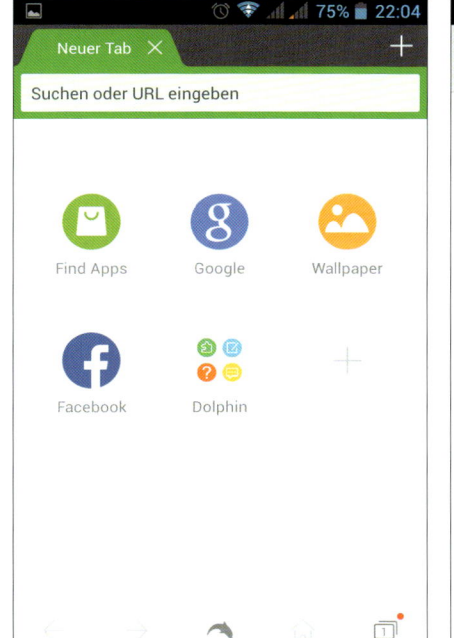 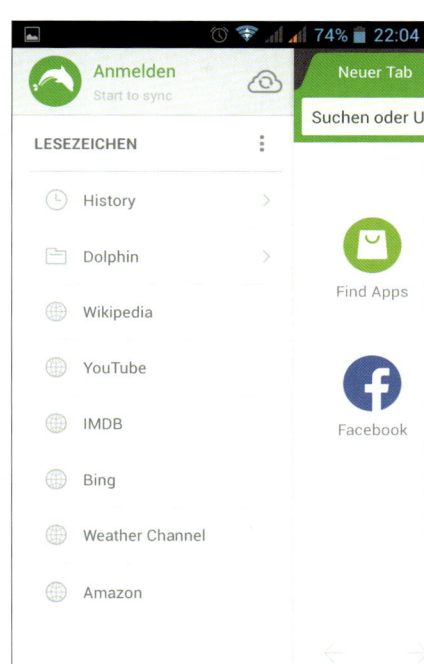

Dolphin Browser mit Lesezeichen und Verlaufsanzeige.

Schieben Sie den Bildschirminhalt nach rechts, erscheinen links die Verlaufsanzeige und die Lesezeichen, schieben Sie den Bildschirminhalt nach links, taucht rechts die Systemsteuerung mit wichtigen Schnelleinstellungen auf.

> **TIPP:** Eine ebenso nützliche wie auch simple Funktion ist das Scrollen mit den Lautstärketasten. Diese werden im Browser so gut wie nie gebraucht, liegen aber bei den meisten Smartphones so praktisch in den Fingern, dass man mit der Hand, ohne den Touchscreen zu brauchen, durch eine Seite blättern kann. Sie finden diese Einstellung unter *Anpassen/Aktion der Lautstärketaste*. Außer zum Scrollen kann der Lautstärkeregler auch zum Blättern zwischen den Tabs genutzt werden.
>
> Tippen Sie unten in der Mitte auf das Dolphin-Symbol und dann auf das Zahnrad, um den Dialog für die Einstellungen zu öffnen.

Gestensteuerung im Dolphin Browser

Der Dolphin Browser unterstützt Fingergesten. Auf diese Weise lassen sich wichtige Browserfunktionen mit einem Fingerstrich steuern, ohne dass man Buttons und Menüs braucht. Gesten für wichtige Funktionen sind bereits vorinstalliert, weitere kann man sich beispielsweise zum Aufruf wichtiger Webseiten selbst ausdenken. Ziehen Sie das Dolphin-Symbol von unten in Richtung Bildschirmmitte. Der Bildschirm wird heller, die aktuell dargestellte Webseite leicht abgedimmt.

Malen Sie dann mit dem Finger die jeweilige Geste auf den Bildschirm. Tippen Sie in diesem Modus oben rechts auf das Sonnensymbol, zeigt der Dolphin Browser eine Liste aller verfügbaren Gesten und deren Bedeutungen.

 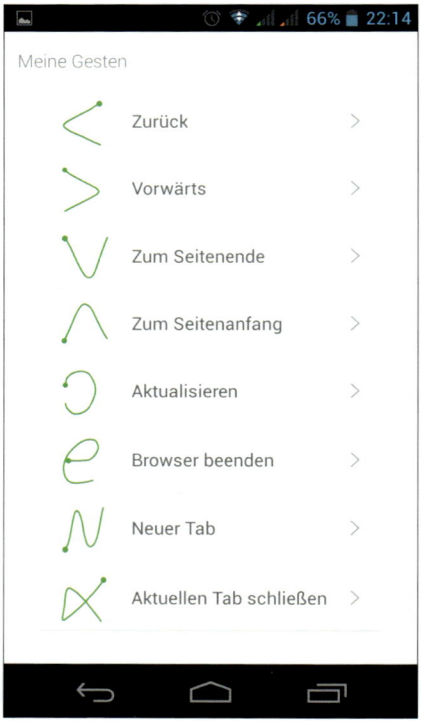

Gesten im Dolphin Browser.

Useragent umschalten

Immer mehr Webseiten haben eine Desktopversion und eine mobile Version ihres Angebots. Welche Version ein Benutzer zu sehen bekommt, wird serverseitig anhand des sogenannten Useragent (auf Deutsch: Nutzeragent) umge-

Alternative Browser für Android

schaltet, eine Kennung, die der Browser an den jeweiligen Webserver sendet. Als Nutzer hat man üblicherweise keinen Einfluss darauf.

Bei vielen Webseiten fehlen in der mobilen Darstellung bestimmte Funktionen, dafür ist die Desktopversion der Seite auf mobilen Geräten nur eingeschränkt darstellbar.

Der Dolphin Browser bietet die Möglichkeit, diesen Nutzeragenten umzuschalten und damit einem Webserver vorzugaukeln, das Smartphone wäre ein PC. Auf diese Weise lassen sich viele Webseiten auf Geräten mit großen Bildschirmen so darstellen, wie man sie auf dem PC sehen würde.

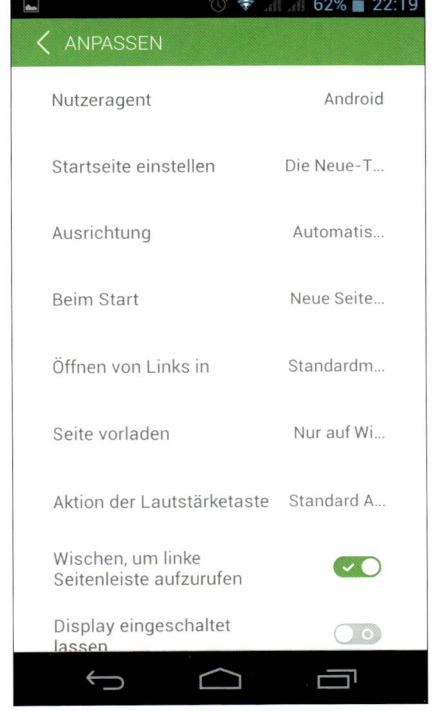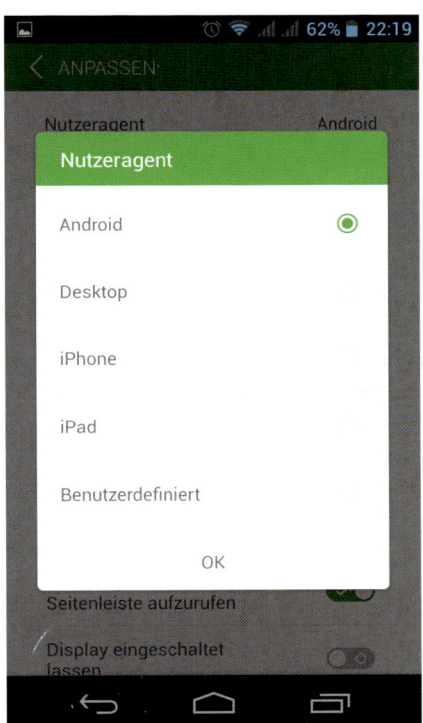

Umschaltung des Nutzeragenten in den Einstellungen des Dolphin Browsers.

Add-ons

Der Dolphin Browser kann ähnlich wie Firefox durch Add-ons erweitert werden. Die Installation dieser Zusatzpakete erfolgt direkt aus dem Browser heraus über den Google Play Store. Schieben Sie dazu den Bildschirm nach links, klicken Sie rechts auf das Add-on-Symbol und es erscheint eine Liste installierbarer Add-ons.

4 ▪ Online mit dem Smartphone

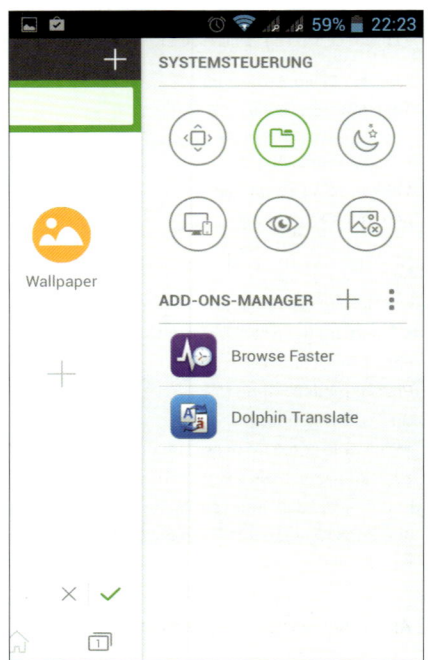 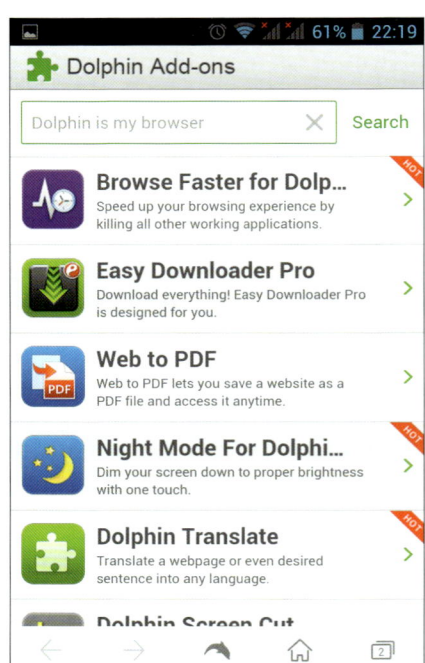

Add-ons im Dolphin Browser installieren.

Dolphin-Add-ons erscheinen nicht in der Liste der Apps auf dem Smartphone, sondern nur im Browser selbst. Wischen Sie mit dem Finger nach links. Rechts neben dem Browserfenster zeigt eine Symbolleiste die installierten Add-ons.

Wikipedia

Wikipedia ist das beliebteste aller Onlinelexika und wird ständig aktualisiert und erweitert. Wikipedia ist nicht nur auf dem PC interessant, sondern oft auch unterwegs, wenn man schnell etwas wissen möchte. Ein Android-Smartphone eignet sich dabei hervorragend als mobiles Lexikon.

de.wikipedia.org

Wikipedia bietet seine Inhalte für verschiedenste Geräte an. Neben der normalen Version zur Darstellung im Webbrowser auf dem PC gibt es auch Versionen, die speziell für die Darstellung auf mobilen Geräten optimiert sind.

Besucht man die deutsche Webseite der Wikipedia *de.wikipedia.org* mit dem Android-Browser, wird automatisch auf die mobile Variante *de.m.wikipedia.org* umgeschaltet.

Wikipedia

 Wikipedia durchsuchen

Artikel des Tages

John Ogilby (* November 1600 in oder bei Edinburgh; † 4. September 1676 in London) war ein schottischer Tänzer, Tanzmeister, Impresario, Übersetzer von klassischen Epen und Fabeln, Dichter, Buchhändler, Verleger, sowie königlicher Zeremonienmeister, Buchdrucker und Kosmograph. Ogilbys frühe Karriere als Tänzer endete bereits 1621, als er einen Unfall erlitt und von diesem Zeitpunkt an auf einem Bein lahm war. Danach kam Ogilby nach Irland, wo ihn der englische Statthalter Thomas Wentworth als Tanzmeister und Schreiber engagierte. Er gründete mit dem

In den Nachrichten

Alstom • Silvio Berlusconi • Muslimbruderschaft

- Papst Franziskus hat im Vatikan seine Vorgänger Johannes XXIII. und Johannes Paul II. (Bild) heiliggesprochen.
- Aufgrund der Kritik am Krisenmanagement nach dem Untergang der Fähre Sewol hat der südkoreanische Premierminister Jung Hong-won seinen Rücktritt angeboten.
- Im Laufe der Krise in der Ukraine kam es zur Festsetzung von Mitgliedern einer Kommission der Organisation für Sicherheit und Zusammenarbeit in Europa (OSZE). Weitere aktuelle Ereignisse · Wikinews

Mobile Wikipedia im Android-Standardbrowser mit Artikel des Tages und aktuellen Nachrichten.

Nachfolger des Samsung Galaxy S4 aus der Samsung Galaxy-Reihe. Der offizielle Markteinführungspreis in Deutschland lag bei 699 Euro. [1]

- ⌄ Technik
- ⌄ Kritik
- ⌄ Fälschungen
- ⌄ Einzelnachweise
- ⌄ Weblinks

In einer anderen Sprache lesen

Zuletzt geändert vor 15 Tagen

Wikipedia™ Mobil | Klassische Ansicht
Der Inhalt ist verfügbar unter CC BY-SA 3.0, sofern nicht anders angegeben.
Datenschutz

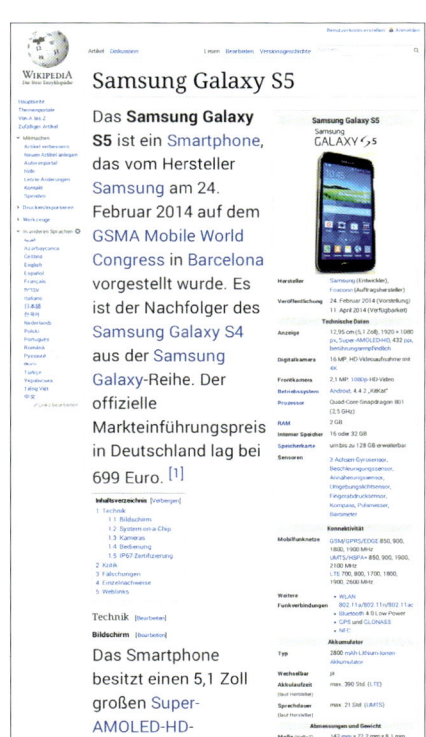

Die mobile Wikipedia-Darstellung – und das Umschalten auf die klassische Ansicht.

Die für Mobilgeräte optimierte Version der Wikipedia hat auf Smartphones deutliche Vorteile. Schriftgröße und Zeilenbreite werden automatisch angepasst. Bilder werden dargestellt, ohne sie als Benutzer verkleinern zu müssen. Um den Seitenaufbau zu beschleunigen, werden die Unterkapitel zunächst nur als Überschrift angezeigt. Ein Klick auf den jeweiligen Button lädt das Unterkapitel nach und zeigt es an.

Sollte ein Artikel in der mobilen Version nicht vollständig dargestellt werden, finden Sie ganz unten auf jeder Wikipedia-Seite einen Link zum Umschalten auf die klassische Ansicht, ohne den Browser selbst umschalten zu müssen.

Wikipedia-Lesezeichen

Auf vielen Smartphones sind im Browser bereits Lesezeichen für Wikipedia vorinstalliert, allerdings häufig für die englische Version. Dies ist nicht technisch begründet, es liegt nur an der Unwissenheit der Gerätehersteller. Nur wenige davon scheinen die deutsche Wikipedia zu kennen. Diese bietet genau die gleichen technischen Funktionen wie die englische, aber deutschsprachige Texte.

 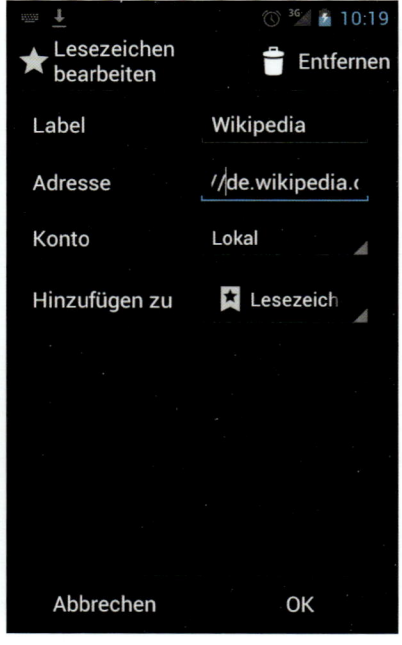

Wikipedia-Lesezeichen im Browser auf Deutsch umstellen.

Tippen Sie im Browser länger auf das Wikipedia-Lesezeichen, bis das Menü erscheint, und wählen Sie dort *Lesezeichen bearbeiten*. Ersetzen Sie den Eintrag *www.wikipedia.org* durch *de.wikipedia.org*.

Die offizielle Wikipedia-App

Die offizielle App der Wikipedia bietet mehr als nur eine schnellere Suche und Darstellung der Wikipedia-Artikel auf dem Smartphone. In der App lassen sich Seiten zum Offlinelesen speichern. Außerdem gibt es eine Verlaufsanzeige der zuletzt gelesenen Wikipedia-Artikel. Die Wikipedia-App lässt sich auf alle von Wikipedia unterstützten Sprachen umschalten.

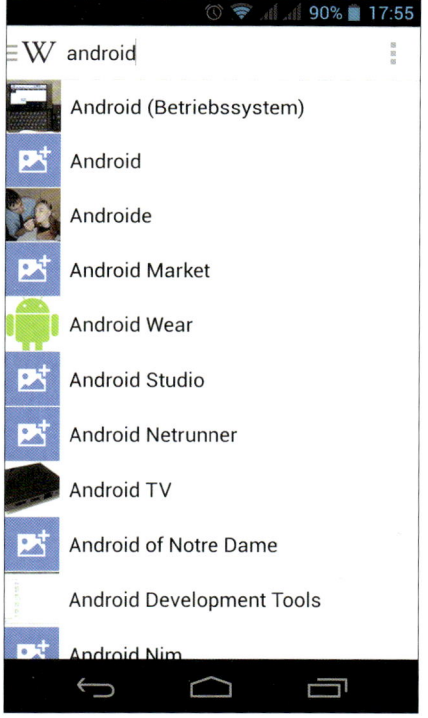

Die Betaversion der neuen Wikipedia-App.

Die aktuelle Betaversion der neuen Wikipedia-App zeigt bereits das neue Design und liefert ähnlich wie die Wikipedia-Webseite bereits beim Suchen Vorschläge passender Wikipedia-Artikel. Die App bietet für Wikipedia-Autoren die Möglichkeit, sich anzumelden und direkt vom Smartphone Wikipedia-Artikel zu bearbeiten.

4 ▪ Online mit dem Smartphone

> **INFO:** Bevor Wikipedia die eigene offizielle App veröffentlichte, gab es schon diverse andere Wikipedia-Apps, die aber häufig Werbung enthalten und einen geringeren Funktionsumfang bieten. Einige von diesen sind immer noch im Google Play Store zu finden. Achten Sie daher darauf, die offizielle Wikipedia-App zu installieren.

QRpedia

QRpedia (*qrpedia.org*) ist ein Projekt der Wikipedia, das es Anwendern ermöglicht, auf einfache Weise QR-Codes zu Wikipedia-Artikeln zu erzeugen. Diese QR-Codes können ausgedruckt und an Sehenswürdigkeiten oder Ausstellungsexponaten angebracht werden. Besucher kommen so auf einfache Weise zu dem zum jeweiligen Objekt passenden Wikipedia-Artikel.

Die QR-Codes aus QRpedia verweisen nicht direkt auf einen einzelnen Wikipedia-Artikel, sondern zunächst auf eine Seite bei *qrwp.org*. Dieser Server wertet die Spracheinstellung des jeweiligen Smartphones aus und liefert dann einen Wikipedia-Artikel in der vom Benutzer verwendeten Sprache zurück. Auf diese Weise ist auch bei Objekten von internationalem Interesse nur ein einziger QR-Code nötig. Jeder Besucher bekommt den passenden Wikipedia-Artikel in seiner auf dem Smartphone verwendeten Sprache angezeigt.

Um selbst solche QR-Codes zu erzeugen, kopieren Sie einfach die Adresse eines Wikipedia-Artikels in das Eingabefeld bei *qrpedia.org*. Sofort wird der passende QR-Code angezeigt.

Die Webseite von QRpedia mit einem QR-Code zum Wikipedia-Artikel über das Projekt.

KAPITEL 5

Kommunikation mit dem Smartphone

Die ursprüngliche Aufgabe eines Handys war schon immer die Kommunikation. Neben Telefonieren und SMS sind auf Smartphones diverse moderne Kommunikationsformen dazugekommen. So ist es heute selbstverständlich, dass man seine E-Mails auf dem Smartphone liest und beantwortet und auch Kontakte in sozialen Netzwerken von unterwegs pflegt.

Google Mail – Gmail

Android und Google sind zwei enge Verwandte, so wundert es nicht, dass Google-Mail-Konten auf Android-Smartphones besonders gut unterstützt werden. Auf den Geräten ist (fast) immer eine eigene App für Googles Mailservice vorinstalliert, die ständig mit dem Google-Konto synchronisiert, sodass man über neue E-Mails automatisch in Echtzeit benachrichtigt wird.

> **INFO:** Google Mail tritt in den meisten Ländern inzwischen unter dem Markennamen Gmail auf. In Deutschland und Großbritannien durfte dieser Name wegen eines Rechtsstreits mit dem Betreiber eines privaten Postdienstes lange Zeit nicht verwendet werden.
>
> Google verwendet mittlerweile einheitlich *mail.google.com*. Die E-Mail-Adressen *@googlemail.com* und *@gmail.com* können gleichwertig verwendet werden.

Die Gmail-App synchronisiert automatisch mit dem bei der Einrichtung des Smartphones festgelegten Google-Konto. Zusätzlich zu diesem können

5 ▪ Kommunikation mit dem Smartphone

Sie über den Menüpunkt *Einstellungen* der Gmail-App später noch weitere Google-Konten hinzufügen.

E-Mails lesen

Kommt eine neue E-Mail an, blinkt automatisch die LED des Smartphones und es ertönt ein Benachrichtigungston. In der Benachrichtigungsleiste erscheint das Gmail-Symbol.

Ziehen Sie die Benachrichtigungsleiste nach unten, werden Absender und Zeit der Mail angezeigt.

 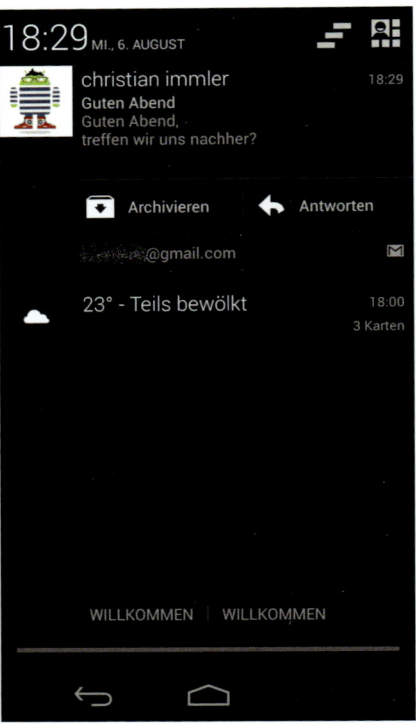

Benachrichtigung über neue E-Mail.

Tippen Sie auf diese Benachrichtigung, um die Gmail-App zu starten. Tippen Sie hier auf eine E-Mail, wird diese in voller Länge angezeigt.

Ist vom Absender ein Kontaktfoto bei Google+ hinterlegt oder ein Facebook-Profil verknüpft, wird automatisch ein Bild des Absenders anstelle des Anfangsbuchstabens in der E-Mail angezeigt.

Google Mail – Gmail

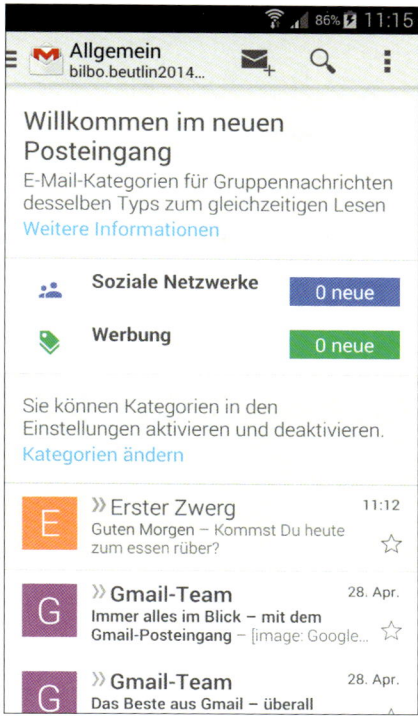

Neue E-Mails in Gmail.

E-Mails beantworten

Um eine E-Mail zu beantworten, tippen Sie auf das Pfeilsymbol oben rechts. Es öffnet sich ein Antwortformular. Der Cursor wird automatisch an der richtigen Stelle positioniert, sodass man direkt mit dem Schreiben der Antwort beginnen kann.

Mit der Schaltfläche *Zitierter Text* legen Sie fest, ob die Originalmail als Zitat in die Antwort eingefügt werden soll. Mithilfe der Schaltfläche *Inline antworten* können Sie Ihre Antworten direkt an den passenden Stellen in der Originalmail einfügen.

Tippen Sie auf *Antworten*, können Sie zwischen der Antwort an den Absender, der Antwort an alle oder Weiterleiten wählen.

Haben Sie die Antwort geschrieben, tippen Sie oben rechts auf das Symbol mit dem Pfeil, um die E-Mail abzuschicken.

E-Mail in Gmail beantworten.

E-Mails schreiben

Eine neue Mail zu schreiben, funktioniert prinzipiell genauso, wie eine Mail zu beantworten. Tippen Sie dazu in der Gmail-App oben rechts auf das Symbol mit dem Briefumschlag.

> **WICHTIG:** Tragen Sie in die Betreffzeile etwas Sinnvolles ein, damit der Empfänger sofort weiß, worum es in der Mail geht. Die Betreffzeile ist auch ein wichtiges Kriterium für Spamfiltersoftware. Schreiben Sie hier vollständige deutsche Wörter und nicht nur »Hey« oder Ähnliches, wenn Sie möchten, dass Ihre Mail auch ankommt.

Üblicherweise schreiben Sie eine E-Mail nicht einfach, um eine E-Mail zu schreiben, sondern um einer bestimmten Person etwas mitzuteilen. Da liegt es nahe, direkt aus der Kontakte-App zu starten.

Google Mail – Gmail

1. Rufen Sie die App *Kontakte* auf und suchen Sie die betreffende Person.

2. Tippen Sie auf den gewünschten Personeneintrag, erscheinen die Kontaktdetails. Wählen Sie hier die E-Mail-Adresse aus.

3. Im Fenster *Aktion durchführen mit* wählen Sie Gmail oder eine installierte E-Mail-App. Möchten Sie immer Gmail nutzen, tippen Sie anschließend auf *Immer*, und Gmail wird als Standard zum Schreiben von E-Mails festgelegt.

4. Danach öffnet sich automatisch die E-Mail-App, und der Cursor springt gleich in die Betreffzeile. Der E-Mail-Empfänger ist automatisch eingetragen, als Absender wird das E-Mail-Konto gewählt, aus dessen Adressbuch der Kontakteintrag stammt.

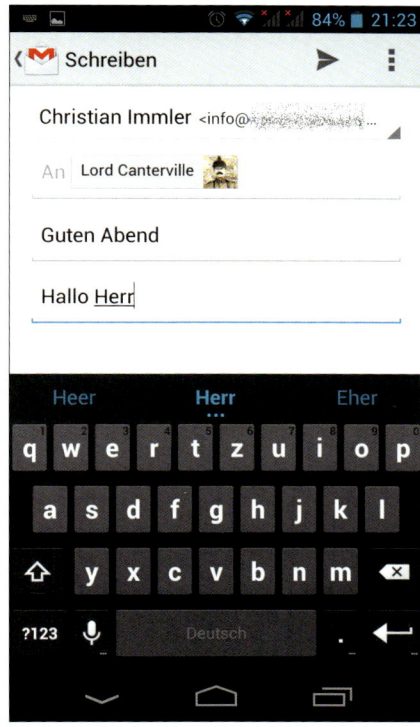
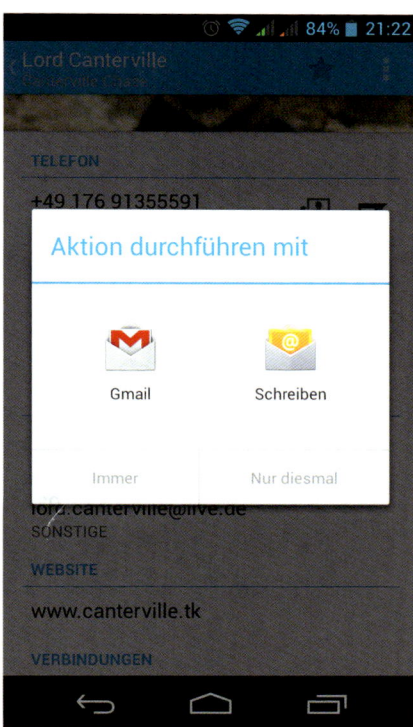

E-Mail aus Gmail oder aus der Kontaktliste schreiben.

E-Mail an mehrere Personen schreiben

Wenn Sie E-Mails an mehrere Empfänger verschicken, gibt es diverse Möglichkeiten, die Adressen anzugeben:

Adressierung	Beschreibung
An:	Diese Empfänger werden direkt adressiert, sie stehen in der Zeile *An:* im Mailtext, die Adressen sind für alle Empfänger zu lesen.
Cc:	**C**arbon **C**opy: Die in dieser Zeile aufgeführten Empfänger erhalten einen »Durchschlag« der E-Mail zur Kenntnisnahme. In diesem Fall sind die Empfänger der Carbon Copy für alle anderen Empfänger der Mail zu erkennen.
Bcc:	**B**lind **C**arbon **C**opy: Eine Blindkopie verhindert, dass die Empfänger dieser Kopie beim Originalempfänger oder auch bei den Empfängern regulärer Carbon Copys erkannt werden können.

Wenn Sie eine E-Mail in Gmail schreiben, ist standardmäßig nur das Feld *An:* zu sehen. Über das Menü können Sie Felder für *Cc:* und *Bcc:* hinzufügen.

Nicht jede E-Mail muss aufs Handy

Wenn Sie viele E-Mails bekommen, richten Sie bei Gmail auf dem PC Filterregeln ein, die den E-Mails Labels zuweisen. Jetzt können Sie in den *Einstellungen* der Gmail-App festlegen, welche Labels die App synchronisieren soll, also welche E-Mails auf das Smartphone zugestellt werden sollen und welche nicht. Bei jedem Label legen Sie in den *Einstellungen* der Gmail-App fest, ob alle E-Mails, nur die der letzten 30 Tage oder gar keine synchronisiert werden sollen.

Labels zur Synchronisation auswählen.

Fotos per E-Mail senden

Ähnlich wie vom PC lassen sich auch vom Android-Smartphone Dateien per E-Mail verschicken. Schreiben Sie dazu zunächst wie gewohnt in der Gmail-App die Mail und tippen Sie dann auf das Menüsymbol. Wählen Sie hier *Datei anhängen*. Dann können Sie ein auf dem Handy gespeichertes Foto auswählen. Um ein Foto an die E-Mail anzuhängen, tippen Sie auf *Galerie*. Hier finden Sie alle Ihre Fotos. Installierte Dateimanager und verschiedene andere Apps klinken sich hier ebenfalls mit ein. Auch darüber können Sie E-Mail-Anhänge auswählen.

Wenn auf dem Smartphone die Google-Drive-App installiert ist, haben Sie auch die Möglichkeit, Dateien aus dem Cloud-Speicher Google Drive als E-Mail-Anhang auszuwählen.

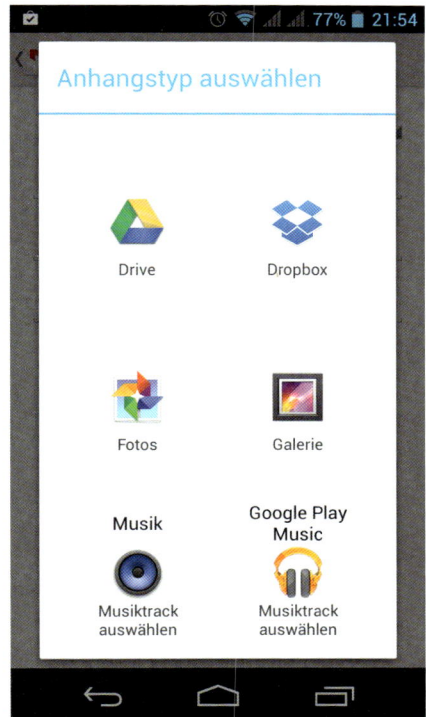
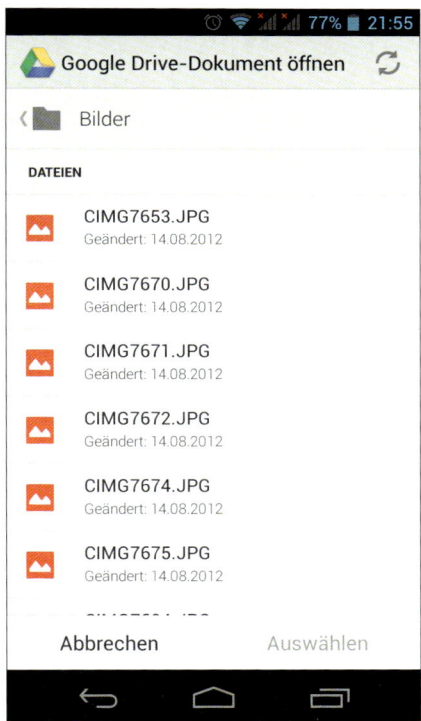

Datei als Anhang auf dem Smartphone oder aus Google Drive auswählen.

Anstatt die Gmail-App zu starten und dann das Bild zu wählen, können Sie auch direkt aus der *Galerie* ein Bild verschicken. Tippen Sie in der Bildanzeige oben rechts auf das Symbol *Senden* und wählen Sie dann die Gmail-App aus.

5 ▪ Kommunikation mit dem Smartphone

 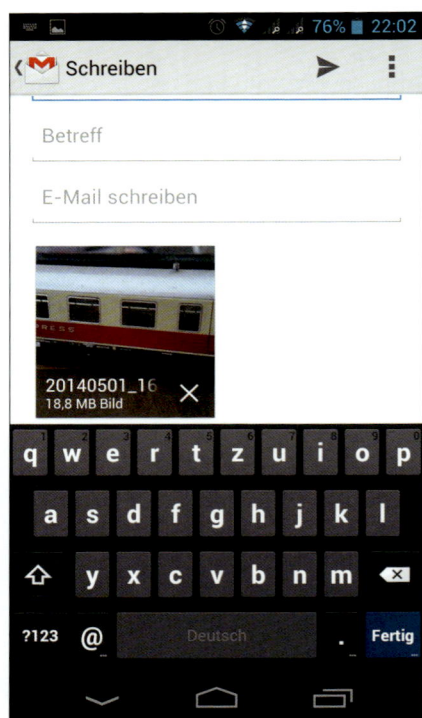

Foto aus der Galerie versenden.

Andere E-Mail-Konten einrichten und nutzen

Android-Smartphones können neben Gmail auch andere POP3- und IMAP-Mailkonten nutzen. Dazu ist eine zusätzliche E-Mail-App auf den Geräten vorinstalliert. Diese App kann mehrere E-Mail-Konten bei verschiedenen Anbietern parallel nutzen.

Bei den meisten E-Mail-Anbietern können Sie mit Mailadresse und Passwort das Mailkonto auf dem Smartphone automatisch einrichten, da die Serverdaten in der App bekannt sind. Bei E-Mails auf eigenen privaten Domains ist die automatische Einrichtung in den meisten Fällen nicht möglich.

1. Beim ersten Start der E-Mail-App auf dem Smartphone erscheint automatisch der Einrichtungsassistent. Geben Sie hier Ihre Mailadresse und das Passwort an.

2. Wenn Sie auf *Weiter* klicken, richtet die App das E-Mail-Konto automatisch ein.

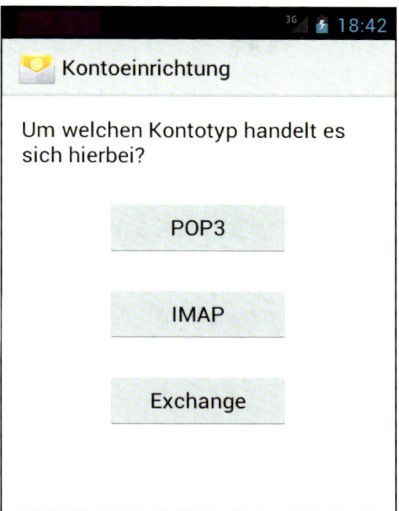

E-Mail-Konto in der E-Mail-App eintragen.

3. Im nächsten Schritt legen Sie fest, ob Sie Ihre E-Mails auf dem Smartphone per POP3, IMAP oder über einen Exchange Server abholen möchten.

> **So nutzen Sie das gleiche E-Mail-Konto auf Smartphone und PC**
>
> Wenn Sie eine E-Mail-Adresse auf PC und Smartphone nutzen, verwenden Sie diese am besten über einen IMAP-Server. Dann haben Sie alle Änderungen immer gleich auf beiden Geräten. Gesendete E-Mails, Vorlagen und Entwürfe sollten in den jeweiligen IMAP-Ordnern gespeichert werden, dann stehen sie ebenfalls auf beiden Geräten zur Verfügung. Die meisten großen E-Mail-Anbieter unterstützen mittlerweile sowohl POP3 als auch IMAP.
>
> Sollte Ihr Mailserver kein IMAP unterstützen, haben Sie alle Mails beim automatischen Abruf vom POP3-Server sowohl auf dem PC als auch auf dem Smartphone. Hier sollten Sie sich gut überlegen, wo Sie E-Mails archivieren und wo Sie sie nur lesen wollen. In den meisten Fällen bewährt es sich, auf dem PC alle Mails aufzubewahren. Stellen Sie also dort das POP3-Konto so ein, dass Mails nach dem Löschen auch auf dem Server gelöscht werden. Diese Einstellung sollten Sie auf dem Smartphone nicht vornehmen. So können Sie auf dem Smartphone durch das Löschen gelesener E-Mails den Überblick behalten und haben auf dem PC trotzdem alle Mails. Nach dem Herunterladen auf den PC sollten die E-Mails aber weiterhin auf dem Server belassen werden, damit Sie sie auf dem Smartphone auch zur Verfügung haben.

> Nutzen Sie auf dem PC in Thunderbird oder Outlook ein E-Mail-Konto per POP3, können Sie diese nicht einfach auf IMAP umstellen. Das POP3-Konto muss im E-Mail-Programm zunächst entfernt und dann als IMAP-Konto neu installiert werden. E-Mails, die sich noch auf dem Server befinden, bleiben dabei erhalten und stehen später wieder zur Verfügung. Lokal auf dem PC abgelegte E-Mails müssen Sie vorher sichern.

4. Im nächsten Schritt füllt der Einrichtungsassistent die Felder mit den weiteren Einstellungen automatisch aus.

5. Nach einem Klick auf *Weiter* baut die App eine Verbindung zum Posteingangsserver auf. Sollte hierbei ein Fehler auftreten, ändern Sie die automatisch ermittelten Servereinstellungen anhand der Vorgaben Ihres Providers entsprechend ab.

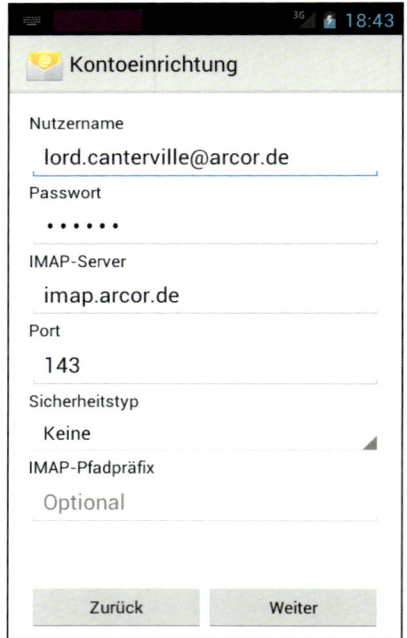 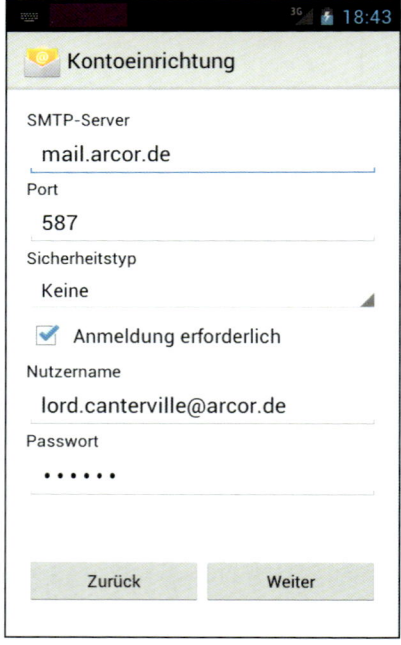

Die Serverdaten für Posteingangs- und Postausgangsserver werden automatisch eingetragen.

6. Im nächsten Schritt werden die Parameter für den Postausgangsserver eingetragen und ebenfalls überprüft.

Andere E-Mail-Konten einrichten und nutzen

7. Wählen Sie jetzt noch, wie oft die App auf dem Mailserver nach neuen Nachrichten sehen soll. Hier können Sie auch festlegen, ob beim Eingang neuer E-Mails eine Benachrichtigung in der Statuszeile erscheinen soll. In den Kontoeinstellungen können Sie später auch noch einen Klingelton für diese Benachrichtigungen auswählen. Wenn Sie mehrere E-Mail-Konten eingerichtet haben, können Sie ein Konto zum Standardkonto machen, von dem aus neue E-Mails verschickt werden, wenn kein spezielles Mailkonto ausgewählt wurde.

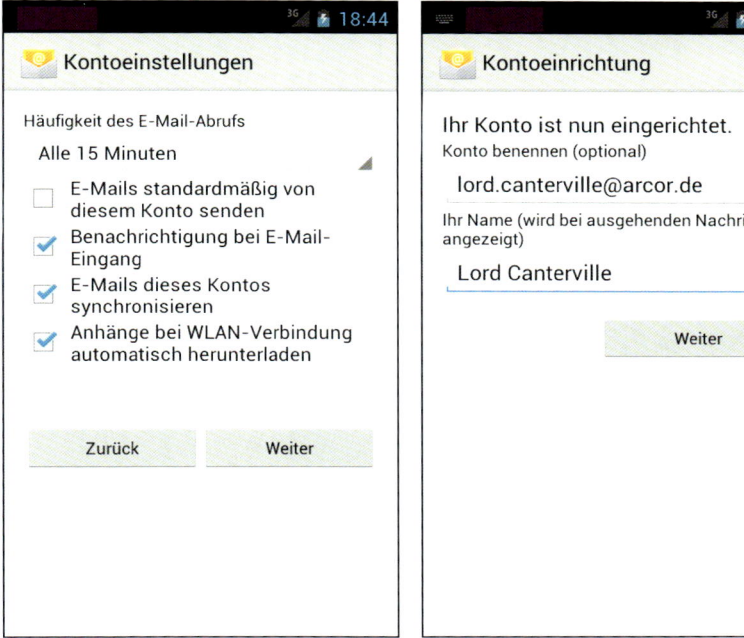

Die letzten Schritte bei der Einrichtung eines E-Mail-Kontos auf dem Smartphone.

8. Im letzten Schritt können Sie dem neu eingerichteten E-Mail-Konto noch einen eindeutigen Namen geben. Wird kein Name vergeben, bekommt das Konto in der Liste die E-Mail-Adresse als Namen.

9. Mit einem Klick auf *Weiter* ist das Mailkonto eingerichtet. Jetzt wird eine Verbindung zum Server hergestellt und die E-Mails werden abgerufen. Diese kann man dann direkt auf dem Smartphone lesen und auch beantworten.

E-Mails in der E-Mail-App auf dem Smartphone lesen.

E-Mail-Konto manuell einrichten

Nicht alle E-Mail-Konten können automatisch konfiguriert werden, da nicht immer die Serverdaten bekannt sind. Besonders bei E-Mail-Adressen auf eigenen Domains müssen Sie das Mailkonto manuell einrichten. Dazu brauchen Sie die Namen der Posteingangs- und Postausgangsserver sowie den Benutzernamen, das Passwort und teilweise auch Informationen zu Ports und Authentifizierungsverfahren.

1. Bei einigen kostenlosen Mailanbietern muss der POP/SMTP-Zugang zunächst über die Weboberfläche freigeschaltet werden. Bei manchen Anbietern, wie etwa NetCologne oder Kabel Deutschland, funktioniert der E-Mail-Versand per SMTP nur, wenn Sie auch über diese Anbieter im Internet sind.

2. Um ein Mailkonto manuell einzurichten, geben Sie zunächst ebenfalls E-Mail-Adresse und Passwort ein, tippen dann aber nicht auf *Weiter*, sondern auf *Manuelle Einrichtung*. Danach müssen Sie auch wie bei der automatischen Einrichtung zwischen POP3, IMAP oder Exchange wählen.

3. Auf dem nächsten Bildschirm tragen Sie die Serverdaten, Ports und den Benutzernamen ein. Hier können Sie auch noch das Authentifizierungsverfahren einstellen. Danach erfolgt wieder ein automatischer Verbindungstest mit dem Mailserver.

4. Das Gleiche machen Sie danach noch für den Postausgangsserver. Die E-Mail-App liefert automatisch Vorschläge, damit Sie nicht alle Daten manuell eintragen müssen.

Serverdaten bekannter E-Mail-Anbieter

Jeder E-Mail-Anbieter gibt seinen Mailservern eigene Namen, auch die Schemata, nach denen sich die Benutzernamen zusammensetzen, sind überall unterschiedlich. In den Einstellungen für ausgehende E-Mails müssen Sie bei allen großen Anbietern die Option *Anmeldung erforderlich* aktivieren. Nutzername und Passwort sind die gleichen wie bei den Einstellungen für eingehende Verbindungen. Als *Sicherheitstyp* müssen Sie inzwischen bei den meisten Anbietern SSL angeben.

Server- und Benutzernamen bekannter Anbieter			
Anbieter	**Posteingang**	**Postausgang**	**Benutzername**
GMX	pop.gmx.net	mail.gmx.net	E-Mail-Adresse
WEB.DE	pop3.web.de	smtp.web.de	Name vor dem @-Zeichen
freenet	pop3.freenet.de	mx.freenet.de	E-Mail-Adresse
Arcor	pop3.arcor.de	mail.arcor.de	E-Mail-Adresse
T-Online	popmail.t-online.de	securesmtp.t-online.de	Name vor dem @-Zeichen

Eine wesentlich umfangreichere und regelmäßig aktualisierte Liste mit Namen von POP3-/SMTP-Mailservern finden Sie unter windowsacht.de/e-mail-servernamen.

E-Mail-Apps der bekannten Freemailer

Wer nur eine E-Mail-Adresse bei einem der großen Freemailer auf dem Smartphone nutzt, die nicht mit einem Google-Konto verbunden ist, fährt oft mit einer speziellen App des Mailanbieters am besten. Diese Apps sind exakt auf den jeweiligen Anbieter zugeschnitten und bieten oft auch Zusatzfunktionen. So können zum Beispiel bei GMX und WEB.DE Anhänge aus E-Mails direkt im persönlichen Onlinespeicher abgelegt werden, sodass sie auf dem PC gleich zur Verfügung stehen und auch für Freunde freigegeben werden können.

Apps der bekannten Freemailer.

Die meisten dieser Apps funktionieren nur mit E-Mail-Adressen der jeweiligen Anbieter. Nur GMX und WEB.DE unterstützen auch Konten von Outlook.com und Yahoo!. Wer mehrere E-Mail-Adressen auf dem Smartphone nutzt, braucht also in den meisten Fällen auch mehrere Apps, die sich teilweise gegenseitig störend beeinflussen. In diesem Fall empfiehlt es sich, die Standard-E-Mail-App auf dem Smartphone zu nutzen und dort mehrere POP3- oder IMAP-Konten anzulegen.

Soziale Kontakte mit dem Smartphone

Die Kommunikation über soziale Netzwerke ist für viele Anwender inzwischen wichtiger als die klassische E-Mail oder SMS. Besonders auf Smartphones, die im Gegensatz zu PCs immer mehr in der Freizeit genutzt werden, spielen soziale Netzwerke eine große Rolle.

Facebook

Das beliebteste aller sozialen Netze ist Facebook. Bei Facebook trifft man seine Freunde, erfährt das Neuste von ihnen. Man tauscht sich aus, zeigt sich Fotos und lädt sich zu Partys ein.

> **INFO:** Zurzeit hat Facebook weltweit etwas über 1,2 Milliarden aktive Nutzer, die sich mindestens einmal im Monat einloggen – davon rund 22 Millionen in Deutschland. Der Anteil der Personen, die den Dienst täglich nutzen, liegt mit 61,5 % deutlich über dem Durchschnitt anderer Onlinedienste. Facebook hat mehr als doppelt so viele Mitglieder wie die gesamte EU Einwohner und würde damit nach China und Indien der drittgrößte Staat der Erde sein. In Europa gingen im vergangenen Jahr 11,7 % der gesamten Onlinezeit auf das Konto von Facebook. Weltweit besuchen über 600 Millionen aktive Nutzer Facebook auf einem mobilen Endgerät, also einem Handy oder Tablet. Jeden Tag werden mehr als 200 Millionen Fotos auf Facebook hochgeladen, das sind über sechs Milliarden Bilder pro Monat.

Der bequemste Zugang zu Facebook ist die von Facebook selbst gelieferte App für Android. Diese ist auf vielen Smartphones bereits vorinstalliert. Alternativ kann man Facebook auf dem Handy auch über die mobile Seite *m.facebook.com* nutzen. Dort gibt es auch einen Link zur Installation der Facebook-App.

Mobile Facebook-Seite und Facebook-App im Google Play Store

Die Facebook-App benötigt wie auch die mobile Facebook-Seite eine einmalige Anmeldung mit den persönlichen Facebook-Nutzerdaten. Die App speichert die Benutzerdaten automatisch, sodass Facebook in Zukunft jederzeit zur Verfügung steht. Auf der mobilen Webseite kann der Browser die Daten speichern.

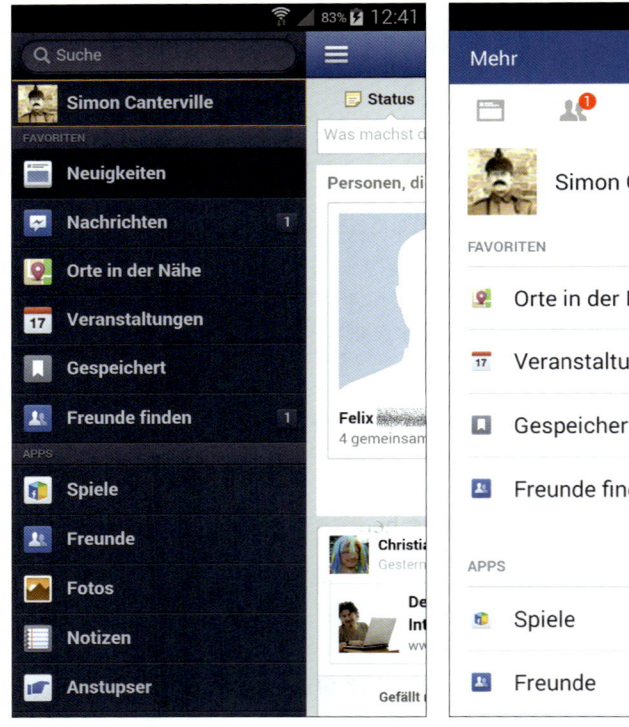 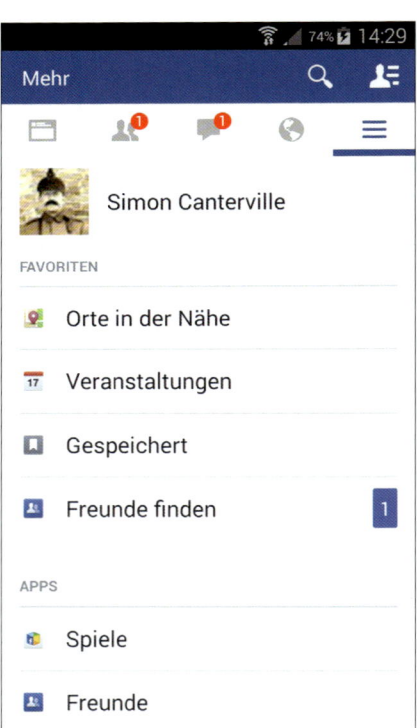

Mobile Facebook-Seite (links) und Facebook-App (rechts) sind in Funktionalität und Design weitgehend gleich.

Die Facebook-App zeigt auf dem Smartphone Neuigkeiten, Freunde, Fotos, das Postfach und das eigene Profil an. Natürlich kann man auch auf Nachrichten antworten oder selbst Statusmitteilungen veröffentlichen.

Soziale Kontakte mit dem Smartphone

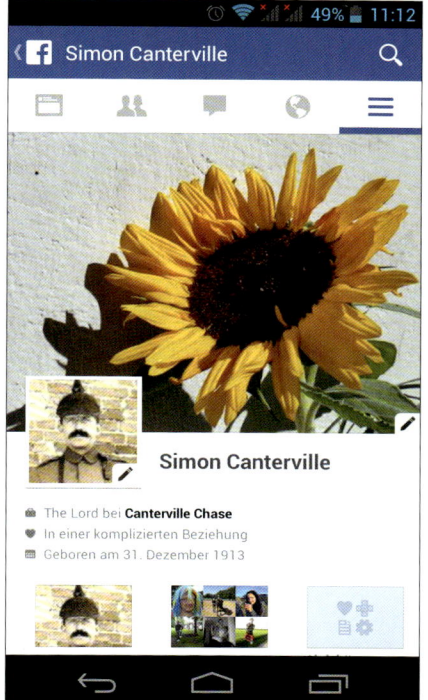 

Die Facebook-App für Android.

Das Menü wird in der App über das Menüsymbol rechts oben, auf der mobilen Seite links oben eingeblendet.

Alle wichtigen Funktionen innerhalb der Neuigkeiten sind automatisch mit einem Link hinterlegt. So brauchen Sie nur auf den Namen einer Person zu klicken und kommen sofort auf deren Pinnwand, um Nachrichten zu schreiben oder Infos und Fotos dieses Freundes zu sehen.

Über die Schaltfläche *Status* können Sie jederzeit eine persönliche Statusmeldung eintippen und direkt absenden. Um schnell ein Foto hochzuladen, tippen Sie unten in der Statusmeldung auf das Fotosymbol. Hier haben Sie die übliche Auswahl unter den auf dem Smartphone gespeicherten Bildern.

Einchecken mit Facebook

Mit dem Standortsymbol in der Statusmeldung können Sie an einem bestimmten Ort »einchecken« und damit Ihren Freunden bekanntgeben, wo Sie sich gerade befinden. Facebook sucht hier nach bekannten Orten in der unmittelbaren Umgebung – Gastronomie, Läden, Bahnhöfe, Schulen, öffent-

5 ▪ Kommunikation mit dem Smartphone

liche Einrichtungen – und bietet eine entsprechende Liste zur Auswahl an. Dabei wird die Positionsbestimmung des Smartphones über GPS, WLAN oder Mobilfunkzellen genutzt.

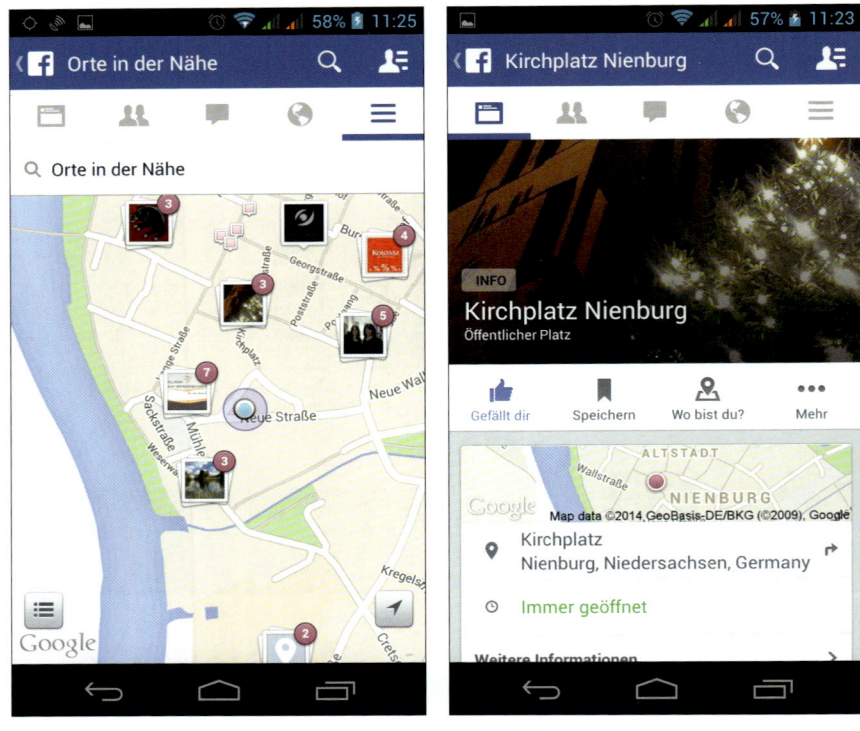

Orte in der Nähe kennenlernen und auswählen.

Anschließend können Sie noch Freunde aus Ihrer Freundesliste wählen, die auch mit dabei sind. Sie werden über diese Markierung sofort informiert. Der Standort wird anderen Freunden angezeigt, um sich leicht zu verabreden.

In der neuen Facebook-App geben Sie nicht nur an, wo Sie sind, sondern auch, was Sie dort tun. Dabei braucht man keinen Text einzugeben, sondern kann über das Symbol mit dem Smiley unter einer Vielzahl von Tätigkeiten mit Bildsymbolen auswählen.

Beim Einchecken können Sie wie bei jeder Facebook-Statusmeldung oben noch angeben, ob sie öffentlich sein soll oder nur für Freunde sichtbar.

Beim Posten der Meldung zeigt Facebook Freunde an, die in der Nähe wohnen, sowie Beiträge von Freunden, die am gleichen Ort gepostet wurden, auch wenn das schon eine Zeit lang her ist.

Soziale Kontakte mit dem Smartphone

 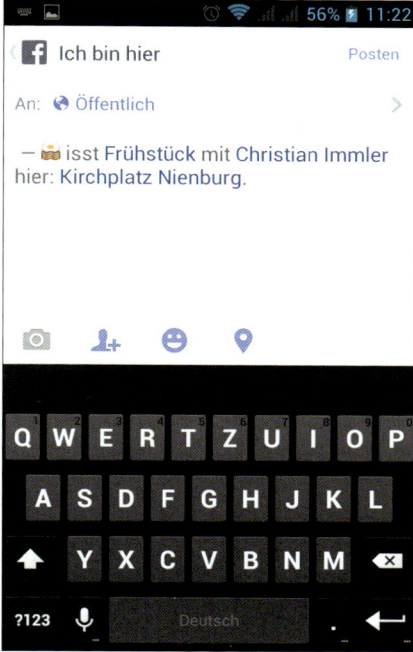

Tätigkeit auswählen und einchecken.

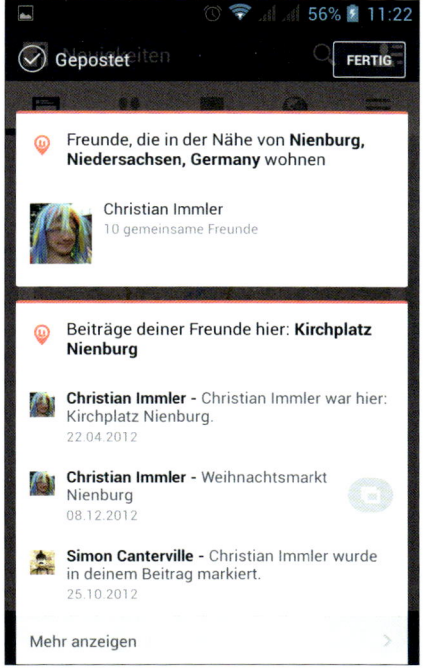 

Links: Anzeige nach dem Posten (nicht öffentlich), rechts: geposteter Beitrag auf Facebook.

Facebook-Daten synchronisieren

Facebook ist inzwischen weit mehr als eine Spielerei für Jugendliche, sondern immer mehr auch eine wichtige Informationsquelle. Nachrichten und auch Kontaktdaten von Freunden werden immer häufiger über Facebook ausgetauscht. Um hier auf dem Laufenden zu sein, muss man nicht immer die Facebook-App oder die mobile Seite von Facebook aufrufen. Facebook-Daten lassen sich direkt in Android-System-Apps synchronisieren.

Beim ersten Start der Facebook-App können Sie festlegen, dass Bilder, Statusmeldungen und Kontaktinformationen aus Facebook automatisch den Kontakten im Adressbuch hinzugefügt werden sollen. Dabei lässt sich sogar festlegen, ob alle Facebook-Freunde ins Adressbuch auf dem Smartphone übernommen oder nur die Daten ergänzt werden, wenn eine Person bereits im Adressbuch steht. Auf diese Weise bekommt man schnell fehlende Adressen, Telefonnummern, E-Mail-Adressen, Geburtsdaten oder auch Fotos von Freunden ins Adressbuch, ohne sie eintippen zu müssen. Zieht jemand um, bekommt eine neue Handynummer, E-Mail-Adresse oder Webseite, werden diese Daten automatisch im Smartphone-Adressbuch geändert, wenn der jeweilige Facebook-Freund als Kontakt im Adressbuch abgelegt oder mit einem dort vorhandenen Kontakt verknüpft ist.

Facebook-Integration in den Konteneinstellungen und im Adressbuch.

Soziale Kontakte mit dem Smartphone

Facebook-Kontakte im Adressbuch werden mit einem Facebook-Symbol gekennzeichnet und können nicht bearbeitet werden. Die Daten werden nur angezeigt.

Mit der Installation der Facebook-App wird das Konto in den *Einstellungen* automatisch angelegt. Einige Smartphone-Hersteller wie Samsung und HTC bieten noch weitere Funktionen zur Facebook-Integration, um zum Beispiel Termine automatisch in den Kalender zu übernehmen.

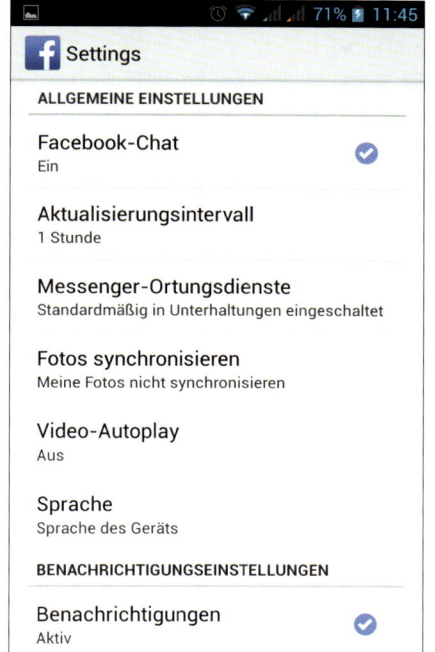 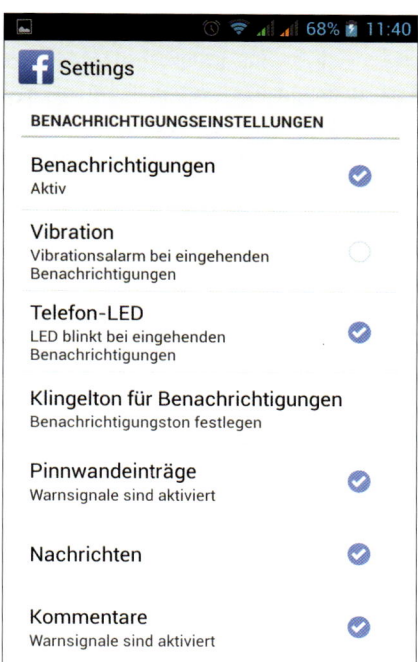

Wichtige Einstellungen in der Facebook-App.

Innerhalb der Facebook-App sollten Sie noch ein paar wichtige Einstellungen vornehmen. Schalten Sie hier die Funktion *Video-Autoplay* aus, da sie zu einem enormen Datenverbrauch im Mobilfunknetz führen kann. Standardmäßig spielt Facebook seit einiger Zeit Videos, vor allem auch Werbevideos, in der mobilen App automatisch ab. Ist diese Einstellung ausgeschaltet, erscheint bei Videos zunächst nur ein Platzhalter. Erst beim Antippen wird das Video tatsächlich heruntergeladen und abgespielt.

Weiterhin sollten Sie in den Benachrichtigungseinstellungen alle weniger wichtigen Benachrichtigungen ausschalten, da das Smartphone sonst bei jeder Kleinigkeit auf Facebook klingelt und blinkt und Sie wichtige von unwichtigen Meldungen nicht mehr unterscheiden können.

Twitter

Twitter ist ein immer beliebter werdender Kurznachrichtendienst, der zunehmend auch von Firmen und Infoportalen genutzt wird und auf dem besten Weg dazu ist, die klassischen E-Mail-Newsletter zu ersetzen. Twitter eroberte in gerade einmal fünf Jahren in rasanter Geschwindigkeit das Internet.

twitter.com

Twitter hat derzeit 241 Millionen aktive Nutzer, davon etwa zwei Millionen in Deutschland. 55 % davon nutzen mobile Endgeräte. Insgesamt angemeldet sind 600 Millionen weltweit.

> **INFO:** Die Nachrichten, die mit nur 140 Zeichen kürzer als eine SMS sein müssen, gehen schneller um die Welt als jede Tickermeldung einer Agentur. So erfuhr man als Erstes per Twitter über die Wahl des Bundespräsidenten, über den Tod Osama Bin Ladens oder über die geglückte Notlandung eines Flugzeugs im Hudson River.
>
> Twitter ist längst kein Spielzeug für Internetfreaks mehr, selbst Barack Obama, das britische Königshaus und der Papst twittern– und das nicht nur vom PC, sondern immer mehr auch unterwegs vom Handy.
>
> Auch die Deutsche Bahn nutzt Twitter, um über kurzfristige Änderungen etwa aufgrund von Baustellen zu informieren. Der Duden hat bereits in der vorletzten Auflage das Verb *twittern* für das Schreiben von Kurznachrichten auf Twitter aufgenommen.

Auf der mobilen Webseite von Twitter *mobile.twitter.com* konnte man früher wie auch auf der Desktopwebseite *www.twitter.com* auch ohne Anmeldung nach Themen suchen, über die sich die Welt gerade unterhält. Diese Möglichkeit ist mittlerweile abgeschaltet. Twitter funktioniert nur noch mit kostenloser Anmeldung.

Das dafür notwendige eigene Benutzerkonto kann man direkt auf dem Smartphone kostenlos anlegen. Erst das ermöglicht es, selbst Nachrichten zu twittern und auch bestimmten Personen zu »folgen«, also deren Tweets direkt, ohne danach zu suchen, zu sehen.

Jeder Twitter-Nutzer kann Kurznachrichten bis 140 Zeichen öffentlich oder nur an bestimmte Personen schreiben.

Soziale Kontakte mit dem Smartphone

Die mobile Webseite von Twitter.

Die Twitter-App

Die spezielle Twitter-App für Android macht die Twitter-Nutzung noch komfortabler. Von unterwegs kann man twittern, Direktnachrichten, Fotos, Videos und Links an Freunde oder auch an alle schicken.

Beim ersten Start der Twitter-App loggen Sie sich mit Ihren Benutzerdaten ein. Wer noch kein Twitter-Konto hat, kann dieses auch in der App anlegen.

Die Twitter-App bietet deutlich mehr Funktionen als die mobile Webseite von Twitter. Hier können Sie auch Listen, Trends und Erwähnungen sehen. Im eigenen Profil können Sie sich auch die letzten eigenen Tweets sowie die Follower, die Personen, die Ihre Tweets lesen, anzeigen lassen. Weiterhin kann man in der Twitter-Anwendung den Twitter-eigenen Foto-Upload-Dienst nutzen. Man kann Listen und Trends sehen, Tweets, Themen und Hashtags suchen sowie Tweets von Personen in der eigenen näheren Umgebung finden.

Die Twitter-App für Android.

Über die Einstellungen der Twitter-App können Sie festlegen, dass eine Benachrichtigung auf dem Startbildschirm erscheint, wenn Sie eine Antwort oder eine Erwähnung per Twitter bekommen.

Dabei haben Sie die Wahl, ob das für alle Antworten und Erwähnungen gilt oder nur für solche von Benutzern, denen Sie selbst folgen. Stellen Sie außerdem noch ein, wie oft Tweets im Hintergrund automatisch aktualisiert werden sollen. Manuell aktualisieren können Sie jederzeit.

> **ACHTUNG:** Theoretisch können Sie sich sogar bei jedem Tweet benachrichtigen lassen. Dies ist standardmäßig aber abgeschaltet. Bei aktiven Twitterern kommen Tweets von anderen Nutzern im Minutentakt an. Hier würde ständig die Benachrichtigung blinken, sodass man wichtige E-Mails oder Termine in der Benachrichtigungsflut gar nicht mehr wahrnehmen würde.

Soziale Kontakte mit dem Smartphone

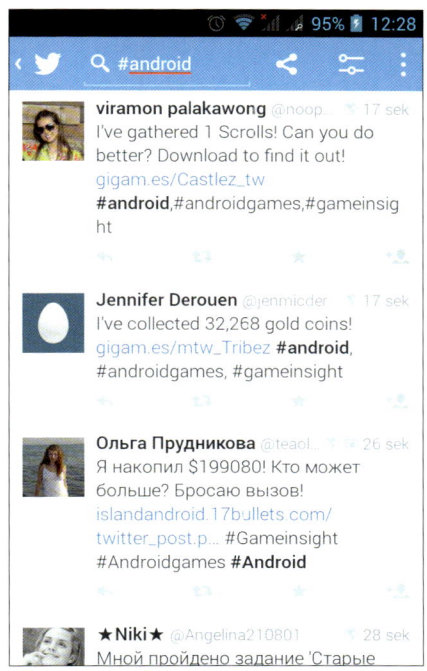 

Suche nach Hashtags und Twitter-Profil eines ausgewählten Nutzers.

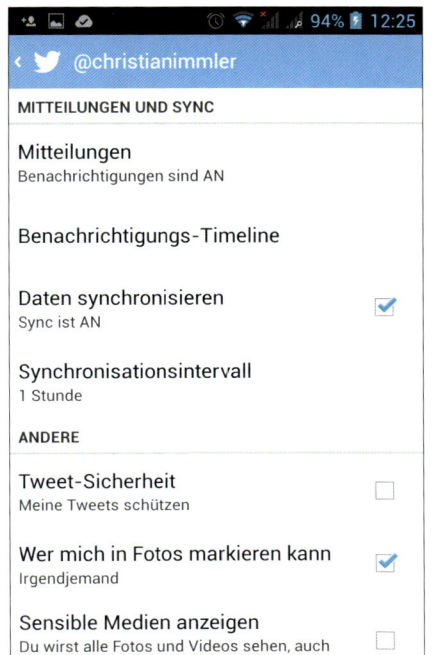 

Twitter-Einstellungen und Benachrichtigungseinstellungen.

Links aus dem Chrome-Browser twittern

Twitter integriert sich automatisch in den Browser. Um einen interessanten Link auf Twitter zu veröffentlichen, brauchen Sie im Chrome-Browser nur noch auf das Menüsymbol zu tippen und dann *Teilen* zu wählen. In der Liste der verfügbaren Sendemethoden finden Sie unter anderem auch die Twitter-App, wenn diese installiert ist.

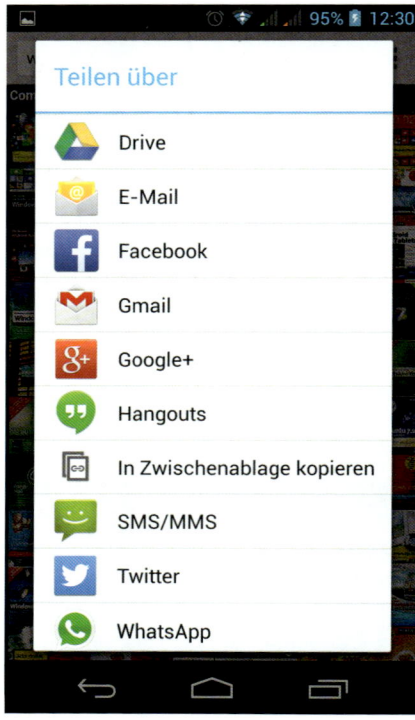 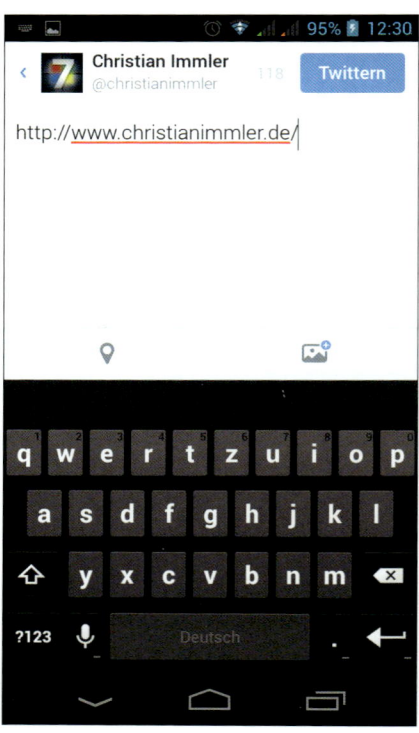

Seitenlinks aus dem Chrome-Browser twittern.

Vor dem endgültigen Twittern können Sie noch einen Kommentar oder ein Foto hinzufügen oder den Tweet auch nur an bestimmte Personen schicken. Zusätzlich können Sie aktuelle Standortdaten übertragen, was bei Regionalnachrichten nützlich sein kann. Benutzer können die Anzeige ihrer Tweets nach der Nähe zum eigenen Standort filtern, um gezielt Tweets aus der Umgebung zu sehen.

Google+

Viele haben es versucht, aber nur einer hat es geschafft, eine ernsthafte Konkurrenz zu Facebook aufzubauen. Google startete im Juni 2011 mit Google+ sein eigenes soziales Netzwerk, das in kürzester Zeit sehr gut angenommen wurde.

Soziale Kontakte mit dem Smartphone

Bereits eine Woche nach der offiziellen Verfügbarkeit für alle wurden zehn Millionen Mitglieder gemeldet. Im Dezember 2012 waren es bereits über 500 Millionen. Diese Zahl wird in nächster Zeit noch extrem ansteigen, besonders durch die verbesserte Integration von Google+ in Android. Google+ ist das am schnellsten wachsende soziale Netzwerk der Geschichte.

Die wichtigsten Vorteile von Google+ gegenüber ähnlichen Angeboten sind die gute Integration in andere Google-Dienste und die Möglichkeit, Freundeskreise festzulegen, sodass nicht immer alle Kontakte alle Informationen bekommen. So kann man besser zwischen privaten Freunden, Familie und Arbeitskollegen unterscheiden. Facebook übernahm diese Idee später auch.

Nachrichten können öffentlich gepostet werden, und man kann Personen explizit blockieren, wenn diese einen selbst in einen Freundeskreis aufnehmen wollen. Auch Personen, die nicht bei Google+ angemeldet sind, können in eigene Freundeskreise aufgenommen werden. Die Kommunikation erfolgt dann per E-Mail.

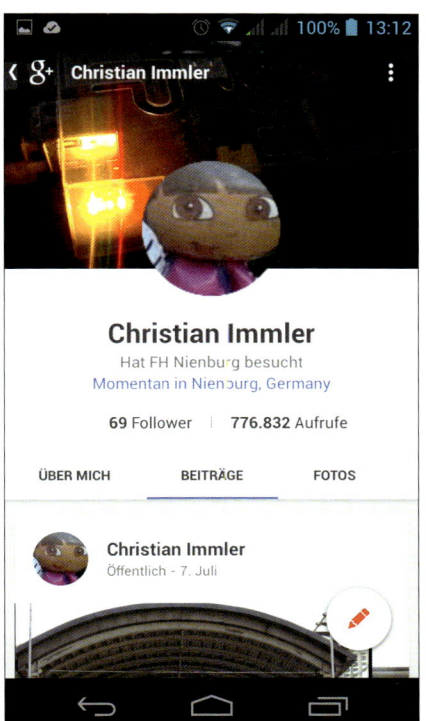 

Es ist sicher kein Zufall, dass die Google+-App der Facebook-App stark ähnelt.

Google+ kann im Browser über *plus.google.com* oder mithilfe einer eigenen App genutzt werden. Diese App zeigt Nachrichten von Freunden nahezu in Echtzeit über die Push-Funktion an und benachrichtigt auf Wunsch bei neuen Nachrichten, auch wenn die App nur im Hintergrund läuft. Auch hier sollten Sie genau festlegen, wie Sie benachrichtigt werden möchten, da bei aktiven Nutzern sehr viele Nachrichten auflaufen können. Beim ersten Start kann man automatisch die Google+-Kontakte dem Adressbuch auf dem Smartphone hinzufügen.

Mobile Google+-Seite und Google+-App in Google Play.

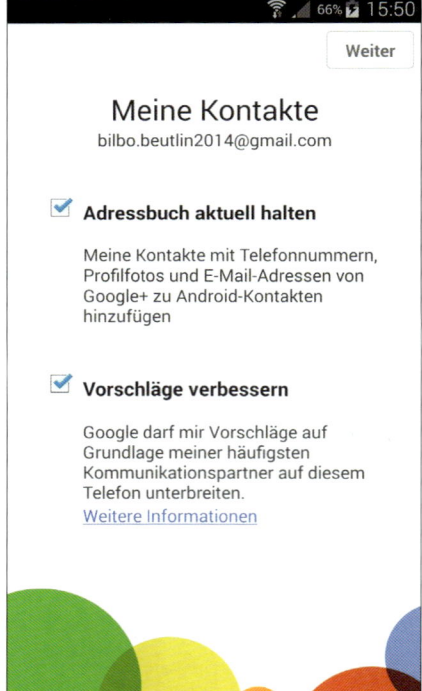 

Einstellungen beim ersten Start der Google+-App für Android.

Direkt aus der Google+-App lässt sich die Kamera starten, fotografieren und das Bild sofort veröffentlichen. Ähnlich wie bei Facebook und Twitter lassen sich Links auf Webseiten direkt aus dem Browser auch auf Google+ veröffentlichen.

Das Google+-Widget zeigt auf dem Startbildschirm aktuelle Meldungen. Dabei können Sie wählen, ob angesagte öffentliche Meldungen, Meldungen von Freunden, der Familie oder aus den eigenen Kreisen zu sehen sein sollen.

 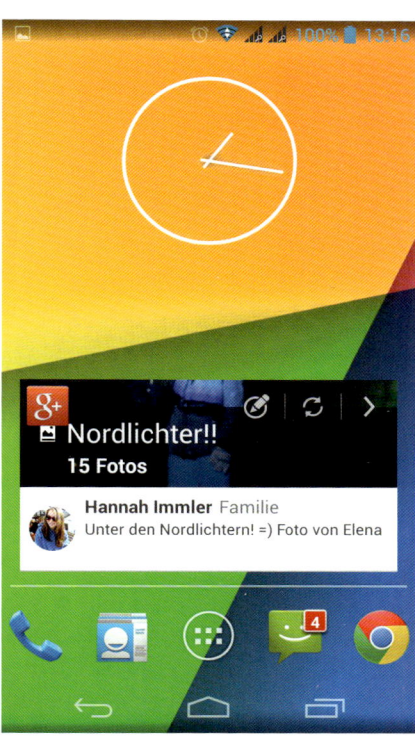

Einstellungen für Google+ und Google+-Widget auf dem Startbildschirm.

Google+-Kontakte

Kontaktdaten von Personen aus Ihren Kreisen bei Google+ werden automatisch in das Adressbuch auf dem Handy übernommen. Auf diese Weise lässt sich das Adressbuch einfach aktuell halten. Dazu muss in den Einstellungen der Google+-App unter *Kontoeinstellungen/Kontakte* die Option *Kontakte aktuell halten* aktiviert sein.

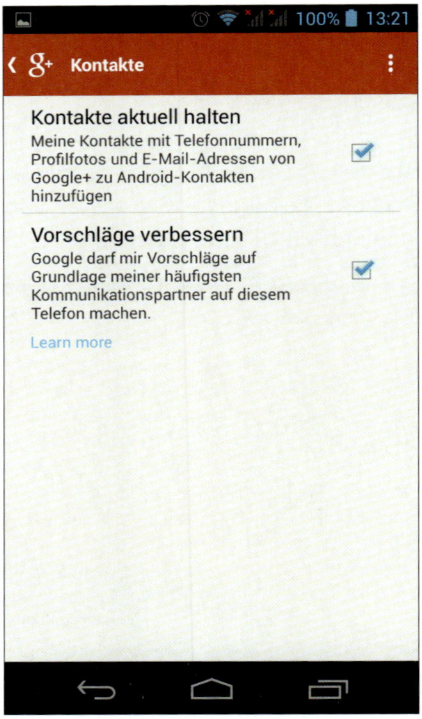

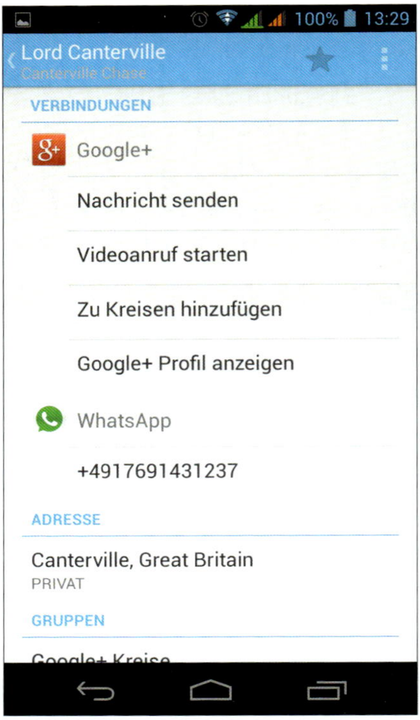

Google+-Kontaktdaten ins Adressbuch übernehmen.

SMS

SMS verlieren zwar bedingt durch mobile Messenger und E-Mails zunehmend an Bedeutung, was nicht zuletzt an den vergleichsweise hohen Kosten liegt. Sie sind aber immer noch eine beliebte Kommunikationsform, vor allem zwischen Benutzern einfacher Handys, die keinen Internetzugang haben. Neue SMS-Dienste wie zum Beispiel mobileTAN für Onlinebanking machen die SMS auch auf Smartphones noch interessant. Außerdem werden SMS teilweise heute noch von Mobilfunkprovidern verwendet, um Konfigurationsdaten auf Handys zu übertragen.

Natürlich kann man auch mit Android-Smartphones SMS senden und empfangen. Kommt eine SMS an, ertönt ein Benachrichtigungston, die LED blinkt und in der Benachrichtigungsleiste erscheint neben den Anzeigen neuer E-Mails und Facebook-Nachrichten ein weiteres Symbol.

SMS

> **INFO:** In Deutschland wurden im Jahr 2012 noch etwa 60 Milliarden SMS verschickt, davon über 400 Millionen in der Silvesternacht, was häufig zu Zusammenbrüchen der Netze führte. Im Jahr 2013 waren es dank WhatsApp und anderen Messengern nur noch 37,9 Milliarden, Tendenz fallend.

Eine SMS zu schreiben, ist ganz einfach. Starten Sie die SMS-App, tragen Sie oben die Nummer des Empfängers ein und schreiben Sie unten den Text. Ist dieser länger als 160 Zeichen, wird die SMS automatisch als mehrere SMS verschickt, wobei auch die Verkettung einige Zeichen kostet. In eine doppelte SMS passen also nicht ganz 320 Zeichen.

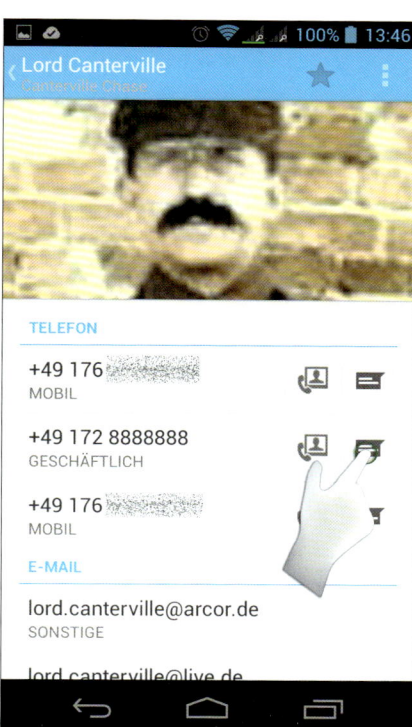

SMS über die SMS-App oder die Kontakte-App schreiben.

In den meisten Fällen ist es leichter, den SMS-Empfänger in der Kontakte-App auszuwählen und dann neben der Telefonnummer auf das Nachrichtensymbol zu tippen. Das startet die SMS-App, die Nummer des Empfängers wird direkt übernommen.

WhatsApp und andere Messenger

Instant Messenger sind für die private, spontane Kommunikation inzwischen wichtiger als E-Mail. Per Chat kann man sich schnell mit Freunden verabreden oder kurze Informationen in Echtzeit austauschen. Selbstverständlich gehört auch eine Chat-App auf ein Android-Smartphone.

WhatsApp – Chat als SMS-Ersatz

Die Nummer eins der kostenlosen Apps im Google Play Store ist immer mal wieder der Messenger WhatsApp. WhatsApp ist auf dem besten Weg, die SMS zu ersetzen, und überzeugt durch sein neues Konzept sowie die einfache Installation und Nutzung.   WhatsApp ist das Vorbild für diverse ähnliche Messenger-Systeme. Zurzeit werden über WhatsApp mehr als zehn Milliarden Nachrichten pro Tag verschickt. WhatsApp hat ca. 450 Millionen Nutzer und gilt als der am schnellsten wachsende Internetdienst der Geschichte. Etwa 43 % aller Android-Nutzer in Deutschland verwenden WhatsApp zum Chatten, was die Netzbetreiber als deutlichen Rückgang der SMS-Zahlen zu spüren bekommen.

WhatsApp nutzt die Internetverbindung des Handys und nicht den SMS-Dienst. So fallen keine SMS-Kosten an. Die Nutzung ist im Rahmen einer Internetflatrate kostenlos, außerdem kann WLAN zum Versand und Empfang der Nachrichten verwendet werden, was bei SMS nicht möglich ist.

WhatsApp ist ein Messenger, der speziell für Handys entwickelt und nicht vom PC aufs Smartphone portiert wurde. Bei der Installation kann die App automatisch das Adressbuch auf dem Smartphone durchsuchen und alle Kontakte finden, die bereits WhatsApp nutzen. Damit wird die Verwendung so einfach wie SMS, nur kostenlos und nicht auf 160 Zeichen begrenzt. WhatsApp integriert sich automatisch in das Adressbuch auf dem Smartphone, sodass man beim Schreiben einer SMS automatisch gefragt wird, ob man wirklich eine klassische SMS verschicken möchte oder eine Nachricht per WhatsApp. Mit WhatsApp lassen sich auch Bilder und Internetlinks verschicken.

> **TIPP:** Um sich leicht zu verabreden, kann WhatsApp die aktuelle Position verschicken. Der Empfänger bekommt einen Google-Maps-Link, in dem die Position des Absenders eingetragen ist. Damit dies wirklich zuverlässig funktioniert, sollte natürlich das GPS auf dem Handy eingeschaltet sein.

WhatsApp und andere Messenger

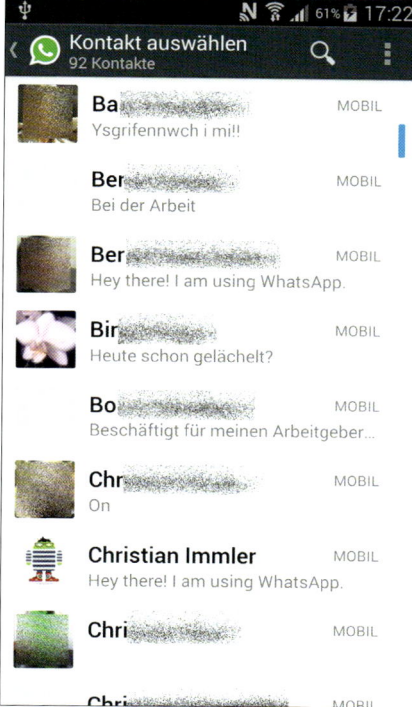

Chatten per WhatsApp.

Google Hangouts

Google Hangouts ist als Chat-App auf allen Android-Smartphones vorinstalliert. Damit können Sie mit allen Personen aus Ihrem Adressbuch chatten, die ein Google-Konto nutzen – egal ob auf dem Smartphone oder auf dem PC im Browser bei Gmail.

Google Hangouts unterstützt den Versand von Fotos, Videos und Google-Maps-Standorten. Auch Videogespräche sind direkt aus Google Hangouts möglich.

Wie bei vielen Chat-Apps sind auch hier Gruppenchats möglich. Chatten Sie mit einer Person, können Sie über den Menüpunkt *Personen hinzufügen* einfach weitere Personen zum Chat einladen.

 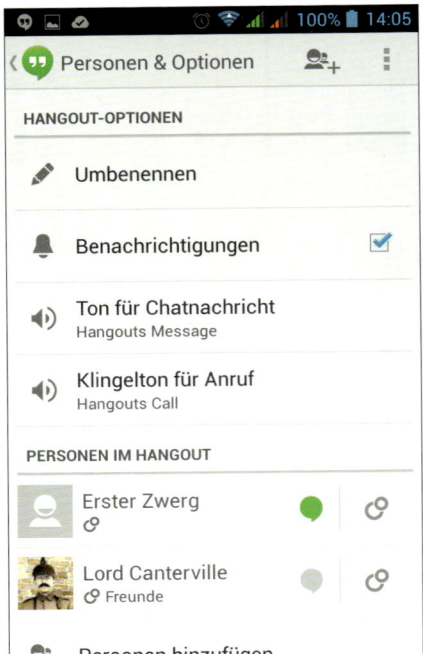

Chat mit Google Hangouts.

SMS mit Hangouts

Google Hangouts kann auch SMS versenden. Sie finden dann alle Kommunikationen über Hangouts und SMS in nur noch einer App. Aktivieren Sie dazu in den Einstellungen von Hangouts die SMS-Option. An dieser Stelle haben Sie auch die Möglichkeit, Spam-SMS von bestimmten Nummern automatisch zu blockieren.

Facebook Messenger

Facebook hat in seinen Nutzerzahlen alle anderen sozialen Netzwerke längst überholt. Da wundert es nicht, dass auch die in Facebook eingebaute Chatfunktion den klassischen Chatsystemen immer mehr den Rang abläuft. Der Windows   Live Messenger wurde mittlerweile sogar ganz eingestellt. Die Facebook-App für Android bietet nur Grundfunktionen zum Chatten, die in Zukunft komplett in den eigenen Facebook Messenger ausgelagert werden sollen.

WhatsApp und andere Messenger

Facebook bietet eine eigene Messenger-App an. Diese kann auch im Hintergrund laufen und den Benutzer bei eingehenden Chatnachrichten per LED oder Signalton benachrichtigen.

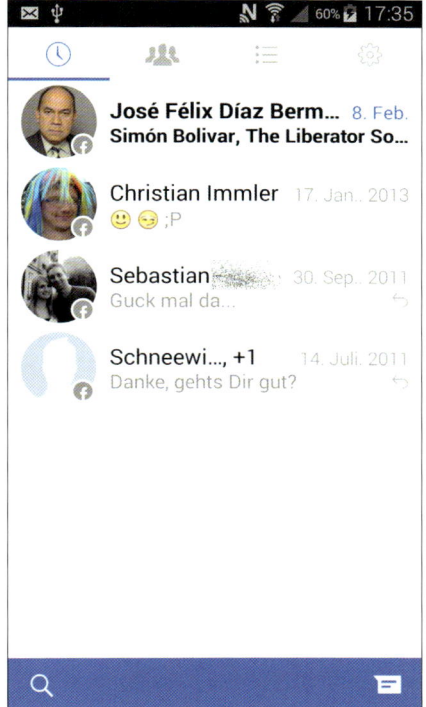

Der Facebook Messenger für Android.

Der Facebook Messenger ermöglicht auch Gruppenunterhaltungen sowie den Versand von Fotos oder Ortsangaben an Facebook-Freunde. Der Messenger ermöglicht die schnelle Facebook-Kommunikation, ohne erst die »große« App zu starten, was besonders bei schwacher Internetverbindung hilfreich ist.

ChatON

Samsung liefert auf seinen aktuellen Android-Smartphones einen eigenen Chatdienst namens ChatON vorinstalliert mit. Hier registriert man sich ähnlich wie bei WhatsApp einmal einfach mit seiner Handynummer und kann sofort mit dem

Chatten loslegen. Das System erkennt automatisch Personen aus dem eigenen Adressbuch, die ebenfalls bei ChatON registriert sind, und trägt sie in die Buddyliste ein. ChatON hat aber deutlich weniger Nutzer als WhatsApp oder Facebook. Hier werden Sie also nur einen kleinen Teil Ihrer Kontakte finden.

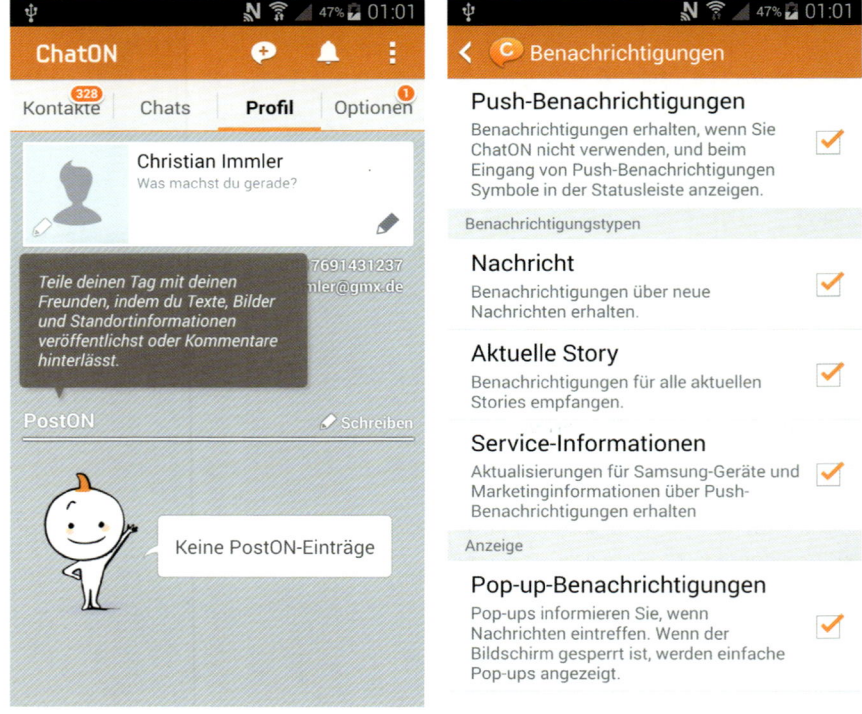

Samsungs eigene Chat-App ChatON.

In ChatON können Sie detailliert einstellen, auf welche Weise Sie benachrichtigt werden möchten, wenn eine neue Chatnachricht eintrifft.

Mithilfe des integrierten Onlineübersetzers können Sie mit ausländischen Freunden kommunizieren. ChatON unterstützt die Sprachen Koreanisch, Chinesisch, Japanisch, Englisch, Deutsch, Russisch, Französisch, Spanisch, Italienisch und Portugiesisch.

> **ChatON auch für Nicht-Samsung-Nutzer**
>
> ChatON steht auch für Nutzer von Android-Smartphones anderer Hersteller im Google Play Store zum Download zur Verfügung. Außerdem kann man vom PC aus über *web.samsungchaton.com* chatten, eine Möglichkeit, die WhatsApp leider nicht bietet.

Kapitel 6

Unterwegs mit dem Android-Smartphone

Wer unterwegs ist, braucht eine Landkarte oder einen Stadtplan des Urlaubsortes. Landkarten auf dem Smartphone haben gegenüber ihren auf großformatiges Papier gedruckten Vorgängern einige Vorteile. Sie können deutlich aktueller sein als Pläne aus Papier, die auch in Urlaubsregionen höchstens einmal im Jahr erneuert werden, und der eigene Standort lässt sich per GPS direkt auf der Karte anzeigen. Hinzu kommt eine präzise Suchfunktion, die selbst kleine Orte oder einzelne Straßen in Sekundenschnelle findet.

Google Maps

Google Maps hat sich zur wichtigsten Quelle für Landkarten und geografische Informationen im Internet entwickelt. Genauso einfach, wie die Suchmaschine Google irgendetwas im Internet findet, findet Google Maps die genaue Position in der realen Welt. Auf fast allen Android-Smartphones ist eine App für Google Maps vorinstalliert, die noch mehr Funktionen bietet als die browserbasierte Version von Google Maps.

Google Maps kann den eigenen Standort innerhalb von Gebäuden deutlich exakter bestimmen als andere Kartenanbieter. Google kennt nicht erst seit der Street-View-Diskussion die Standorte von Millionen WLANs sehr genau. Anhand der Koordinaten des WLANs, in dem ein Gerät angemeldet ist, lässt sich dessen Standort gut ermitteln. Wenn GPS oder WLAN auf dem Handy ausgeschaltet sind, erscheint beim Start von Google Maps eine entsprechende Meldung. Das Standortsymbol oben rechts zeigt den Kartenausschnitt um den eigenen Standort.

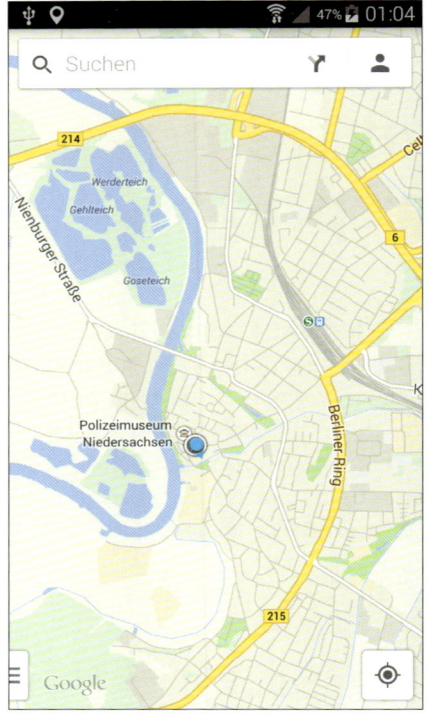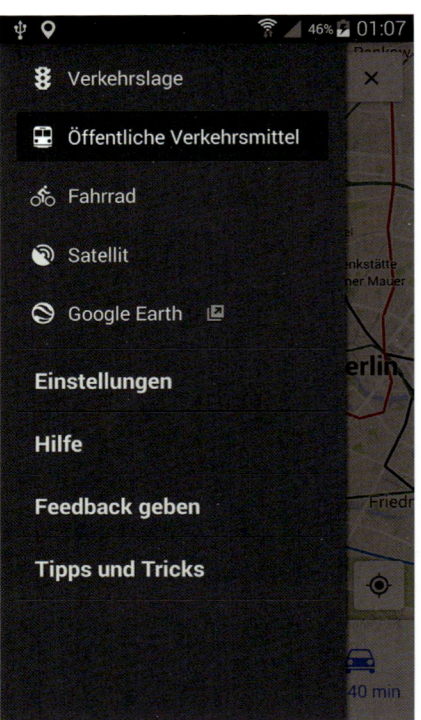

Google Maps auf einem Android-Smartphone.

Google Maps findet über das Suchfeld nicht nur Orte, sondern auch Straßennamen, Läden, Hotels und Restaurants. Dabei wird immer zuerst in der unmittelbaren Umgebung gesucht.

Mit der Android-Version von Google Maps lassen sich neben interaktiv verschiebbaren und zoombaren Karten auch die bekannten Satellitenbilder von Google unterwegs verwenden. Über die Seitenleiste schaltet man zwischen den verschiedenen Darstellungen um. Mit zwei Fingern lässt sich die Kartenansicht, die normalerweise nach Norden ausgerichtet ist, drehen.

ACHTUNG: Bedenken Sie, dass die Satellitenbilder ein deutlich höheres Datenvolumen verursachen als die simple Vektorgrafik.

Google Maps

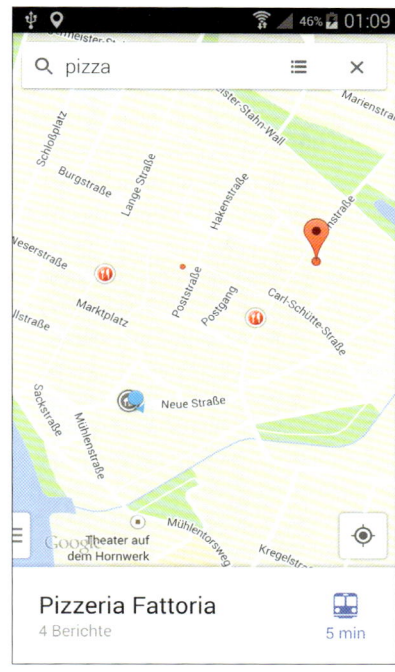

Suche nach Pizzerien, Hotels oder anderen regionalen Suchbegriffen.

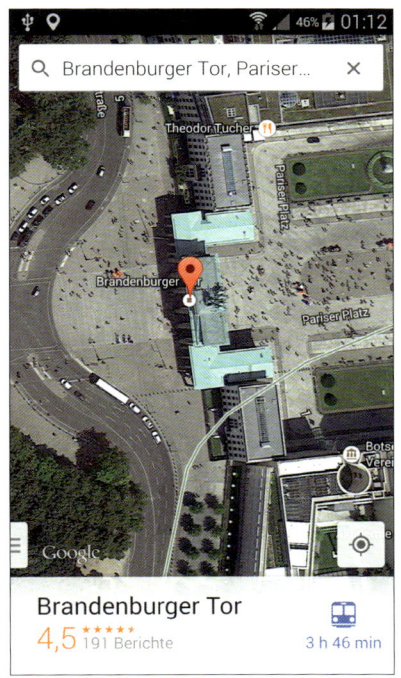
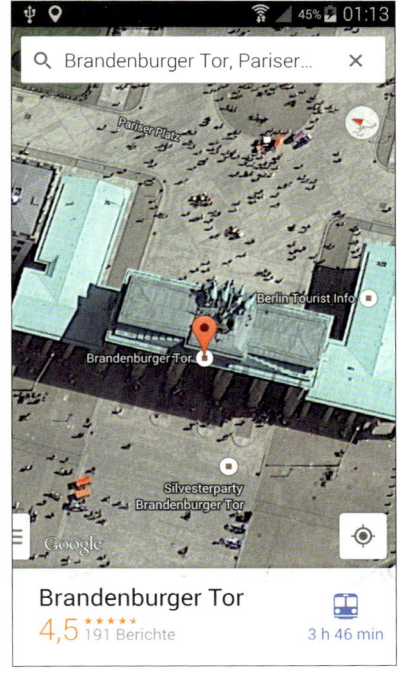

Ansicht im Satellitenbild drehen.

Routenplanung mit Google Maps

Google Maps enthält einen vollwertigen Routenplaner. Hier kann man wahlweise optimale Strecken für Autofahrer oder Fußgänger errechnen lassen. Dabei wird neben der Entfernung auch die voraussichtliche Zeit für den Weg ermittelt. Die Routenplanung für öffentliche Verkehrsmittel funktioniert inzwischen in Deutschland ebenfalls sehr zuverlässig.

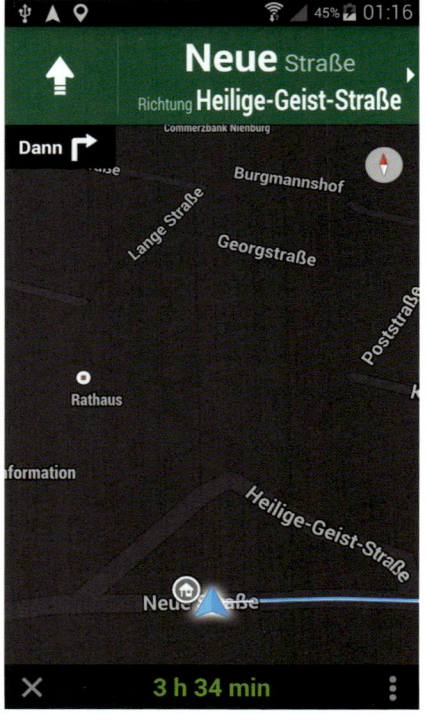 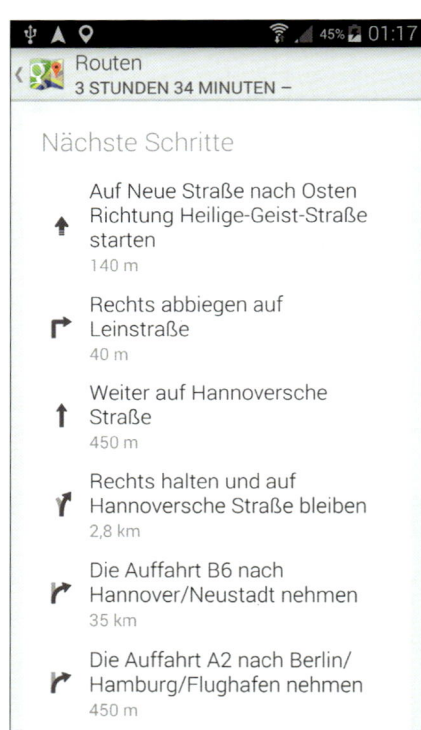

Routenplanung in Google Maps.

Tippen Sie in Google Maps auf das Symbol oben links und wählen Sie *Navigation* aus. Geben Sie dann den Zielort ein oder wählen Sie eine Adresse aus dem Adressbuch. Danach starten Sie die Berechnung der Route. Während der Fahrt zeigt Google Maps wie ein klassisches Navigationssystem Fahrtangaben mit Pfeilen an und spricht auch dazu.

Auf Autobahnen zeigt ein Farbcode die aktuelle Verkehrslage an. Dabei steht Grün für problemlos, Gelb für dichten Verkehr und Rot für Stau bzw. Staugefahr. Die Daten werden automatisch anhand der Fahrzeuge ermittelt, die sich auf der Strecke befinden und die Google-Maps-Navigation nutzen.

Google Earth

Auf dem Google-Vorzeigeprodukt Android darf natürlich der faszinierende interaktive Weltatlas Google Earth nicht fehlen. Mit einem Fingerstrich kann man um die ganze Welt reisen und über die Suchfunktion Orte, Plätze und sogar ausgewählte Geschäfte und Hotels finden.

Google Earth auf dem Smartphone.

Da Google Earth erwartungsgemäß sehr hohe Anforderungen an die Hardware stellt, läuft die App auf einfacheren Smartphones leider nicht. Die dreidimensionalen Gebäudemodelle sind nur auf High-End-Smartphones mit 3-D-Grafikprozessor zu sehen.

Google Earth verwendet eine komfortable Multitouch-Navigation über Fingergesten mit einem oder zwei Fingern:

- Streichen Sie mit einem Finger über den Bildschirm, um den Globus zu drehen.

- Durch das Auseinander- und Zusammenziehen von zwei Fingern und gleichzeitiges Drehen können Sie die Karte heranzoomen bzw. wieder herauszoomen und Ihren Blickpunkt ändern.

- Ziehen Sie zwei Finger über den Bildschirm, um die Ansicht zu neigen.

6 ▪ Unterwegs mit dem Android-Smartphone

- Durch Doppeltippen mit einem Finger wird die Karte herangezoomt.
- Durch Doppeltippen mit zwei Fingern können Sie herauszoomen.

Zusätzlich zum Satellitenbild lassen sich weitere Ebenen einblenden, die wichtige Orte, Straßen, Fotos aus dem Bilderdienst Panoramio oder auch Wikipedia-Informationen anzeigen. Wikipedia wird innerhalb der App angezeigt und nicht im Webbrowser, sodass Google Earth nicht verlassen werden muss. Mit der Zurück-Taste kommt man sofort wieder zurück.

Wikipedia-Informationen und Fotos in Google Earth.

Sky Map

Google findet nicht nur auf der Erde alles, sondern bis vor Kurzem auch im Weltraum. Mittlerweile hat Google das Astronomie-Projekt Sky Map an eine unabhängige Entwicklergruppe (*goo.gl/XWjRg*) abgegeben, was es aber nicht weniger interessant macht.

Sky Map macht aus dem Smartphone ein interaktives Planetarium und zeigt den aktuellen Nachthimmel. Man braucht das Smartphone nur in die richtige Richtung zu halten und Sky Map zeigt die Namen aller Sterne und Planeten, die in dieser Richtung zu sehen sind, oder auch nicht – denn Sky Map funktioniert natürlich auch bei Tageslicht.

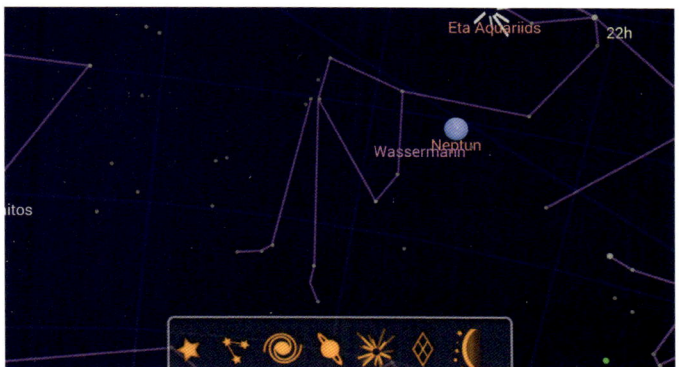

Sky Map zeigt Sterne, Planeten und andere Himmelskörper lagegenau an.

Umgekehrt können Sie auch einen Planeten oder Stern mit Sky Map am Nachthimmel suchen lassen. Nachdem Sie den Namen in das Suchfeld eingetippt haben, blendet Sky Map einen roten Kreis und Pfeil ein. Drehen Sie sich selbst so lange mit dem Smartphone in die Richtung des Pfeils, bis der gesuchte Himmelskörper innerhalb des Kreises erscheint.

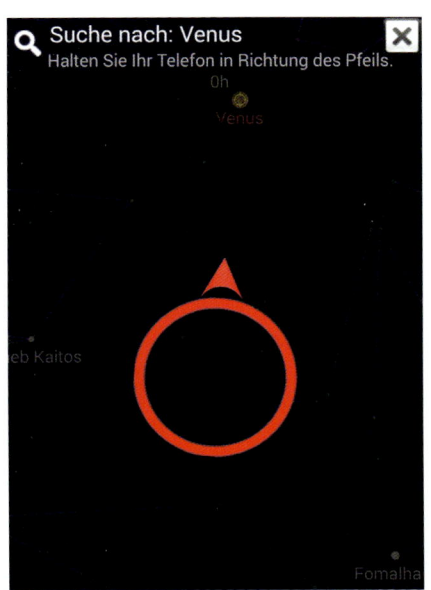 

Suche und Zeitreise in Sky Map.

Sky Map kann nicht nur den aktuellen Himmel zeigen, man kann sich auch auf eine interaktive Zeitreise begeben und wie in einem Planetarium die Himmelsbewegungen im Zeitraffer verfolgen.

Fahrplanauskunft

Onlinefahrpläne gehörten schon zu Zeiten der ersten WAP-Handys zu den beliebtesten und meistgenutzten mobilen Anwendungen. Das hat sich bis heute nicht geändert. Ein aktueller Fahrplan ist für jeden, der unterwegs ist, unverzichtbar.

Der *DB Navigator*, die App der Deutschen Bahn, bietet eine Online-Fahrplanauskunft mit Echtzeitdaten zur aktuellen Verkehrslage. Hier findet man schnell die Information, ob ein Zug pünktlich ist und Anschlüsse passen. An-

hand der eigenen Position kann die nächste Haltestelle in der Umgebung gefunden werden.

> **TIPP:** Beim ersten Start sollten Sie der App Zugriff auf Kontakte und Kalender geben. Dann können geplante Fahrten direkt als Termin in den Kalender eingetragen werden, und Sie können Adressen aus dem Adressbuch als Ziel einer Reise angeben, ohne die nächste Haltestelle kennen zu müssen.

Man braucht keine Fahrplantabellen zu wälzen, sondern gibt nur Start und Ziel ein und die App sucht alle möglichen Verbindungen innerhalb eines bestimmten Zeitraums. Die Fahrpläne lassen sich auf Wunsch speichern und anschließend ohne Internetverbindung nutzen, was besonders in schnell fahrenden Zügen hilfreich ist, in denen Mobilfunkverbindungen oft abreißen.

Besonders interessant während der Fahrt sind die übersichtlichen Informationen zu Verspätungen. So kann man auf einen Blick sehen, welche Anschlusszüge erreicht werden und welche Alternativen es gibt, wenn es mal zu spät wird.

Am Zielort zeigt die App einen Stadtplan sowie Haltestellen in der Nähe und zusätzlich noch einen Bahnhofsplan mit Übersicht der Gleise, Läden und Gastronomie.

> **TIPP:** Wer sich völlig verfahren hat, bekommt mit dem Menüpunkt *Nach Hause* einen Fahrplan von der nächstgelegenen Haltestelle nach Hause.

Fahrplanauskunft

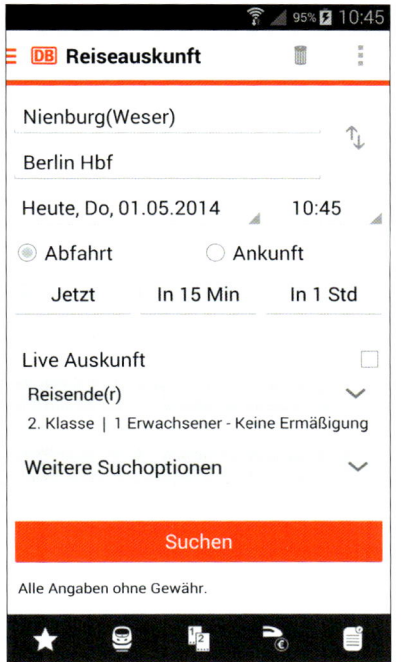

Aktueller Fahrplan mit dem DB Navigator.

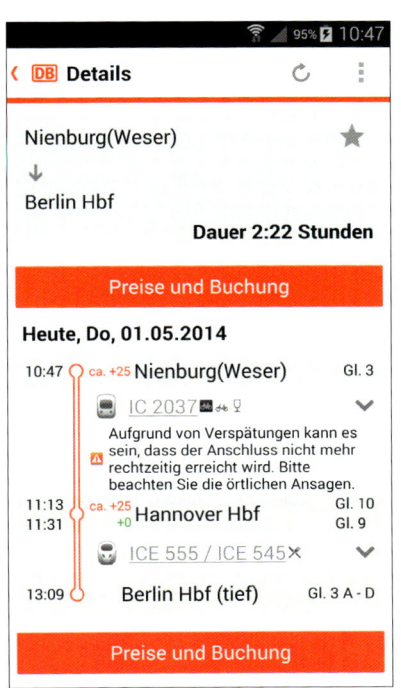

Fahrplandetails und Umgebungsplan eines Bahnhofs im DB Navigator.

6 ▪ Unterwegs mit dem Android-Smartphone

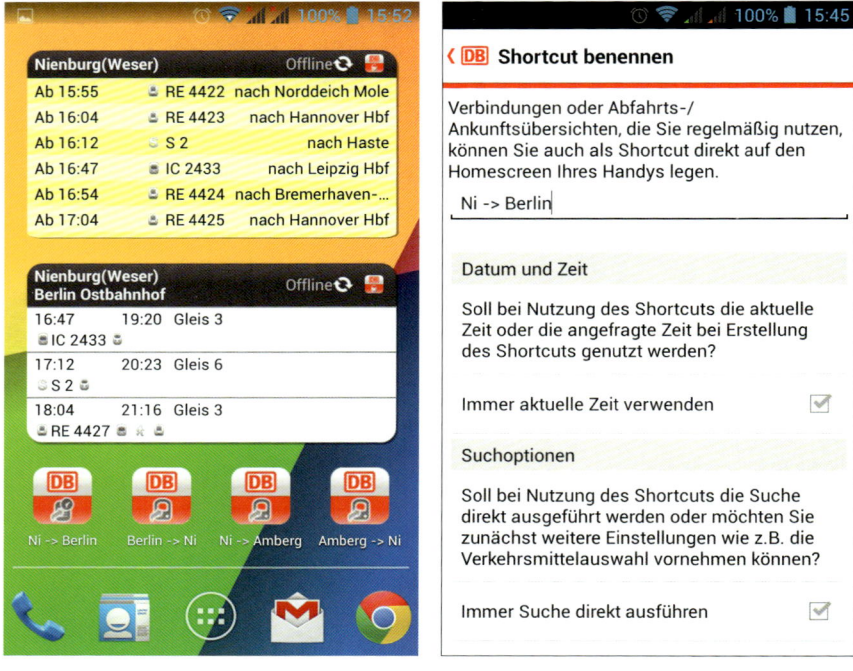

Widgets mit Fahrplänen auf dem Startbildschirm.

Der *DB-Navigator* bietet Widgets für den Startbildschirm an. Damit können Sie Shortcuts für bestimmte Verbindungen oder auch komplette Fahrplantafeln für eine Strecke oder Abfahrtstafeln für bestimmte Bahnhöfe auf den Startbildschirm legen. Die entsprechenden Fahrpläne müssen vorher im *DB Navigator* offline gespeichert werden und können dann beim Anlegen des Widgets übernommen werden.

Fahrpläne in Großstädten

Die Verkehrsverbünde in deutschen Großstädten bieten ihre Fahrplanauskünfte und teilweise noch weitere Informationen auf für Smartphones optimierten Webseiten an. Für die vier größten Metropolregionen finden Sie hier Links und QR-Codes:

Rhein-Ruhr *mobil.vrr.de* – Berlin *mobil.bvg.de* – Hamburg *mobil.hvv.de* – München *www.efa.mobi*.

Fahrplanauskunft

Auf der Basis der App *DB Navigator* bieten verschiedene Verkehrsverbünde in Deutschland ähnliche Apps an, die alle regionalen Verkehrsmittel und teilweise noch besondere Zusatzfunktionen enthalten.

Apps der Verkehrsverbünde.

Öffi

Öffi ist ein Routenplaner für Verkehrsnetze in zahlreichen deutschen Großstädten. Die App zeigt die Streckennetze der U- und S-Bahnen in den Ballungsräumen an und findet per Suchfunktion oder GPS jede Haltestelle in der Umgebung. Die notwendigen Daten werden online aus den aktuellen Datenbanken der jeweiligen Verkehrsverbünde übernommen. Die interessanteste Funktion ist das Routing zwischen zwei beliebigen Haltestellen. Die App findet die kürzeste Verbindung oder die, bei der man am wenigsten umsteigen muss, und zeigt diese auf dem Stadtplan an.

In einer Zeitbalkenansicht sieht man alle Fahrmöglichkeiten in nächster Zeit übersichtlich dargestellt. Bei Verspätungen werden in Echtzeit aktuelle Abfahrtszeiten angezeigt. Dazu liefert *Öffi* zoombare Liniennetzpläne von zahlreichen Verkehrsverbünden in Deutschland und auch anderen europäischen Ländern.

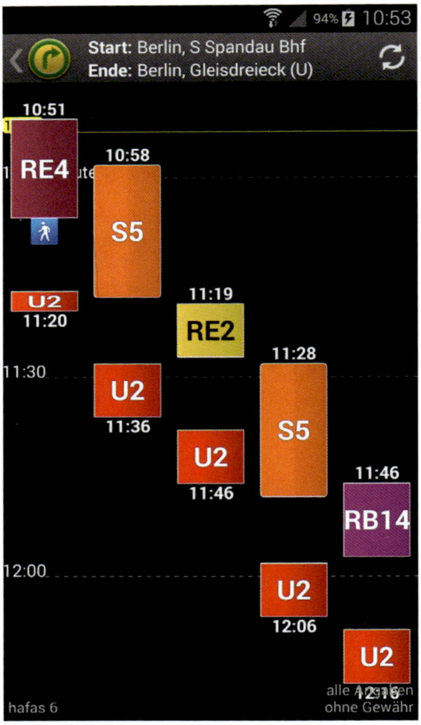

Öffi bietet viel mehr als die offiziellen Apps der U- und S-Bahnen in Deutschland.

Flugsuche mit Skyscanner

Einen günstigen Flug zu finden, ist wesentlich komplizierter als eine Bahnverbindung, da bei Flügen diverse Anbieter miteinander konkurrieren. Verschiedene Internetportale haben sich auf die Flugsuche und Buchung spezialisiert.

Eine bekannte derartige Webseite, Skyscanner, bietet eine eigene Anwendung an, mit der man komfortabel preisgünstige Flüge findet.

Nachdem man Start- und Zielort sowie die gewünschten Flugtage angegeben hat, sucht Skyscanner Flüge und zeigt diese nach Preisen sortiert an. Zu jedem Flug findet man neben dem Preis auch Flugnummer und genaue Zeiten, auch bei Umsteigeverbindungen. Eine Grafik liefert auf einen Blick die Preisentwicklung für die nächsten Tage. Natürlich kann man auch direkt aus der Anwendung heraus die Flüge buchen. Dazu verlinkt Skyscanner auf die jeweiligen Buchungsseiten der Fluggesellschaften und Reiseanbieter.

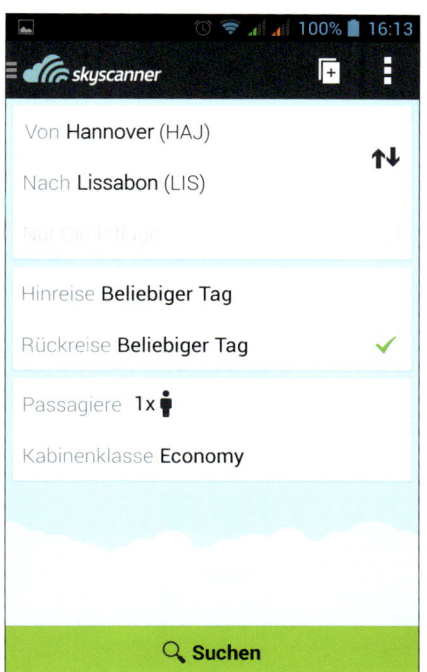 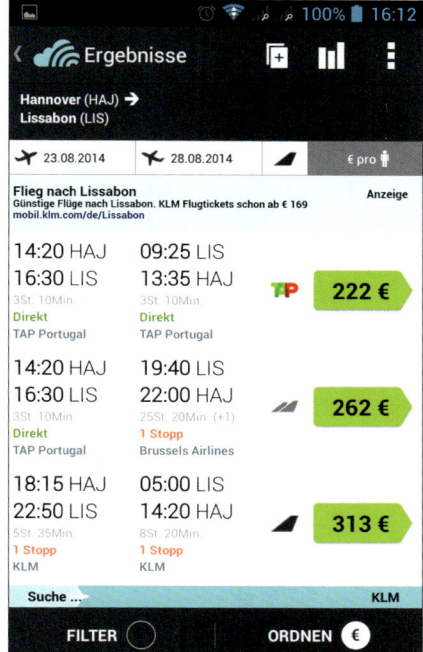

Skyscanner sucht preisgünstige Flüge auf dem Smartphone.

Wettervorhersage

Das aktuelle Wetter ist immer ein Gesprächsthema. Ändern kann man es zwar nicht, aber zumindest das Beste daraus machen.

Internetseiten mit Wettervorhersagen gibt es wie Sand am Meer und jeder hat darunter schon seine Lieblingsseite gefunden. Nur sind die meisten Wetterseiten mit viel Multimedia-Aufwand und jeder Menge Werbung gestaltet, sodass man es schwer hat, die wirklichen Wetterdaten zu finden, falls die Seiten auf dem kleinen Smartphone-Bildschirm überhaupt dargestellt werden.

Wesentlich komfortabler ist eine der kostenlosen Wetter-Apps, die die Wettervorhersage für den Heimatort oder das Urlaubsziel direkt aufs Handy bringen.

Viele Handyhersteller liefern bereits Wetter-Apps als Widgets auf dem Startbildschirm mit. Diese zeigen das Wetter für den aktuellen Standort oder zusätzlich auch für beliebige frei wählbare Orte an. Neben der Temperatur- und Wetteranzeige ändert sich oft auch das Hintergrundbild des Widgets oder eine Animation je nach Wetterlage und Tageszeit.

Wetter-Widgets auf Samsung- und Simvalley-Smartphones.

Wettervorhersage

Wetter bei Google Now

Google Now zeigt das Wetter für den aktuellen Standort an. Mit einer Wischbewegung vom unteren Bildschirmrand in Richtung Bildschirmmitte öffnen Sie Google Now.

Sie können auch die Benachrichtigungsleiste herunterziehen. Dort finden Sie eine Kurzmeldung zum Wetter. Tippen Sie darauf, wird die Wetterkarte bei Google Now angezeigt.

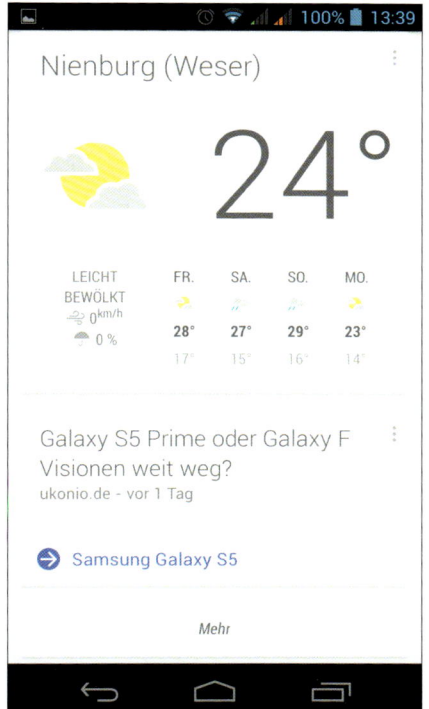 

Das aktuelle Wetter und eine Vorhersage in Google Now.

Tippen Sie in Google Now auf die Wetteranzeige, erscheint eine detaillierte Vorhersage für die nächsten fünf Tage.

Wetter-Apps

Der Google Play Store bietet jede Menge Wetter-Anwendungen zum Download. Probieren Sie einfach ein paar davon aus und entscheiden Sie sich für Ihren persönlichen Favoriten.

wetter.com

Die App des bekannten Online-Wetterdienstes *www.wetter.com* zeigt auf dem Smartphone eine Wettervorhersage für den aktuellen Standort oder einen beliebigen Ort in Deutschland.

Neben dem aktuellen Wetter gibt es eine Vorhersage für die nächsten sieben Tage, einen Wetterbericht in Textform, das Regenradar für ganz Deutschland sowie amtliche Wetterwarnungen.

Die App von wetter.com auf dem Smartphone.

WeatherPro

WeatherPro liefert (im Vergleich mit den meisten kostenlosen Anwendungen) deutlich ausführlichere und wirklich erstaunlich zuverlässige Wettervorhersagen für die nächsten sieben Tage. Da-

Wettervorhersage

zu wählt man die gewünschten Orte oder lässt einfach das Wetter für den aktuellen automatisch ermittelten Standort anzeigen.

Wettervorhersage für die nächsten Tage und im Drei-Stunden-Intervall.

Wie in den meisten Wetter-Apps können Sie mehrere Orte als Favoriten speichern. Das Wetter für den ersten Favoriten erscheint direkt auf der Startseite, wenn Sie die Anwendung starten.

WeatherPro wird von Europas größtem privatem Wetterservice, MeteoGroup, entwickelt und liefert deutlich mehr Daten als andere Wetter-Anwendungen. Temperatur, Niederschlagswahrscheinlichkeit und -menge, Sonnenscheindauer sowie andere Parameter werden grafisch für die kommenden Tage angezeigt.

Auf Smartphones mit eingebautem Temperatursensor wird dieser ausgelesen und die aktuelle Umgebungstemperatur mit den Wetterdaten angezeigt.

Verschiedene Widgets für den Startbildschirm zeigen das aktuelle Wetter sowie die Vorhersage für die nächsten Tage an.

6 ▪ Unterwegs mit dem Android-Smartphone

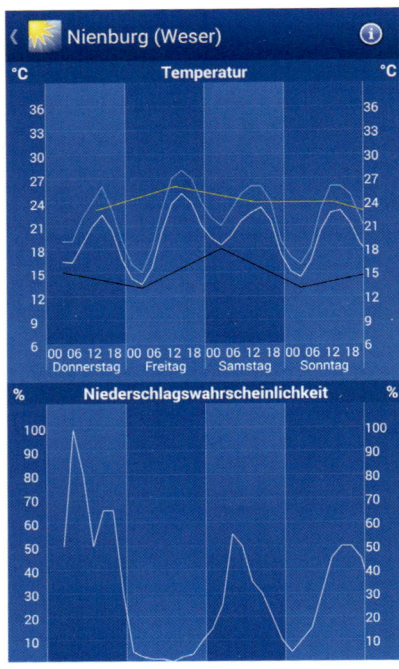 

Wetterkurven und Wetterradar.

> **Persönliche Meinung**
>
> Persönlich bevorzuge ich, wie die meisten Anwender, kostenlose Apps auf dem Handy. Wenn diese allerdings ihren Zweck nicht erfüllen, wie zum Beispiel bei einer Wetter-App unzuverlässige Daten liefern, bin ich auch bereit, etwas zu bezahlen. WeatherPro überzeugt durch die Qualität der Vorhersagen, und genau dafür braucht man eine Wetter-App. WeatherPro ist die einzige kostenpflichtige Anwendung, die ich in diesem Buch empfehle. Was nützen viele verschiedene Wetter-Apps, wenn keine davon auch nur annähernd zuverlässige Vorhersagen liefert.

Telefonnummern, Hotels, Geldautomaten finden

Wer früher unterwegs eine Telefonnummer oder ein Hotel suchte, musste in eine Telefonzelle gehen und dort im Telefonbuch nachschlagen. Das war damals schon umständlich – heute sogar noch mehr, werden doch die Telefonzellen immer seltener, und in denen der neuen Generation hängen auch keine Telefonbücher mehr aus. Wesentlich bequemer ist die Suche mit einer passenden App auf dem Smartphone.

Das Telefonbuch

Das Telefonbuch der Telekom war früher in keinem Haushalt wegzudenken. Zu Zeiten der Wählscheibenfernsprecher hatte jeder einen solchen Wälzer am Telefon liegen und der enthielt nur die Nummern der eigenen Stadt und näheren Umgebung.

Heute hat man über die Telefonbuch-App Zugriff auf sämtliche Telefonnummern aus ganz Deutschland – und das tagesaktuell und nicht nur einmal im Jahr erneuert. Eine gefundene Rufnummer kann man direkt anrufen, die Adresse auf einer Karte anzeigen lassen oder auch ins Adressbuch des Handys übernehmen.

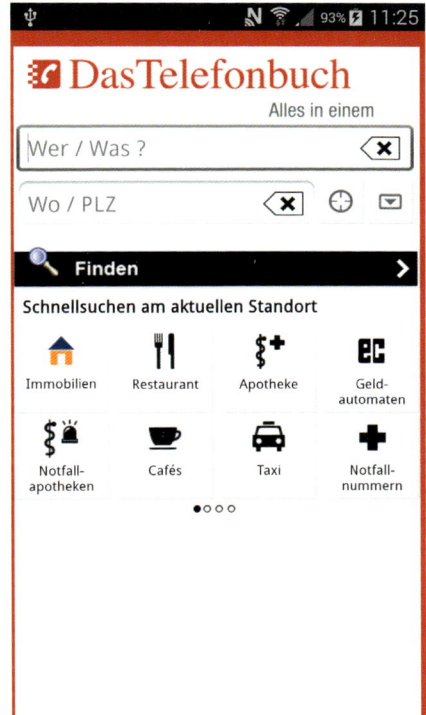 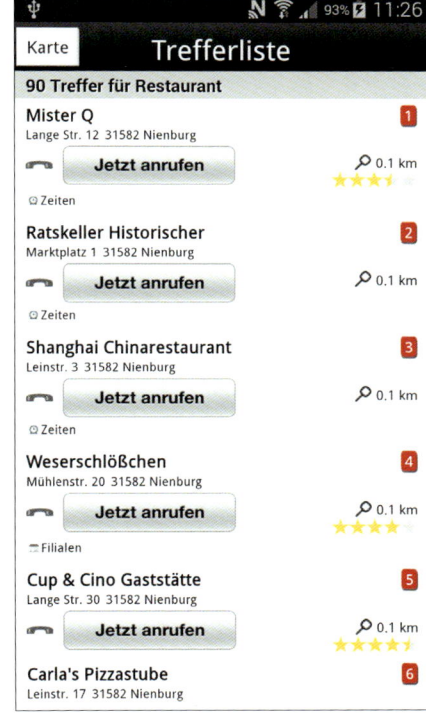

Das Telefonbuch für Android.

Restaurants, Hotels, Apotheken, Taxis, Geldautomaten und verschiedene weitere Informationen lassen sich abhängig vom eigenen Standort in unmittelbarer Umgebung im Telefonbuch finden. Außerdem ist eine Rückwärtssuche anhand einer Telefonnummer möglich, sodass man leicht feststellen kann, wer gerade angerufen hat.

11880 – die Alternative zum Telefonbuch

Die Auskunft 11880 liefert neben Telefonnummern auch viele weitere Informationen wie Restaurants, Geldautomaten, Apotheken, Taxis, Autoservice etc. Im Gegensatz zum Anruf bei der Auskunft liefert die App alle gesuchten Daten kostenlos direkt aufs Smartphone.

Zu vielen Lokalitäten gibt es Bewertungen und Empfehlungen von Benutzern. Man kann auch direkt aus der App heraus selbst Bewertungen abgeben.

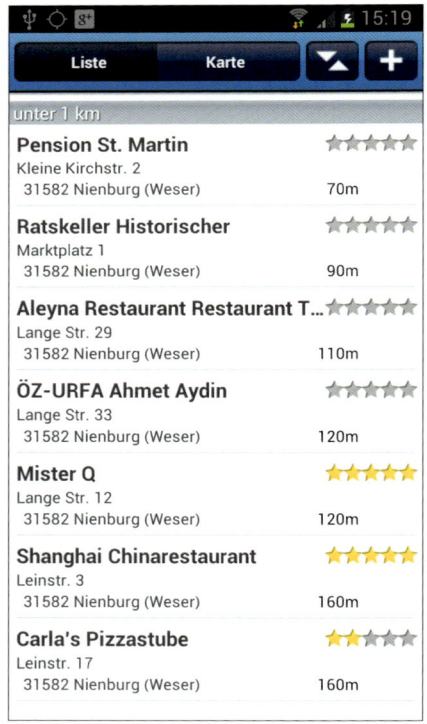

Die App der Auskunft 11880.

Natürlich lassen sich auch hier die gefundenen Adressen im Telefonbuch speichern oder auf einer Karte anzeigen.

Gelbe Seiten

Neben dem Telefonbuch gab es in vergangenen Zeiten einen zweiten dicken Wälzer in jedem Haushalt – die Gelben Seiten. Auch dieses Buch ist in gedruckter Form mittlerweile überflüssig. Die Branchendaten findet man online viel schneller und bequemer.

Suchte man früher mühsam nach dem nächstgelegenen Handwerker oder Arzt, startet man heute die App *Gelbe Seiten* auf dem Smartphone und gibt einen Suchbegriff ein oder klickt sich durch die diversen Kategorien. Der eigene Standort kann mit einem Klick ermittelt und in die Suchanfrage übernommen werden. Die Ergebnisse lassen sich als Liste oder auf einer Landkarte anzeigen und können auch direkt in das Adressbuch des Smartphones übernommen werden.

 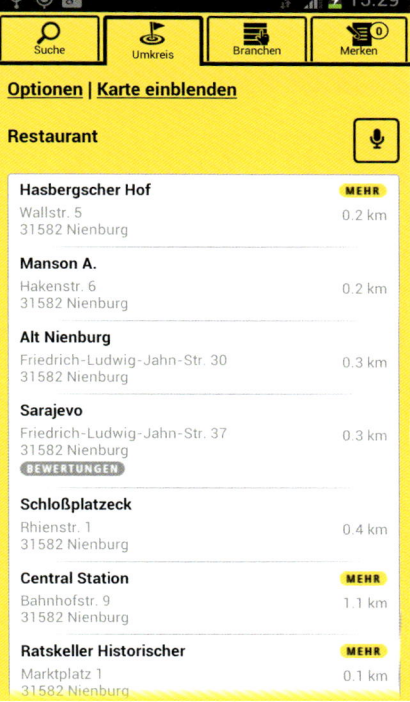

Branchensuche in den Gelben Seiten.

Restaurant-, Kneipen- und Einkaufstipps unterwegs

Restaurants und Kneipen leben von Empfehlungen. Da kann die Werbung oder das Essen noch so gut sein, wenn nichts los ist, weil keiner hingeht, ist das Lokal einfach out. Konnte man sich früher nur über Freunde informieren, ist es heute dank Internet viel einfacher, ein empfehlenswertes Lokal zu finden und auch selbst seine Erfahrungen anderen mitzuteilen.

Neben den Apps der Telefon- und Branchenbücher haben sich einige Onlinedienste speziell auf die Suche nach Geschäften und Gastronomiebetrieben sowie deren Bewertung spezialisiert.

Google Places

Google Places ist ein Kneipen- und Restaurantverzeichnis, das von Google mit Daten verschiedener Anbieter gefüllt wird. Hier findet man unter anderem auch diverse Nutzerbewertungen, die allerdings wie überall mit Vorsicht zu genießen sind. Google Places zeigt neben Kneipen und Restaurants auch Hotels, Geldautomaten, Veranstaltungen und viele andere interessante Orte.

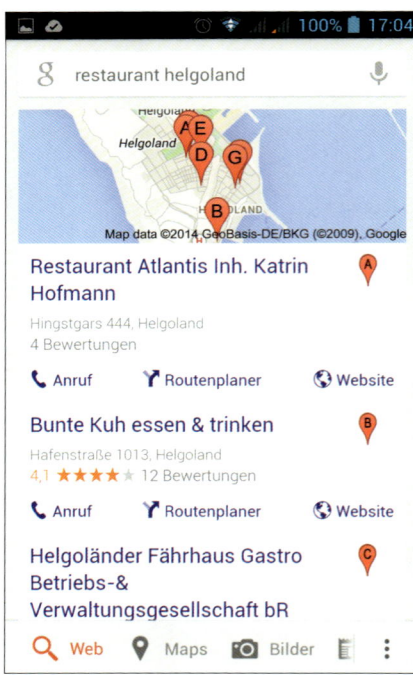

Google Places innerhalb der Google-Suche und in Google Maps.

Google Places braucht nicht eigens als App installiert zu werden. Der Dienst ist direkt in die Google-Suche und auch in Google Maps auf dem Smartphone integriert und bietet verschiedene Kategorien an. Die Ergebnisse werden direkt als Liste oder auf einer Landkarte dargestellt. Dabei werden die eigenen Standortinformationen genutzt, um Suchergebnisse in der Umgebung zu liefern.

Foursquare – soziales Netzwerk für die reale Welt

Foursquare verbindet Empfehlungen und Tipps zu Gastronomie und Geschäften mit den Funktionen eines sozialen Netzwerks. Hier kann man an bestimmten Orten einchecken, Fotos veröffentlichen und Tipps schreiben.

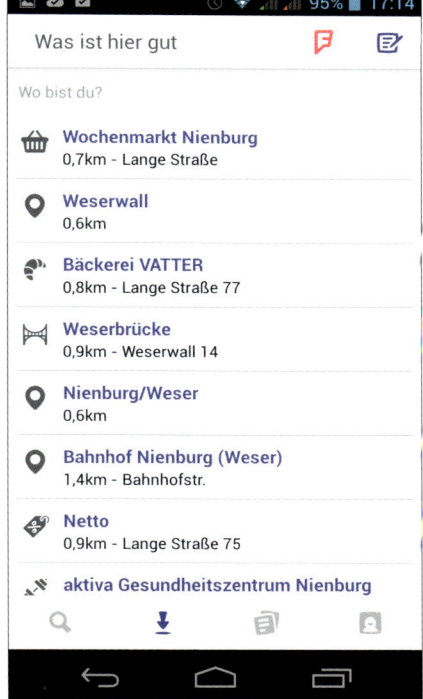

Die neue Foursquare-App.

Zum Bedauern vieler Nutzer hat Foursquare die beliebten Badges eingestellt und die Funktionen in zwei Apps verteilt. Die App *Foursquare* findet automatisch Orte in der näheren Umgebung und sammelt Bewertungen dafür. Außerdem kann man selbst interessante Orte hinzufügen und Freunde einladen, diese zu besuchen und zu bewerten.

Die neue App *Swarm* enthält die ehemalige *Check In*-Funktion aus Foursquare. Hier kann man seinen Freunden zeigen, wo man gerade ist, und Fotos zu den Orten veröffentlichen. Diese Funktionen bietet Facebook allerdings inzwischen auch.

 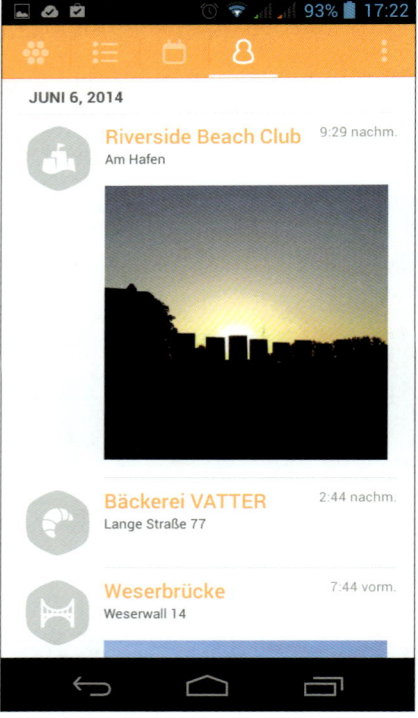

Die Foursquare-App Swarm.

Kapitel 7
Fotos und Multimedia

Ein Smartphone eignet sich bestens als digitaler Bilderrahmen. Dank heutiger Speichergrößen von mehreren GByte kann man Tausende von Fotos bequem mit sich herumtragen.

Die vorinstallierte Galerie-App zeigt alle Bilder, die sich auf der Speicherkarte befinden. Diese können vom PC übertragen, aus dem Internet heruntergeladen oder mit der Kamera fotografiert worden sein.

Die Galerie auf einem Android-Smartphone.

Tippt man auf eines der Vorschaubilder, wird das Foto groß dargestellt. Mit den Zoomtasten am unteren Bildschirmrand lässt sich weiterzoomen. Durch einfaches horizontales Wischen mit dem Finger über den Bildschirm blättern Sie zu den nächsten oder vorherigen Bildern. In der Auswahlliste links oben sortieren Sie die Fotos nach Zeit, Ort oder Alben.

Fotografieren mit dem Smartphone

Aktuelle Smartphones haben Kameras eingebaut, deren Auflösung und Bildqualität mittlerweile höher als die von Digitalkameras der Mittelklasse sind. Eine ausreichend große Speicherkarte eingebaut, kann das Smartphone in vielen Fällen die klassische Digitalkamera ersetzen. Der Bildschirm, der als Sucher dient, ist deutlich größer als bei klassischen Kameras, allerdings fehlt den Smartphones noch der optische Zoom, der viel mehr Details liefert als der simple Digitalzoom, den die meisten Smartphones heute in ihren Kamera-Apps bieten.

> **ACHTUNG:** Achten Sie darauf, dass die Kameralinse auf der Rückseite des Smartphones nicht verkratzt, wenn Sie das Gerät in die Tasche stecken und sich dort zum Beispiel auch noch ein Schlüsselbund befindet.

Die Kamera wird über eine eigene Kamera-App auf dem Smartphone oder über das Kamerasymbol in der Galerie gestartet. Nur wenige Android-Smartphones haben eine spezielle Kamerataste.

In den ersten Android-Versionen war die Standard-Kamera-App recht simpel, sodass die meisten Gerätehersteller eigene Apps zur Ansteuerung der Kameras in ihren Smartphones vorinstallierten. Auch heute gibt es noch verschiedene Kamera-Apps bei unterschiedlichen Smartphone-Herstellern.

Die Bedienungselemente der Kamera-Apps sind so angeordnet, dass sie sich, wenn man das Smartphone in beiden Händen hält, bequem mit den Daumen steuern lassen. Je nach Gerätemodell sehen die Apps etwas unterschiedlich aus, bieten aber ähnliche Funktionen.

Die große Schaltfläche rechts ist der Auslöser. Tippen Sie darauf, wird ein Bild aufgenommen.

Unterhalb des Auslösers schalten Sie zwischen Foto- und Videomodus um.

Fotografieren mit dem Smartphone

Die Kamera-App auf einem Android-Smartphone.

Ganz rechts oben wird immer das letzte Foto als Minibild angezeigt. Tippen Sie darauf, öffnet sich die Galerie-App, in der Sie das Foto und auch alle anderen betrachten können.

In der Mitte des Bildes erscheint ein Quadrat. In diesem Bereich stellt der Autofokus das Bild scharf. Sie können den Fokus an eine andere Stelle des Bildes setzen, indem Sie einfach auf den Bildschirm tippen.

Blitz

Bei Dunkelheit kann das zu fotografierende Objekt mit der Blitz-LED auf der Rückseite des Smartphones beleuchtet werden. Im automatischen Modus wird die LED abhängig von der Umgebungshelligkeit bei dunklen Szenen eingeschaltet. Diese sehr helle LED verbraucht viel Akkustrom und sollte daher sparsam eingesetzt werden.

Selbstporträts

Sich selbst mit dem Handy zu fotografieren, war früher mit viel Zufall und akrobatischem Geschick verbunden. Auf den meisten Smartphones können Sie über ein Symbol die Frontkamera, die ursprünglich für Videochats gedacht ist, auch zum Fotografieren nutzen. So sehen Sie sich selbst auf dem Bildschirm und können wesentlich einfacher Selbstporträts – heute oft als Selfies bezeichnet – aufnehmen.

Spezielle Fotoaufnahmemodi

Die Kamera-Apps bieten neben der ganz normalen Einzelbildaufnahme je nach Smartphone-Modell und Kameraqualität noch weitere spezielle Aufnahmemodi für Sonderfälle an. Wir stellen hier ein paar interessante vor. In vielen

Kamera-Apps wählen Sie diese Aufnahmemodi über Symbole am linken Bildschirmrand. Enthält diese Symbolleiste mehr Symbole, als auf den Bildschirm passen, lässt sie sich vertikal scrollen.

HDR-Foto

Die Abkürzung HDR steht für **H**igh **D**ynamic **R**ange (zu Deutsch: hoher Dynamikumfang) und bezeichnet eine Technik in der Fotografie, die früher teuren Spezialkameras vorbehalten war.

Bei schwierigen Belichtungsverhältnissen wie zum Beispiel gleißendem Tageslicht oder dunklem Kerzenschein erscheinen Teilbereiche eines Fotos immer zu hell oder zu dunkel. Die HDR-Fotografie bedient sich hier eines Tricks, um auch in dunklen Bereichen eines Fotos noch Details darzustellen. Die Kamera fotografiert im HDR-Modus automatisch drei Bilder mit unterschiedlichen Belichtungseinstellungen und errechnet daraus ein neues Bild mit deutlich höherem Dynamikumfang. Sie brauchen sich um nichts weiter zu kümmern, als die Kamera möglichst ruhig zu halten, damit die drei Aufnahmen auch wirklich exakt das gleiche Bild zeigen.

Links: normale Aufnahme, rechts: HDR-Aufnahme.

Bedingt durch die HDR-Technik stehen in diesem Modus einige der Kameraeffekte nicht zur Verfügung.

Panorama

Mit dieser sehr interessanten Funktion fotografieren Sie eindrucksvolle Landschaftspanoramen. Drücken Sie den Auslöser und drehen Sie sich langsam um Ihre eigene Achse. Halten Sie dabei das Smartphone möglichst ruhig. Die Kamera fotografiert automatisch mehrere Fotos nacheinander und setzt diese nahtlos zu einem einzigen Panoramabild zusammen.

Diese Panoramafotos lassen sich mit jedem Bildbetrachter darstellen.

Nicht immer hält die Aufnahme genau nach einer Drehung von 360° an. So kann es passieren, dass Objekte, die an einem Bildrand stehen, wie hier die Person, am anderen Bildrand ein zweites Mal auftauchen. Achten Sie auch darauf, dass keine sich schnell bewegenden Objekte während der Aufnahme in das Bild geraten.

Lächeln

Manche Kamera-Apps haben eine automatische Gesichtserkennung, die darauf wartet, dass die fotografierte Person lächelt. Der Auslöser löst erst aus, wenn ein Lächeln erkannt wird. Oftmals hätte es ja bei schlechten Porträtaufnahmen gereicht, noch ein paar Sekundenbruchteile zu warten. Damit vermeiden Sie so etwas.

Wichtige Kameraeinstellungen

Über das Zahnradsymbol können Sie unter anderem die Bildauflösung und auch den Speicherort für die Fotos – interner Speicher oder SD-Karte – wählen. Nur Fotos, die Sie später ausdrucken wollen, brauchen die höchste Auflösung. Für Bilder, die online per E-Mail oder Chat geteilt oder auf Facebook hochgeladen werden, empfiehlt sich eine geringere Auflösung.

Kameraeinstellungen.

Die Kamera-Apps können den eigenen Standort auswerten und mit dem Bild speichern, sodass Sie in Fotoalben, z. B. bei Flickr oder Picasa, genau auf einer Karte anzeigen lassen können, wo das Foto aufgenommen wurde. Diese Funktion wird als Geotagging bezeichnet und über den Schalter *GPS-Standortinformationen* aktiviert.

Viele Kamera-Apps bieten verschiedene Effekte, die direkt in Echtzeit über das auf dem Bildschirm angezeigte Bild gelegt werden, noch bevor man den Auslöser drückt. Unter den Effekten finden Sie bekannte Optionen wie *Schwarz-Weiß* und *Sepia*, aber auch interessante künstlerische Effekte, wie zum Beispiel *Whiteboard*, *Relief* oder *Ölpastell*.

> **Effekte sparsam verwenden**
>
> Für alle Effekte gilt: Setzen Sie sie sparsam und effektvoll ein! Begehen Sie nicht den typischen Anfängerfehler und versehen jedes Bild mit irgendeinem Effekt. Das wirkt einfach nur kitschig, wohingegen sparsam eingesetzte Effekte ein Bild durchaus interessant wirken lassen. Niemand will sich eine Fotosammlung ansehen, bei der jedes Bild einen Effekt hat.

Der *Szenenmodus* bietet vordefinierte Belichtungseinstellungen für eine bessere Bildqualität bei Nachtaufnahmen, Sonnenuntergängen oder Porträts. Über die Funktion *Weißabgleich* können Sie verschiedene Lichtfarben wie Tageslicht, Glühlampenlicht, Neonlicht, Dämmerung etc. einstellen, um eine bessere Farbqualität zu erhalten.

Selbstauslöser

Mit einem zeitgesteuerten Selbstauslöser können Sie Gruppenfotos fotografieren, auf denen Sie selbst mit drauf sind. Allerdings müssen Sie dazu das Smartphone auf einer festen Unterlage fixieren, damit sich der Bildausschnitt nicht verändert. Selbstauslöser sind auch bei schwachem Licht und sehr langen Belichtungszeiten hilfreich. In diesem Fall verhindern sie ein Verwackeln durch die Berührung der Auslösertaste. Auch hier muss das Smartphone natürlich gut befestigt sein, um vor Verwacklern zu schützen.

Selbstauslöser in den Kameraeinstellungen.

Fotos online zeigen und teilen

Wer seine Fotos online speichert, kann jederzeit und von überall darauf zugreifen. Außerdem sind Onlinefotoalben eine komfortable Lösung, um Fotos Freunden zu zeigen. So braucht man aus dem Urlaub nicht jede Menge Fotos einzeln per E-Mail zu verschicken. Ein Link auf das eigene Album bei Picasa oder Flickr reicht aus. Android-Smartphones bieten komfortable Funktionen, um Fotos von der Handykamera in die bekannten Onlinefotoalben hochzuladen und umgekehrt die eigenen Alben oder die freigegebenen Alben von Freunden auch auf dem Smartphone zu betrachten.

Picasa und Google+

Picasa ist der Onlinefotodienst von Google, der in letzter Zeit immer stärker in das soziale Netzwerk Google+ integriert wurde. Picasa-Webalben lassen sich in Google+ sowie auch in der Fotos-App betrachten, die die klassische Galerie auf dem Smartphone immer mehr ersetzt.

Neben der klassischen Galerie liefert Android noch die App *Fotos* mit. Diese Google+-Fotos-App zeigt alle Picasa-Alben (die jetzt automatisch auch Google+-Alben sind) wie auch lokal gespeicherte Fotos auf dem Smartphone an. Bei Google+ können Sie Bilder kommentieren oder auch direkt als Beiträge auf Ihrem Google+-Profil veröffentlichen.

Fotos aus Google+-Webalben in der Google+-Fotos-App auf dem Smartphone.

7 ▪ Fotos und Multimedia

> **ACHTUNG:** Die persönlichen Picasa-Webalben werden automatisch in der Fotos-App des Smartphones angezeigt. Dies gilt auch für Alben, die nur persönlich freigegeben sind und der Öffentlichkeit verborgen bleiben – auf dem Smartphone sind die Bilder alle zu sehen. Denken Sie daran, wenn Sie Ihr Smartphone aus der Hand geben.

Handyfotos automatisch sichern

Bei installierter Google+-App können Fotos direkt aus der Fotogalerie in Google+ veröffentlicht werden. Die Google+-App integriert neben Fotos der Freunde auch die eigenen Picasa-Fotoalben. Fotos lassen sich automatisch in ein eigenes Sofort-Upload-Album hochladen, auf das man nur selbst Zugriff hat. Auf diese Weise sind die Handyfotos automatisch auch auf jedem PC der Welt verfügbar. Um Datenvolumen im Mobilfunk zu sparen, enthält die Google+-App eine Einstellung, Fotos nur bei aktiver WLAN-Verbindung hochzuladen.

Fotogröße für die automatische Sicherung reduzieren.

Google versucht, Speicherplatz auf Google+ an Benutzer zu verkaufen, und sichert deshalb alle Fotos in Originalgröße. Dabei sind nur 15 GByte kostenlos verfügbar. Stellen Sie also in den Einstellungen der Google+-App unter *Automatische Sicherung* die Fotogröße auf *Standardgröße* um. Bei einer Breite von 2.048 Pixeln ist das Speichern unbegrenzt kostenlos. Diese Bilder werden nicht auf den kostenlosen Speicherplatz bei Google Drive angerechnet.

Fotos mit Freunden über Picasa und Google+ teilen

Die Galerie auf dem Smartphone und auch die meisten anderen Android-Apps, die Fotos anzeigen, haben eine Funktion zum Senden von Fotos über verschiedene Kommunikationswege integriert. Tippen Sie dazu in der Galerie auf das *Teilen*-Symbol.

Obwohl Picasa und Google+ den gleichen Bestand an Fotos verwenden, werden immer noch beide Apps zum Teilen angeboten.

Bei Google+ wählen Sie einzelne Personen oder Kreise, die das Bild sehen dürfen. Hier können Sie mit dem Hochladen auch direkt ein Album anlegen, was aber nicht unbedingt nötig ist. Legen Sie kein Album an, erscheinen die Bilder im Album *Fotos von Posts*.

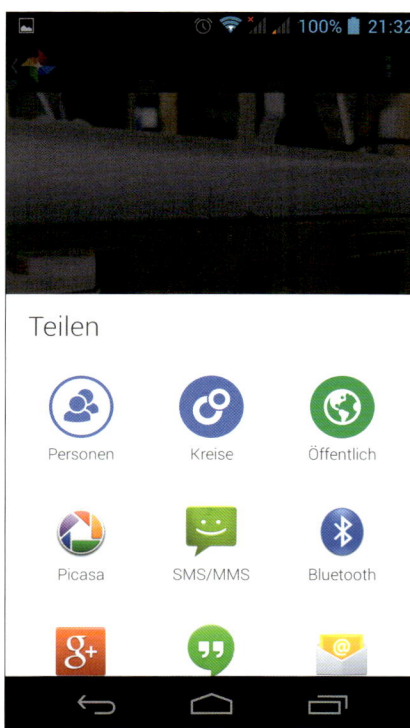

Foto aus der Fotos-App über Google+ teilen.

7 ▪ Fotos und Multimedia

Fotos, die bereits automatisch hochgeladen wurden, können auf die gleiche Weise aus der Fotos-App heraus geteilt oder in ein anderes Album kopiert werden, ohne dass sie erneut hochgeladen werden müssen.

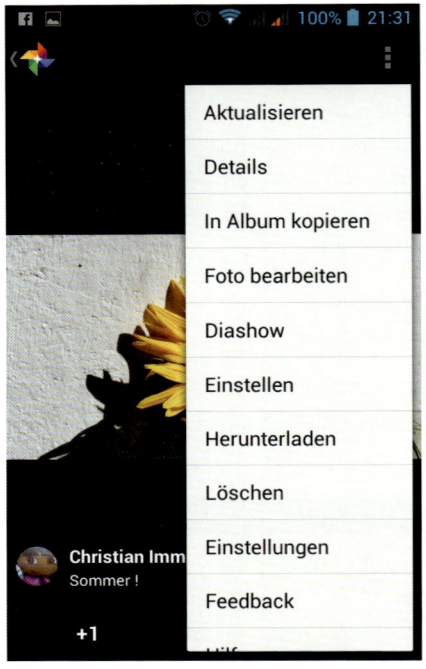 

Automatisch hochgeladenes Foto in ein Album kopieren und teilen.

In Picasa müssen Sie ein vorhandenes eigenes Album auswählen, in das die Fotos hochgeladen werden sollen. Alternativ können Sie auch direkt auf dem Smartphone ein neues Album anlegen. Bildunterschriften sind bei Picasa optional. Wer möchte, kann vor dem Hochladen noch etwas zu den Bildern schreiben. Wenn Sie ein neues Album anlegen, können Sie dabei einstellen, ob es öffentlich sichtbar sein soll oder nicht.

Flickr

Flickr ist eine der bekanntesten Onlineplattformen für Fotos. Hier können Sie selbst Onlinefotoalben anlegen und Ihren Freunden Bilder präsentieren. Flickr bietet viele Funktionen eines sozialen Netzwerks, man kann Fotos kommen-

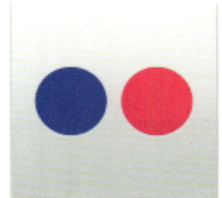 

tieren, Gruppen mit Freunden gründen und sich gegenseitig über neue Fotos

Fotos online zeigen und teilen

auf dem Laufenden halten. Flickr hat nach eigenen Angaben 40 Millionen registrierte Nutzer und etwa 5.000 neue Fotos pro Minute. Flickr gehört zu Yahoo!, um eigene Fotos hochzuladen, benötigen Sie eine kostenlose Yahoo!-ID, ein Facebook- oder Google-Konto.

Flickr liefert eine eigene App für Android-Smartphones, mit der man jederzeit Zugriff auf seine Fotoalben bei Flickr und die von Freunden hat. Leider hat die aktuelle Version 3.x der Flickr-App einiges an Funktionsumfang gegenüber der Vorgängerversion eingebüßt. Natürlich kann man auch direkt vom Smartphone neue Fotos bei Flickr hochladen. Beim Aufruf der mobilen Flickr-Seite *m.flickr.com* mit einem Android-Smartphone erscheint automatisch eine Frage, ob man nicht lieber die App verwenden möchte.

Nach persönlicher Anmeldung zeigt die Flickr-App den eigenen Fotostream, eigene Fotoalben sowie die letzten Aktualisierungen der Freunde auf einen Blick an. Die Navigation in der App ist intuitiv und weitgehend an das vertraute Design der Flickr-Webseite angelehnt. Die Flickr-App bietet zu jedem Foto eine Seite für Kommentare sowie eine Detailseite mit ausführlichen technischen Informationen zum Bild an. Tippen Sie direkt auf ein Bild, wird dieses als Vollbild angezeigt.

Fotostream in der Flickr-App.

Fotografieren mit der Flickr-App

Mit der Flickr-App kann man auch direkt fotografieren, ohne die Standard-Kamera-App aufzurufen. Einfach oben in der Flickr-App auf das Kamerasymbol tippen und es startet eine eigene Kamerafunktion, in der Sie die neuen Fotos auch direkt benennen können, da bei Flickr jedes Bild einen Namen braucht. Auf der Seite *Details* können Sie noch einen Bildkommentar hinzufügen.

Besonders interessant sind die Filter im rechten Bildschirmbereich, mit denen man den Fotos eine persönliche Note oder auch ein besonders kitschiges Aussehen verpassen kann. Tippen Sie links auf das Symbol mit dem Pinsel, können Sie Belichtung, Weißabgleich, Helligkeit, Kontrast und andere Bildeigenschaften vor dem Hochladen noch anpassen.

Filter in der Kamerafunktion der Flickr-App.

Danach laden Sie das Foto bei Flickr hoch, es erscheint automatisch in Ihrem persönlichen Fotostream. Je nachdem, welche Privatsphäre-Einstellungen Sie festgelegt haben, können nur Sie, Ihre Freunde oder jeder das Foto sehen.

 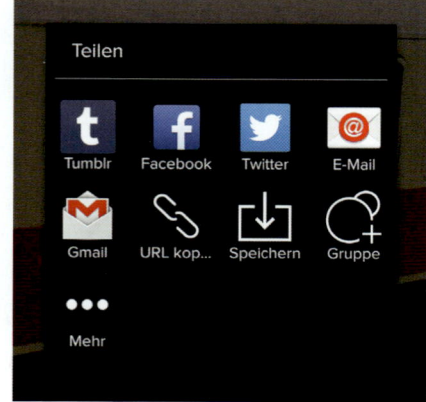

Details und Teilen eines neuen Fotos in der Flickr-App.

Fotos online zeigen und teilen

Beim Hochladen können Sie das Bild gleichzeitig auch noch auf anderen Wegen mit Freunden teilen. Dazu müssen Sie einmalig der Flickr-App Zugriff auf die jeweiligen Netzwerke geben. Danach brauchen Sie Facebook, Twitter oder Tumblr nur noch anzuklicken, um ein Bild automatisch dort in Ihrem persönlichen Blog zu veröffentlichen.

Natürlich können Sie auch über die bekannte *Teilen*-Funktion der meisten Android-Apps Fotos auf Flickr veröffentlichen, wenn die Flickr-App installiert ist.

Facebook

Auch Facebook bietet seinen Nutzern Onlinefotoalben an, die unterwegs vom Smartphone genutzt werden können, und macht damit den klassischen Onlinefotoalben wie Picasa und Flickr Konkurrenz. Allerdings sind die Möglichkeiten bei Facebook deutlich begrenzter.

Wenn die Facebook-App auf dem Smartphone installiert ist, können Sie darüber Fotos auf Facebook hochladen. Diese App klinkt sich aber auch direkt in die Kameraanwendung und die Galerie ein, sodass Sie die Facebook-App nicht erst zu starten brauchen.

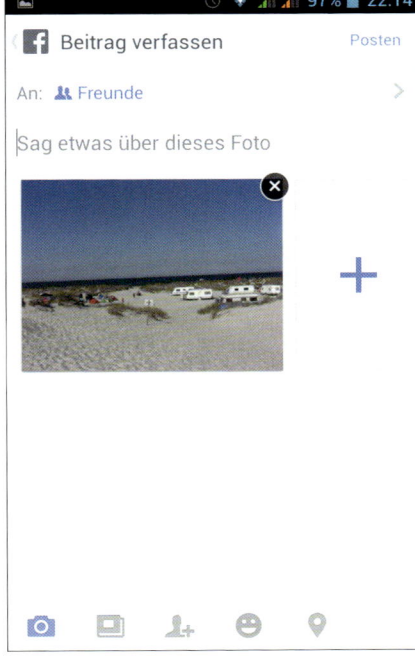

Foto auf Facebook veröffentlichen.

203

Wählen Sie in der Galerie die *Teilen*-Funktion. Facebook ist hier automatisch eingetragen. Sie brauchen es nur noch auszuwählen, danach startet die Facebook-App mit einem Formular, in dem Sie noch einen Text für den neuen Beitrag eintragen können. Zusätzlich können Sie den Ort angeben, wo dieses Foto ausgewählt wurde, sowie Facebook-Freunde markieren, die mit dabei waren. Das ausgewählte Foto wird automatisch hinzugefügt und mit einem Klick auf *Posten* bei Facebook hochgeladen.

> **TIPP:** Wenn Sie der Flickr-App Zugriff auf Facebook gewähren, können Sie Fotos direkt aus dieser App gleichzeitig auf Flickr und Facebook veröffentlichen, ohne das Bild zweimal hochladen zu müssen, was nicht nur Aufwand, sondern auch Datenvolumen spart.

Fotos automatisch auf Facebook hochladen

Facebook bietet seit Neuestem ähnlich wie Dropbox oder Google+ die Möglichkeit, alle Fotos vom Smartphone automatisch zu sichern, um sie später leicht überall zur Verfügung zu haben und mit Freunden teilen zu können.

 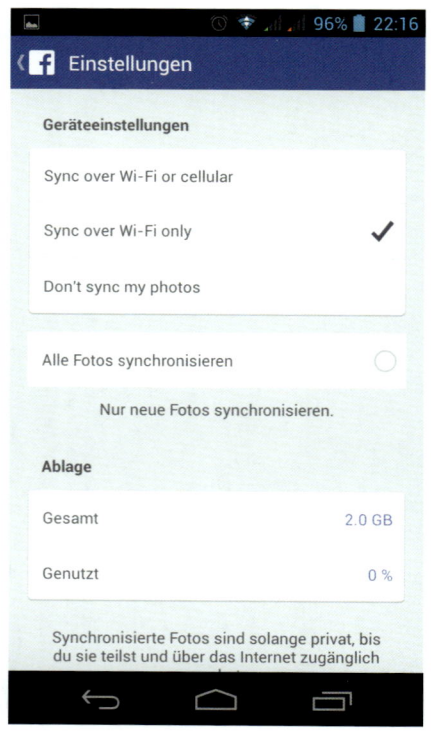

Fotos automatisch auf Facebook synchronisieren.

Fotos online zeigen und teilen

In den Einstellungen der Facebook-App legen Sie fest, ob Fotos nur über WLAN, auch über Mobilfunk oder gar nicht bei Facebook gesichert werden sollen. Alle automatisch gesicherten Fotos bleiben so lange privat, bis Sie sie selbst öffentlich machen oder mit Freunden teilen.

Instagram

Fotos vom Handy auf Facebook hochzuladen, ist nichts Neues mehr. Mit Instagram gibt man dem Bild Stil und veröffentlicht gleich die passende Stimmung mit dazu. Dazu sind jede Menge Farbfilter, Rahmen und Effekte bereits in der App vorgegeben. Dazu enthält Instagram eine eigene verbesserte Kamera-App, mit der man direkt fotografieren oder auch nachträglich Effekte auf bereits auf dem Smartphone oder in der Cloud gespeicherte Fotos legen kann.

Posts von Freunden auf der Startseite und Foto mit Effekten versehen.

Instagram enthält eigene Funktionen eines sozialen Netzwerkes. Hier kann man direkt dem Fotostream von Freunden folgen, die auf diese Weise ihr Leben erzählen. Beim Veröffentlichen auf Instagram kann man seine Fotos auch direkt in anderen sozialen Netzwerken teilen, die mit dem eigenen Instagram-Konto verknüpft sind.

EyeEm

EyeEm ist eine noch sehr junge Foto-Community weltweit, in der besonders künstlerische Fotos und aktuelle Trends veröffentlicht werden. Die EyeEm-App bietet diverse interessante Effekte für Fotos. Hier veröffentlicht kaum jemand ein Foto einfach so, wie es fotografiert wurde.

EyeEm veranstaltet immer wieder sogenannte *Missionen*. Hier werden die Nutzer aufgefordert, Fotos zu bestimmten Themen oder von bestimmten Orten zu veröffentlichen.

 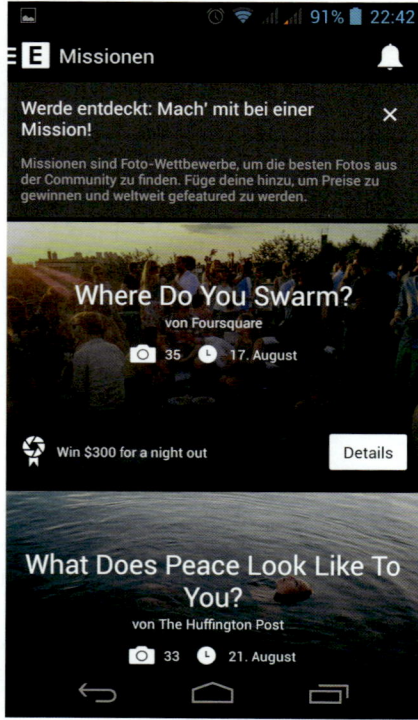

Künstlerische und coole Fotos in der EyeEm-App.

Fotos bearbeiten

Einige Kamera-Apps von Smartphone-Herstellern enthalten zusätzliche Bearbeitungsfunktionen, um Fotos nachträglich mit Effekten zu versehen. Weiterhin gibt es verschiedene Apps, die speziell darauf ausgerichtet sind, Bilder auf dem Smartphone nachträglich zu bearbeiten.

Bearbeitungsfunktionen in der Galerie

Auf vielen Smartphones bietet die Galerie-App eingebaute Bearbeitungsoptionen. Tippen Sie auf das Symbol mit den Farbkreisen unten links, um eine Palette mit Bearbeitungsfunktionen zu öffnen.

Farbeffekte in der Galerie.

In vielen Fällen reicht schon einer der vorgegebenen Farbeffekte, um ein Bild interessanter zu gestalten oder Belichtungs- und Farbprobleme zu korrigieren.

Das zweite Symbol bietet eine Auswahl an Rändern, die um ein Bild gelegt werden können. Die meisten davon wirken sehr kitschig, also mit Vorsicht einsetzen.

Fotos lassen sich in der App gerade ausrichten, drehen, spiegeln oder zuschneiden. Dabei können Standard-Seitenverhältnisse wie 4:3 oder auch ein quadratisches Format ausgewählt werden.

Im letzten Bereich der Bearbeitungspalette lassen sich Farbeffekte wie Kontrast, Schatten und Farbsättigung anwenden. Zur Feinjustierung können Sie Farbkurven gezielt einstellen, um bestimmte Farbwerte zu verstärken oder abzuschwächen.

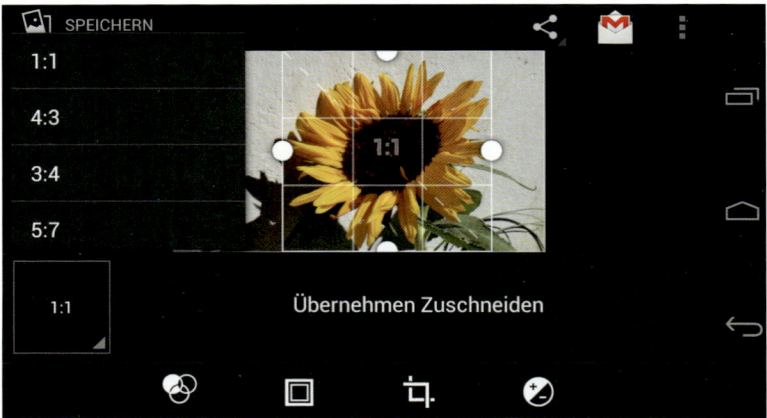

Foto in der Galerie zuschneiden.

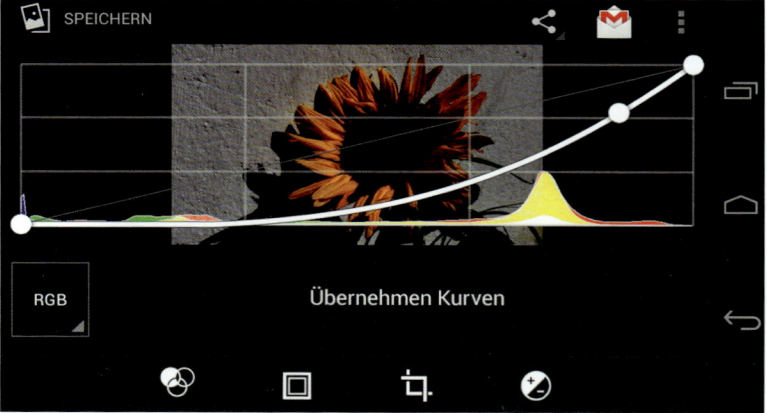

Farbkurven feinjustieren.

Fotos mit Google+ optimieren

Die Google+-Fotos-App beinhaltet Funktionen, um Fotos zu optimieren oder mit besonderen Effekten zu versehen. Tippen Sie unten links im Foto auf das Stiftsymbol, wird eine Palette mit Werkzeugen und Effekten eingeblendet. Verschieben Sie die Symbolleiste nach links und rechts, um weitere Funktionen zu sehen.

Hier finden Sie unter anderem Funktionen, um einen Bildausschnitt zu wählen. Diesen Bildausschnitt können Sie mit den dargestellten Griffen auf die gewünschte Größe ziehen. In der Einstellung *Original* wird das Seitenverhältnis beibehalten.

Fotos bearbeiten

Das Werkzeug zur Feinabstimmung bietet verschiedene Einstellungen wie Helligkeit, Kontrast und Sättigung, zwischen denen man mit einer senkrechten Wischbewegung hin- und herwechselt. Eine horizontale Wischbewegung justiert anschließend die Stärke der jeweiligen Einstellung.

Alle Änderungen werden erst durch Antippen des Symbols mit dem Häkchen oben rechts auf das Bild angewendet. Über das Kreuz oben links kommen Sie jederzeit zurück, ohne dass das Bild verändert wird. Das rechteckige Symbol (drittes von links) zeigt das Originalbild im Vergleich zum veränderten Bild.

Links: Werkzeugpalette, rechts: Werkzeug zur Feinabstimmung in Aktion.

Effekte

Bei den Effekten weiter rechts in der Werkzeugpalette finden Sie einige der typischen Effekte, die man von vielen Bildbearbeitungsprogrammen kennt. Hier können Sie das ganze Bild klassisch alt, in Pop-Art oder anderen Darstellungsweisen erscheinen lassen.

Die meisten der Effekte bieten mehrere Stile zur Auswahl an. Mit einer horizontalen Wischgeste quer über den Bildschirm lässt sich die Stärke des Effektes festlegen.

Effekte in der Google+-Fotos-App.

Adobe Photoshop Express

Niemand wird auf einem Smartphone eine so komplexe Bildbearbeitung wie Photoshop erwarten. Das kostenlose Adobe Photoshop Express bietet aber auf Android diverse Effektfilter und Bearbeitungsfunktionen sowie die Möglichkeit, Fotos online bei Adobe Revel zu veröffentlichen oder auch zu teilen.

Mit dem Finger lässt sich das Bild auf dem Bildschirm drehen und schärfen. Außerdem stehen verschiedene Effekte zur Auswahl. So kann man zum Beispiel Schwarz-Weiß-Fotos erstellen oder Farben verfremden. Ist ein Foto zu dunkel, lassen sich Helligkeits- sowie Kontrastwerte ändern und man kann Veränderungen am Farbschema vornehmen. Dies bewirkt manchmal Wunder. Schief aufgenommene Bilder lassen sich gerade ausrichten oder man schneidet Fotos auf den interessanten Bereich zurecht.

Mit einer kostenlosen Adobe ID bekommt man bei Adobe Revel ein Onlinealbum, auf das man direkt aus der App sowie auch vom PC über *www.adoberevel. com* zugreifen kann.

Fotos bearbeiten

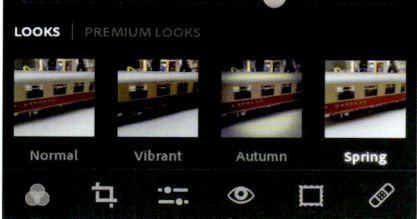

Bilder in Photoshop Express bearbeiten.

Bilder aus einem Adobe-Revel-Album bearbeiten.

Musik auf dem Smartphone

Digitale Musik unterwegs zu hören, gehört zum Alltag. Portable MP3-Player haben längst Walkman und tragbare CD-Spieler abgelöst. Inzwischen geht das Interesse an klassischen MP3-Playern auch schon wieder zurück. Fast jeder hört seine Musik nur noch auf dem Handy über Kopfhörer, deren Musikqualität mit dem, was man aus Walkman-Zeiten kannte, nicht mehr zu vergleichen ist.

Android-Smartphones haben einen eigenen Musikplayer vorinstalliert, der neben MP3 auch die WMA-Dateien des Windows Media Player abspielen kann. Der Musikplayer funktioniert ähnlich wie der Windows Media Player auf dem PC nicht auf Basis klassischer Dateien und Verzeichnisse, sondern findet automatisch Musiktitel auf der Speicherkarte und sortiert diese in einer Medienbibliothek nach Interpreten und Alben.

Sie können beliebige Titel zu einer Wiedergabeliste zusammenfassen, indem Sie länger auf einen Titel tippen. Es erscheint eine Auswahlliste mit Wiedergabelistenfunktionen. Innerhalb einer Wiedergabeliste können Sie die einzelnen Titel »anfassen« und nach oben oder unten ziehen, um die Reihenfolge zu verändern.

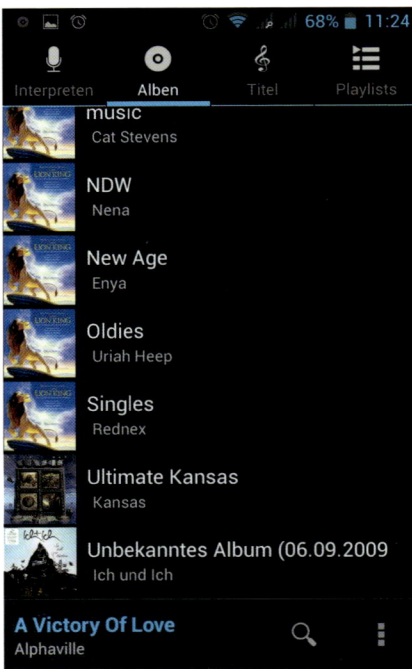 

Der Musikplayer auf dem Android-Smartphone.

> **Falsche Albumbilder**
>
> Wundern Sie sich nicht, wenn der Musikplayer falsche Albumbilder anzeigt. Das ist ein gängiges Problem aller Musikplayer-Apps, wenn Musik auf verschiedenen Plattformen verwendet wird. In der MP3-Datei eingebettete Grafiken werden korrekt angezeigt. Einige Systeme verwenden aber zusätzliche Albumbilder im JPEG-Format. Wenn sich solche Bilder auf der Speicherkarte befinden, werden sie von den Musikplayern unterschiedlich und oft falsch zugeordnet.

Während die Musik läuft, können Sie andere Apps nutzen. Drücken Sie einfach die Home-Taste. Der Musikplayer verschwindet in den Hintergrund, die Musik läuft weiter. In der Benachrichtigungsleiste ist ein Symbol für den Musikplayer zu sehen. Ziehen Sie die Benachrichtigungsleiste nach unten, erscheint der gerade abgespielte Titel. Ein Klick darauf bringt Sie wieder in den Musikplayer zurück.

Das Musik-Widget für den Startbildschirm bietet einen noch komfortableren Zugriff auf den Musikplayer direkt vom Startbildschirm. Dieses Widget zeigt den aktuellen Musiktitel und Symbole, um die Musik anzuhalten oder fortzusetzen oder zum nächsten Titel der aktuellen Wiedergabeliste zu springen. Tippt man auf den angezeigten Musiktitel, kommt man sofort in den Musikplayer.

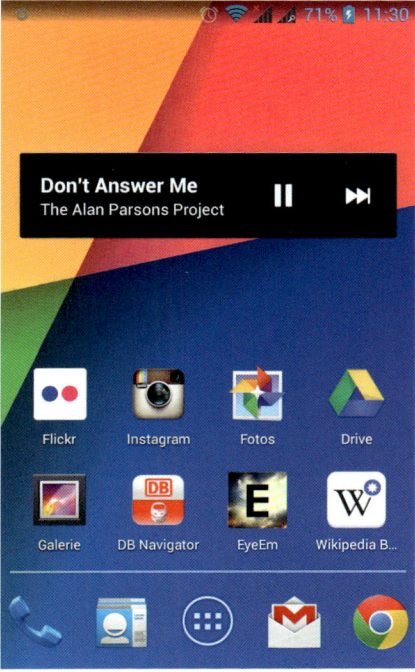

Laufende Musik in der Benachrichtigungsleiste und Musik-Widget auf dem Startbildschirm.

Google Play Music

Google Play bietet seit einiger Zeit auch in Deutschland einen Downloadshop für Musik an. Zusammen mit diesem Angebot startete auch ein Cloud-Dienst, auf dem jeder Nutzer kostenlos bis zu 20.000 eigene Songs speichern und dann   von jedem Gerät über sein persönliches Google-Konto anhören kann. Beim ersten Start der App erscheint eine Werbung für einen kostenpflichtigen Dienst. Diese können Sie überspringen, die App funktioniert auch in der kostenlosen Version. Lediglich das Streaming-Angebot von Google ist kostenpflichtig.

Google Play Music ist eine neue Musikplayer-App, die den ehemaligen Musikplayer aus Android zukünftig ersetzen wird. Google Play Music spielt lokal auf dem Smartphone gespeicherte Musik ab sowie auch Musik vom Cloud-Speicher. Der Google Play Music Store ist integriert. Gekaufte Musiktitel werden direkt im Player angezeigt und abgespielt.

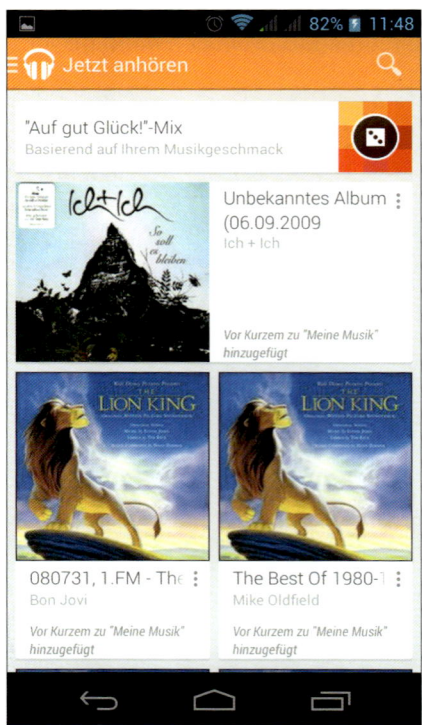 

Google Play Music auf dem Smartphone.

Musik auf dem Smartphone

Die Bedienung ähnelt dem Standard-Musikplayer: In jeder Ansicht ist ganz unten der gerade laufende Titel zu sehen. Mit den Bedienelementen lassen Sie die Musik pausieren oder springen zum nächsten Titel der aktuellen Wiedergabeliste. Sie können beliebige Titel zu einer Wiedergabeliste zusammenfassen, indem Sie auf das Symbol mit den drei Punkten rechts in einem Musiktitel tippen. Mit dem Lupensymbol oben rechts finden Sie jeden Titel Ihrer Musiksammlung.

Um unterwegs Datenvolumen zu sparen, sollten Sie in der Seitenleiste die Option *Nur heruntergeladen* aktivieren. Damit verhindern Sie, dass über Playlisten oder die zufällige Wiedergabe Musik aus dem Cloud-Speicher heruntergeladen wird. Die Seitenleiste blenden Sie ein, indem Sie oben links in der Ecke auf das *Google Play Music*-Symbol tippen.

Mit der Funktion *Schnellmixe* lassen sich automatisch nach Interpreten Playlisten erzeugen und abspielen.

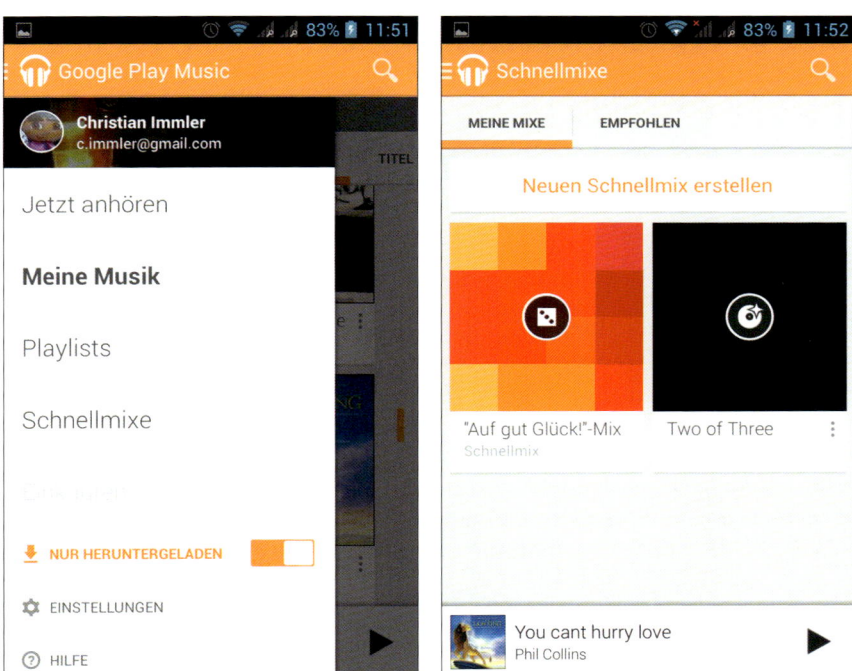

Links: Nur heruntergeladene Musik abspielen, rechts: Schnellmixe.

Das Widget *Meine Bibliothek* zeigt zuletzt abgespielte Alben direkt auf dem Startbildschirm. Beim Anlegen dieses Widgets wählen Sie, ob Musik, Apps oder E-Books aus der persönlichen Bibliothek angezeigt werden sollen. Im Widget können Sie direkt zu einem dieser Alben springen. Ziehen Sie das Widget an den Seiten, wird es größer und zeigt automatisch mehr Alben und Titel an.

7 ▪ Fotos und Multimedia

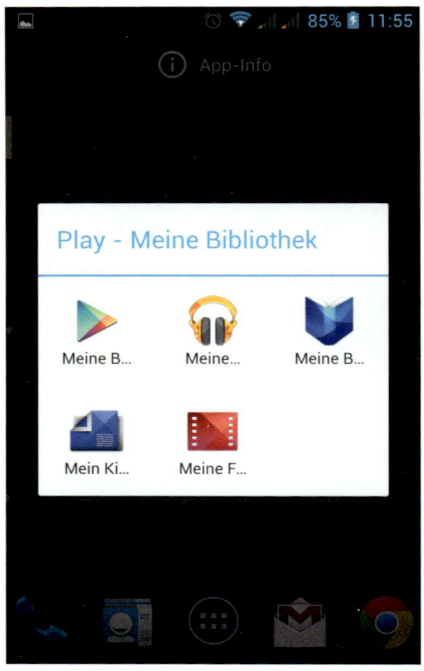 

Das Widget zu Google Play Music auf dem Startbildschirm.

Neue Musik aus dem Google Play Store kaufen

Der Google Play Store bietet Musik zum Kauf direkt auf dem Smartphone an. Sie erreichen dieses Musikangebot sowohl über die Google-Play-App als auch direkt aus der Seitenleiste des Google Music Players.

Lassen Sie sich auf der Startseite inspirieren oder suchen Sie gezielt nach Musiktiteln oder Alben. Die meisten Titel werden einzeln verkauft. In viele Titel kann man online hineinhören, ohne sie gleich kaufen zu müssen. Beim Kauf mehrerer Titel ist das ganze Album oft günstiger. Gekaufte Musik steht automatisch auf allen Geräten zur Verfügung, die über das gleiche Google-Konto angemeldet sind.

> ### DRM in Google Play Music
>
> Musik, Filme und E-Books aus dem Google Play Store sind durch ein DRM (**D**igital **R**ights **M**anagement) geschützt. Das bedeutet, die Medien sind nur auf bestimmten Geräten nutzbar und können nicht auf andere Geräte übertragen werden. In den meisten Fällen bedeutet das, man kann gekaufte Inhalte auf allen Geräten nutzen, die über das eigene Google-Konto angemeldet sind, aber nicht an andere Nutzer weitergeben.

Musik auf dem Smartphone

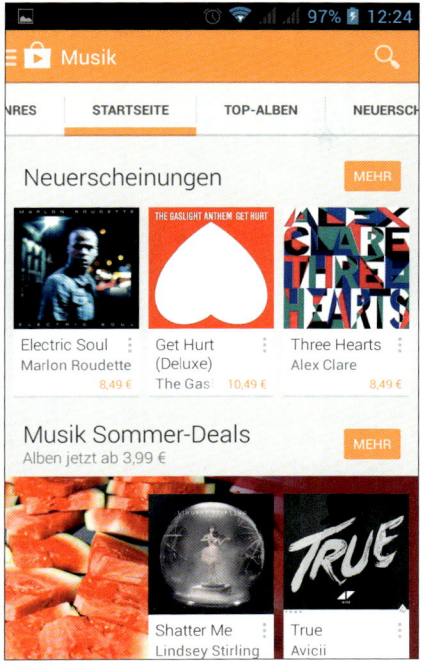 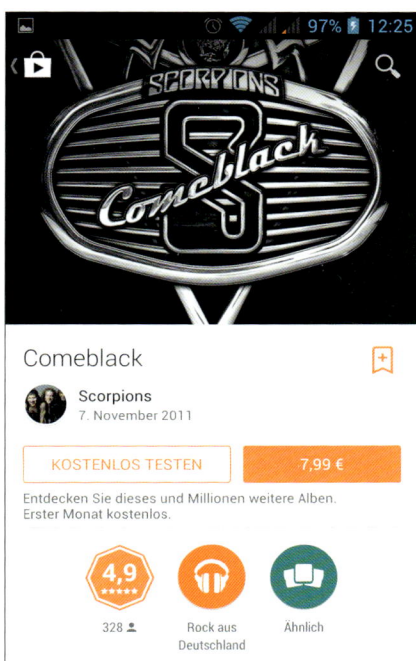

Musik im Google Play Store kaufen.

Einige wenige Alben werden auch kostenlos angeboten. Allerdings ist zum Download wie auch bei kostenlosen E-Books ein Google-Wallet-Konto mit gültigen Kreditkartendaten oder ein Prepaid-Guthaben notwendig.

Lautsprecher und Kopfhörer per Miniklinke anschließen

Wer auf seinem Smartphone genüsslich Musik hören oder Filme ansehen möchte, wird bald merken, dass die Lautsprecher trotz des auf neuen Geräten verwendeten Surround-Sounds alles andere als optimal sind.

An den meisten Smartphones befindet sich eine 3,5-mm-Klinkenbuchse zum Anschluss von Kopfhörern, um in Ruhe, ohne zum Beispiel im Zug seine Mitmenschen zu belästigen, Musik zu hören. Beim Einstecken eines Kopfhörers werden die internen Lautsprecher abgeschaltet. Zu Hause oder beim Musikhören mit mehreren Leuten schließen Sie an diese Buchse besser Lautsprecher an, die noch mehr Klang bieten. Dabei sollten Sie Aktivlautsprecher mit eingebautem Verstärker und eigener Stromversorgung verwenden. Die Leistung des Audioausgangs am Smartphone reicht sonst nur für eine schwache Lautstärke.

Um den Klang zu verbessern, verfügt die Google-Play-Music-App über einen eigenen Equalizer, der sich hinter dem Menüpunkt *Einstellungen* versteckt.

7 ▪ Fotos und Multimedia

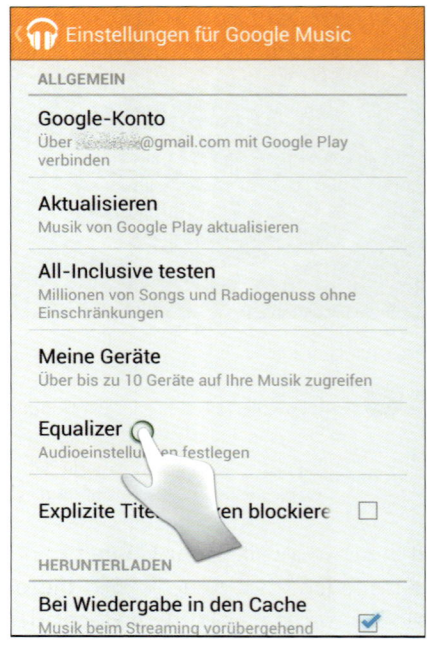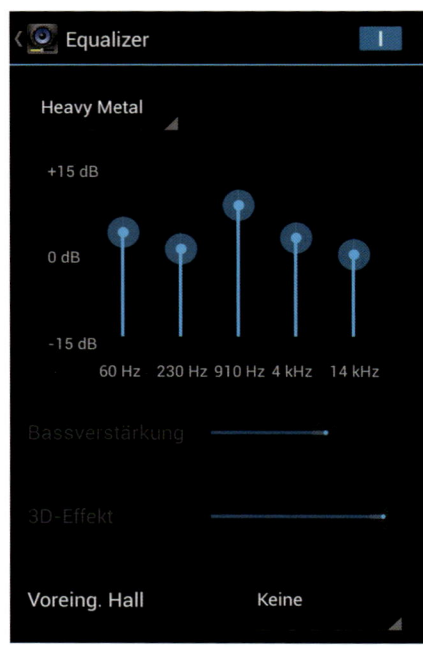

Der Equalizer in Google Play Music.

Musik in der Cloud speichern und auf dem Smartphone erleben

Der Cloud-Dienst Google Play Music bietet jedem Nutzer kostenlosen Speicherplatz für 20.000 Songs. Laden Sie auf dem PC über *play.google.com/music* Ihre Musikbibliothek hoch, um mit allen Geräten darauf zugreifen zu können. Hier können Sie auch direkt im Browser Ihre gekauften oder selbst gespeicherten Musiktitel anhören.

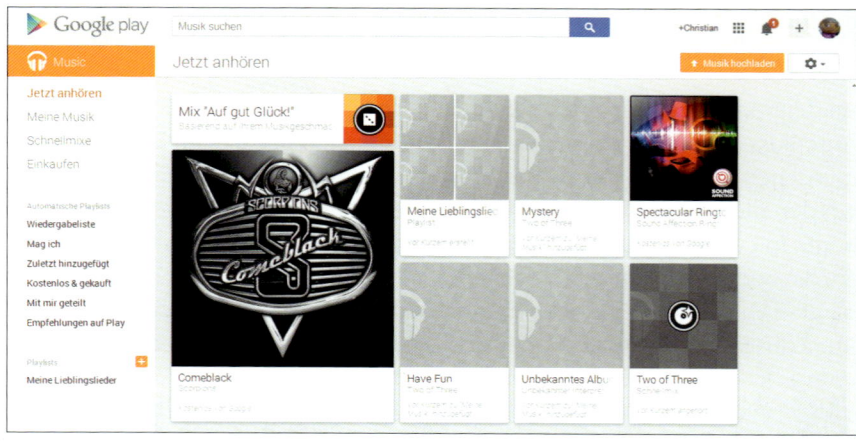

Google Play Music im Browser auf dem PC.

Laden Sie über die Schaltfläche *Musik hochladen* den Google Music Manager herunter. Das Programm läuft im Hintergrund und ist als Symbol im Infobereich der Taskleiste zu finden.

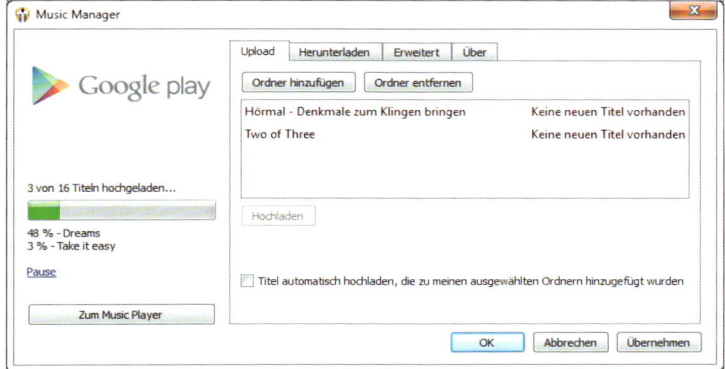

Der Google Music Manager auf dem PC.

Fügen Sie hier die Ordner hinzu, aus denen Sie Musik in Ihr Google-Konto hochladen möchten. Dabei können Sie festlegen, dass neue Titel in diesen Ordnern ebenfalls automatisch hochgeladen werden. Nach dem Hochladen können die Musiktitel auf allen Geräten, die mit dem eigenen Google-Konto angemeldet sind, angehört werden.

> **Achtung Datenvolumen**
>
> In den Einstellungen der Google-Play-Music-App können Sie festlegen, dass Musik aus dem Cloud-Speicher nur über WLAN-Verbindungen gestreamt oder heruntergeladen wird.

Musikbibliothek mit dem Windows Media Player auf dem PC synchronisieren

Früher musste man Musik noch manuell als einzelne Dateien vom PC auf tragbare MP3-Player kopieren – heute bietet der Windows Media Player in Windows eine Option, dies viel einfacher zu erledigen, ohne einzelne Dateinamen zu kennen und sich um Verzeichnisstrukturen kümmern zu müssen.

Für die Synchronisierung mit dem Windows Media Player werden neben zahlreichen bekannten MP3-Playern mit USB-Anschluss auch Smartphones mit Android-Betriebssystem sowie Speicherkarten in Kartenlesern unterstützt. Auf diese Weise können auch Smartphones, die eigentlich nicht mit dem Windows Media Player kompatibel sind, genutzt werden, indem man sie als externes Laufwerk am PC betreibt oder die Speicherkarte ausbaut und in den PC steckt.

Manuelle Synchronisierung im Windows Media Player

1. Beim Anschließen des Smartphones an einen Windows-8.1-PC erscheint dieses als Laufwerk im Explorer unter *Dieser PC*. Bei Windows 7 erscheint das Dialogfeld *Automatische Wiedergabe*. Starten Sie jetzt den Windows Media Player.

2. Sollte die Verbindung nicht zustande kommen, ist meistens auf dem Smartphone die USB-Verbindung falsch eingestellt. Ziehen Sie die Benachrichtigungsleiste herunter und tippen Sie auf die Zeile der USB-Verbindung. Hier muss die Option *Mediengerät (MTP)* ausgewählt sein.

3. Wenn der Windows Media Player läuft, erscheint das Smartphone beim Anschließen rechts unter *Synchronisieren*. Das Gerät erhält automatisch einen Namen, unter dem der Windows Media Player es jedes Mal wiederfindet, wenn es angeschlossen wird.

4. Im Synchronisationsfenster können Sie dann eine Synchronisationsliste aus den gewünschten Titeln zusammenstellen, indem Sie die Titel mit der Maus in den rechten Teil des Fensters unterhalb der Geräteabbildung ziehen.

5. Nachdem Sie alle Titel zur Synchronisierung ausgewählt haben, können Sie die Übertragung mit einem Klick auf *Synchronisierung starten* in Gang setzen. Je nach Datenmenge und Dateiformat kann dies einige Zeit dauern.

6. Auf diese Weise können Sie auch jederzeit neue Titel auf das Smartphone übertragen.

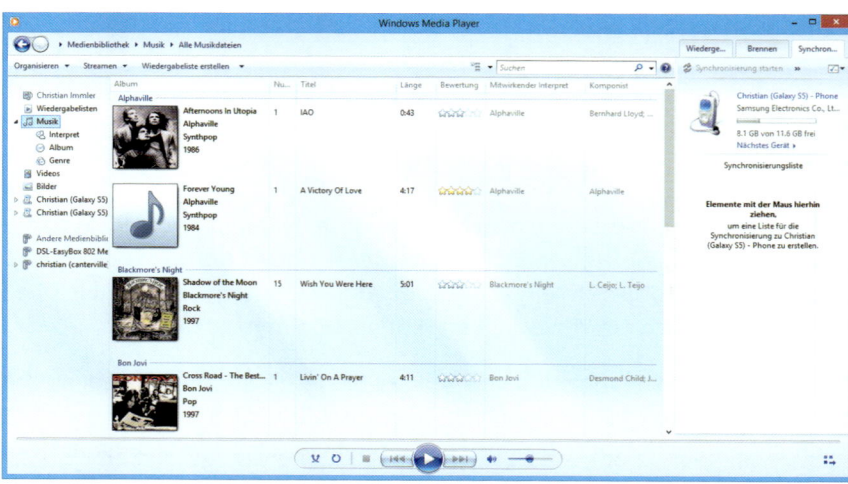

Android-Smartphone mit dem Windows Media Player verbunden.

Automatische Synchronisierung im Windows Media Player

Noch leichter geht es mit der automatischen Synchronisierung, die Musiktitel nach bestimmten Kriterien automatisch, ohne einzelne Titel auswählen zu müssen, auf das Smartphone überträgt.

1. Klicken Sie auf der Registerkarte *Synchronisieren* oben rechts auf den Button *Synchronisierungsoptionen* und wählen Sie im Menü *Synchronisierung einrichten*. Beim ersten Mal müssen Sie den Gerätenamen zur Einrichtung bestätigen. Wählen Sie danach denselben Menüpunkt nochmals aus.

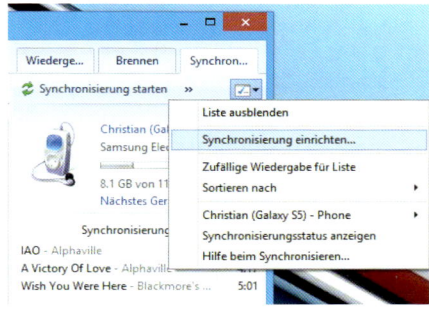

Automatische Synchronisierung mit dem Windows Media Player einrichten.

2. Schalten Sie hier die Option *Gerät automatisch synchronisieren* ein. Im Modus *Automatische Synchronisierung* müssen Sie noch auswählen, welche Wiedergabelisten synchronisiert werden sollen. Standardmäßig sind hier auch Wiedergabelisten für Bilder und Videos ausgewählt. Entfernen Sie diese alle, wie auch die Musikwiedergabelisten, die Sie nicht synchronisieren wollen.

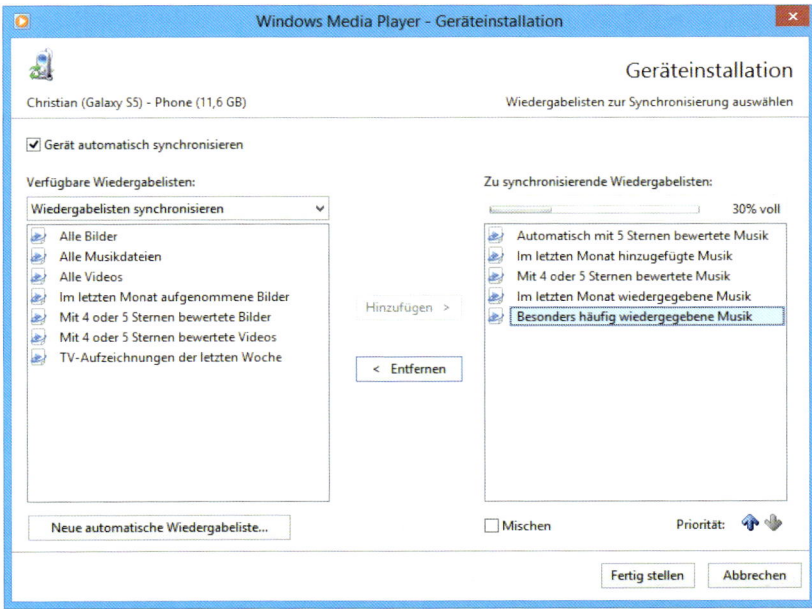

Wiedergabelisten zur Synchronisierung auswählen.

3. Wenn Sie mehrere mobile Geräte zusammen mit dem Windows Media Player verwenden, wählen Sie zunächst im Synchronisierungsbereich mit Tippen auf *Nächstes Gerät* das gewünschte Gerät aus.

4. Sollte das angeschlossene Gerät bereits sehr voll mit Daten sein, werden Sie gefragt, ob Sie diese Daten auf dem Gerät lassen oder vor der Synchronisierung entfernen wollen.

5. Über die Schaltfläche *Neue automatische Wiedergabeliste* können Sie nach bestimmten Kriterien, ohne einzelne Titel zu nennen, neue Listen zur Synchronisierung anlegen. So lassen sich zum Beispiel die am besten bewerteten Titel, die innerhalb der letzten 30 Tage angehört wurden, automatisch aufs Smartphone übertragen.

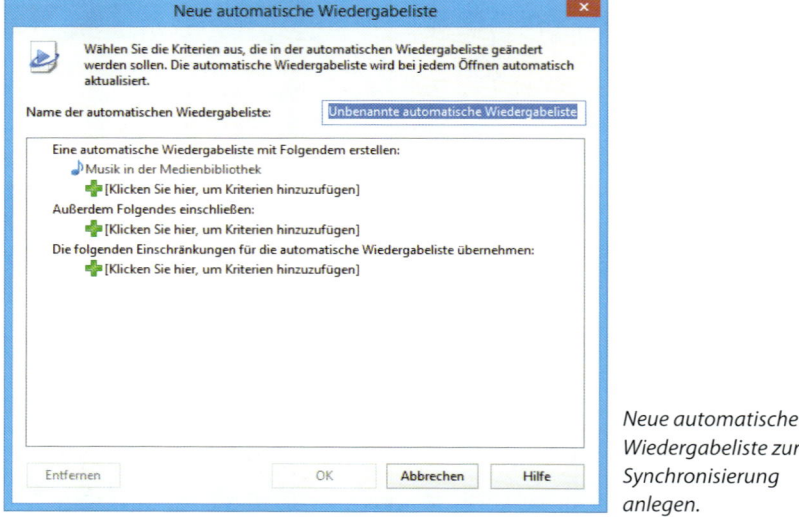

Neue automatische Wiedergabeliste zur Synchronisierung anlegen.

6. Jedes Mal, wenn das Smartphone später wieder angeschlossen wird, werden die Wiedergabelisten verglichen. Neue Musiktitel in zur Synchronisierung markierten Wiedergabelisten werden automatisch übertragen.

7. Über den Menüpunkt *Einstellungen auswählen* im Untermenü des jeweiligen Gerätes im *Synchronisieren*-Menü können Sie mit einem Klick auf *Eigenschaften* unter anderem festlegen, ob die Synchronisierung beim Anschließen des Gerätes automatisch starten soll.

8. Hier stellen Sie auch ein, wie viel Speicherplatz für die Verwendung durch andere Apps auf dem Gerät frei bleiben muss. Dies ist bei Android-Smartphones wichtiger als bei einfachen Handys oder MP3-Playern, weil auch andere Anwendungen die Speicherkarte nutzen.

Musik auf dem Smartphone

Webradio

Viele Radiostationen haben auf ihren Webseiten auch einen Internetradiostream. Dazu kommen immer mehr – besonders kleinere – Spartensender, die ihr Programm ausschließlich über das Internet und gar nicht mehr über klassische Rundfunksender senden.

Leider haben noch nicht alle Radiosender für Smartphones optimierte Webseiten. Ruft man die »normalen« Seiten der Sender auf dem Smartphone auf, ist der Radiostream meistens schlecht zu finden. Oftmals sind die Streams auf den Webseiten nicht einmal nutzbar, da sie proprietäre Windows-Technologien voraussetzen, die auf Android-Browsern nicht verfügbar sind.

Smartphone-optimierte Webseite mit Livestream des NDR und die klassische Webseite von RTL Radio.

> **ACHTUNG:** Beim Webradiohören gilt wie auch bei YouTube: Nutzen Sie es nur, wenn Sie über WLAN mit dem Internet verbunden sind. Bei den typischen 128 Kbps der meisten Webradios kommt man auf etwa 56 MByte Datenvolumen pro Stunde Webradio. Eine einfache UMTS-Datenflatrate mit 200 MByte/Monat, wie sie in vielen Smartphone-Tarifen mit dabei ist, wäre also nach nicht einmal vier Stunden verbraucht.

TuneIn Radio

Mit einer Webradio-App wie *Tune-In Radio* ist es viel einfacher, Internetradiosender zu finden und anzuhören als über die einzelnen Webseiten der jeweiligen Anbieter. *TuneIn Radio* kennt über 100.000 Radiostationen, darunter mehrere Hundert aus Deutschland.

Um Sender zu finden, kann man nicht nur nach Namen suchen, sondern auch regional oder nach dem Musikstil. Über das Internet bezieht die App regelmäßig Updates der Radiolisten. Bei der Fülle der angebotenen Sender empfiehlt es sich, Favoriten anzulegen. In der persönlichen Favoritenliste braucht man nur noch auf eine Radiostation zu tippen, die Musik wird dann umgehend gestreamt und abgespielt.

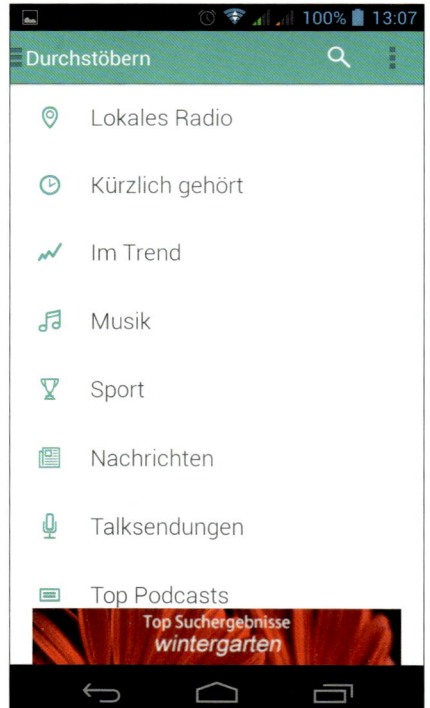 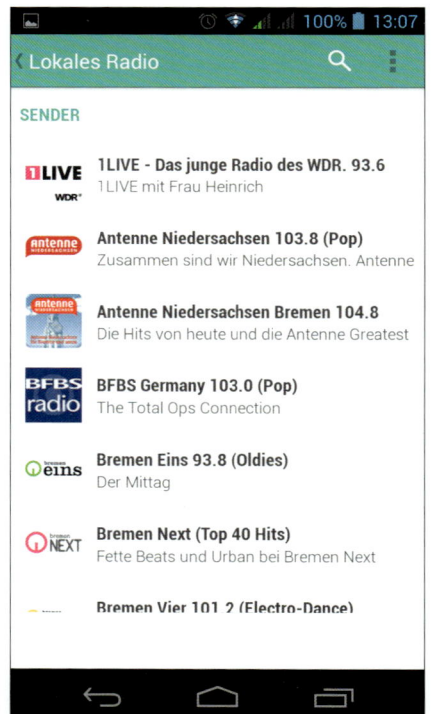

TuneIn Radio bietet unter einer einheitlichen Oberfläche gut sortierte Listen mit Webradiosendern.

Musik auf dem Smartphone

TuneIn Radio kann im Hintergrund weiterlaufen, während man andere Apps nutzt. In der Benachrichtigungsleiste wird dazu ein Symbol angezeigt, über das man jederzeit wieder zurück zu *TuneIn Radio* kommt und dort auf Wunsch das Programm auch tatsächlich beenden kann.

Viel angenehmer als ein scheppernder Wecker kann *TuneIn Radio* den Benutzer zu jeder beliebigen Zeit mit dem Lieblingsradiosender wecken oder an Termine erinnern. Wer gerne mit dem Radio einschläft, setzt einen Einschlaf-Timer, der die Musik nach einer vorgegebenen Zeit abschaltet.

TuneIn Radio bietet umfangreiche Einstellungen und deutlich mehr Bedienkomfort, als ein auf einer Webseite eingebetteter Radioplayer es leisten kann.

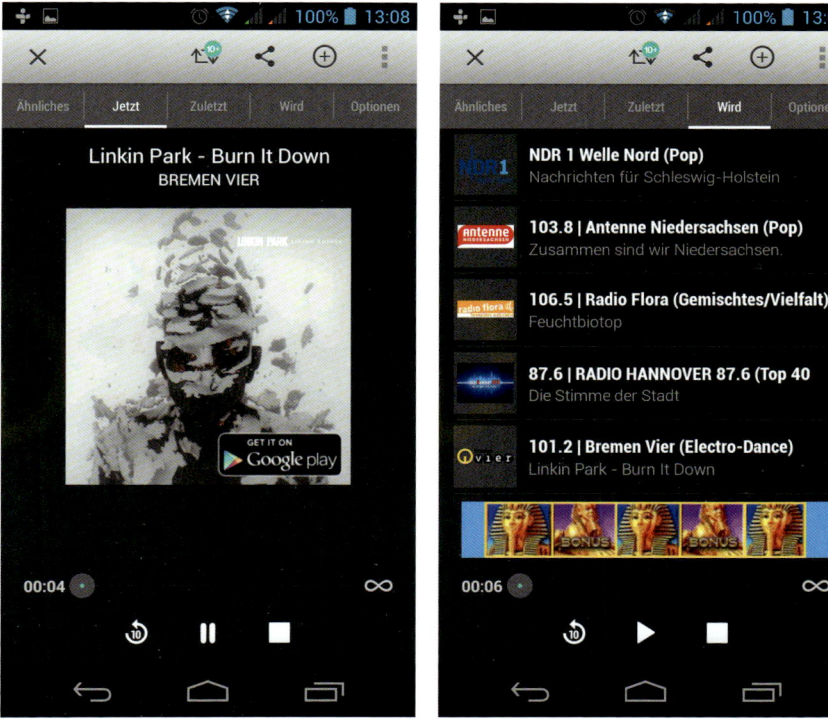

Aktuell abgespieltes Radio und ähnliche Sender in TuneIn Radio.

Für Autofahrer gibt es einen speziellen Fahrmodus mit großen Tasten. Das Smartphone sollte aber trotzdem in einer Autohalterung stecken und nicht einfach herumliegen. Um den Fahrer nicht abzulenken, zeigt der Fahrmodus keine Albumtitel und auch keinerlei Animationen auf dem Bildschirm.

Musik mit SoundHound wiedererkennen

Jeder kennt das: Im Radio läuft ein schöner Musiktitel, aber man weiß nicht, wie er heißt und wer ihn singt, weil man die Ansage davor verpasst oder einfach nicht zugehört hat. Hier hilft die App *Sound-Hound*, den Titel wiederzufinden.

SoundHound hört ein paar Sekunden zu, zeichnet die Musik auf und überträgt sie an einen Server im Internet, der die Aufnahme auswertet und mit sehr hoher Treffsicherheit den passenden Titel findet.

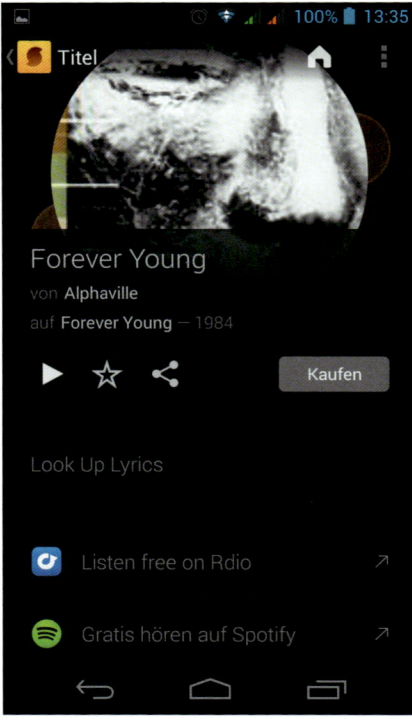 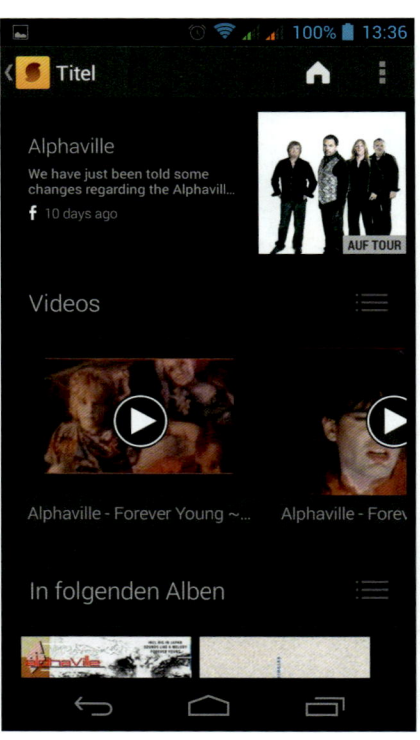

SoundHound hört Musik und findet diese im Internet.

Neben dem Songtitel findet *SoundHound* noch viele weitere Informationen wie Albumtitel, Veröffentlichungsdatum und Interpreten. Bei vielen bekannten Liedern zeigt *SoundHound* synchron mit der Musik auch den Songtext an. Häufig werden zudem passende YouTube-Videos gefunden, sodass man sich das Lied auch später noch einmal anhören kann.

Amazon Music

Das Onlinekaufhaus Amazon bietet ebenfalls eine eigene App für Android an, um unterwegs Musik auf dem Smartphone zu kaufen. Etwa 19 Millionen Songs und über eine Million Alben stehen in Amazons MP3-Shop zum Download
bereit, natürlich zu denselben Preisen wie auf der Amazon-MP3-Internetseite. Auch Sonderangebote und Gratis-Downloads sind über die Amazon-MP3-App zu beziehen. Zur Nutzung der App ist ein Amazon-Kundenkonto erforderlich. Die Amazon-Music-App kann auf dem Smartphone Musik auch abspielen, nicht nur die bei Amazon gekauften Titel, sondern auch alle anderen MP3-Dateien, die sich auf der Speicherkarte des Smartphones befinden.

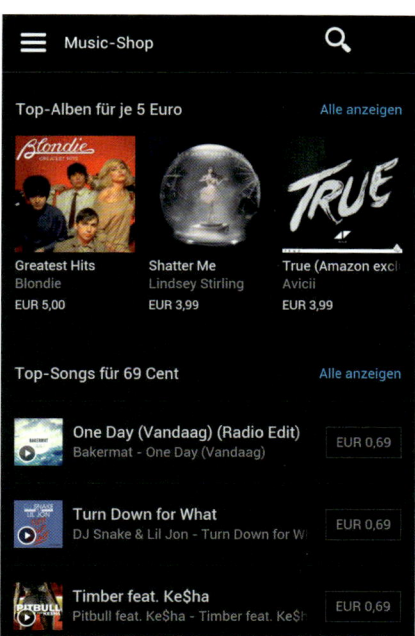 

Der Amazon Music-Shop auf dem Smartphone.

Videos und YouTube

YouTube ist mehr denn je die beliebteste Quelle für Videos aller Art im Internet. YouTube bietet zwar die für mobile Geräte optimierte Webseite *m.de.youtube.com*.

7 ▪ Fotos und Multimedia

> **INFO:** Pro Tag werden über zwei Milliarden Videos auf YouTube betrachtet, und pro Minute wird über 48 Stunden neues Videomaterial hochgeladen. YouTube verursacht derzeit etwa 10 % des gesamten Internetdatenverkehrs. Bedenken Sie bei der Nutzung von YouTube über das Mobilfunknetz das zu übertragende Datenvolumen von Videos. Hier kommt man schnell an die Grenzen der Smartphone-Flatrates.

Deutlich komfortabler ist allerdings die YouTube-App, die eine speziell für Android-Smartphones optimierte Darstellung bietet. Nach der Anmeldung mit dem auf dem Smartphone installierten Google-Konto hat man in der YouTube-App direkten Zugriff auf ei-

gene Playlisten und Favoriten. Die Suchfunktion sowie die Listen mit Videos des gleichen Anbieters oder ähnlichen Videos anderer Anbieter stehen so, wie man sie vom PC kennt, auch in der YouTube-App zur Verfügung.

Natürlich lassen sich alle Videos im Vollbildmodus auf dem Smartphone abspielen und auch bewerten oder die Links an Freunde verschicken. Dabei werden alle installierten Kommunikations-Apps wie E-Mail, Facebook, Twitter, Google+ und weitere unterstützt. Mit der YouTube-App können Sie auch eigene Videos, die mit der Smartphone-Kamera aufgenommen wurden, direkt auf YouTube hochladen, ohne dass Sie einen PC dafür benötigen.

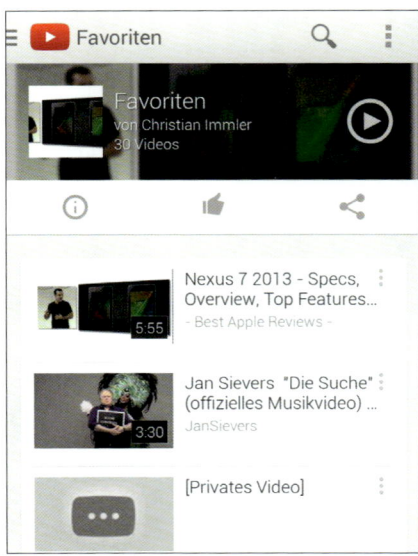 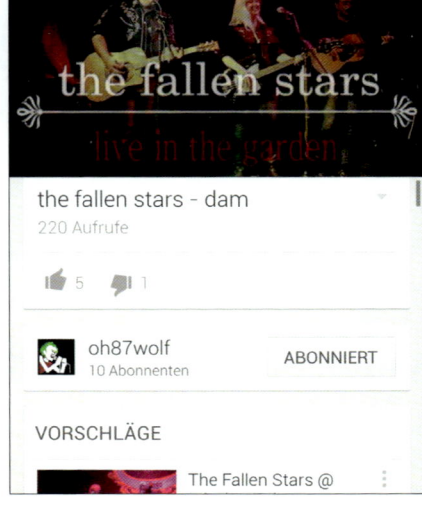

Die YouTube-App auf dem Smartphone.

Kapitel 8
Spiele für Android

Spiele, die von vielen selbst ernannten Computerspezialisten als unwichtig betrachtet werden, tragen doch wesentlich zur Weiterentwicklung und Verbreitung jeder Computerplattform bei. Schnelle und intelligente Spiele für verschiedenste Systeme zu entwickeln, gilt für viele Programmierer als Herausforderung. Auch für Android-Smartphones gibt es eine große Vielfalt an Spielen. Einige sehenswerte und zugleich kostenlose Vertreter verschiedener Spielekategorien haben wir für dieses Kapitel herausgesucht.

Angry Birds

Kaum ein Spiel hat in den letzten Jahren so viel von sich reden gemacht wie Angry Birds, ein abwechslungsreiches physikbasiertes Spiel, bei dem man mit einer Schleuder Festungen zerschießen muss, in denen sich böse grüne Schweine befinden, die den Vögeln ihre Eier stehlen.

Das beliebte Spiel Angry Birds.

Durch geschickte Haltung der Schleuder lassen sich die Schussweite und die Schusskraft justieren, sodass man mit der geringen Anzahl vorgegebener Vögel die Festung so weit zum Einsturz bringen kann, dass sich alle grünen Schweine in nichts auflösen.

Angry Birds liefert über 200 verschiedene Levels. Mittlerweile sind auch diverse Erweiterungen und andere Szenarien wie Angry Birds Seasons, Angry Birds Rio oder Angry Birds Space erschienen, die für zusätzlichen Spielspaß sorgen.

2048 Number Puzzle

Das Zahlenpuzzle 2048 ist das Kultspiel des Jahres 2014. Kein Spiel hat in so kurzer Zeit so viele Downloads und auch Nachahmer gefunden. Dabei ist 2048 »nur« der moderne Nachfolger des klassischen 16er-Schiebespiels. Ähnlich wie damals müssen auf einem 4 x 4 Felder großen Spielfeld Kacheln mit Zahlen in waagerechter und senkrechter Richtung verschoben werden. Das ist es dann auch schon mit den Gemeinsamkeiten.

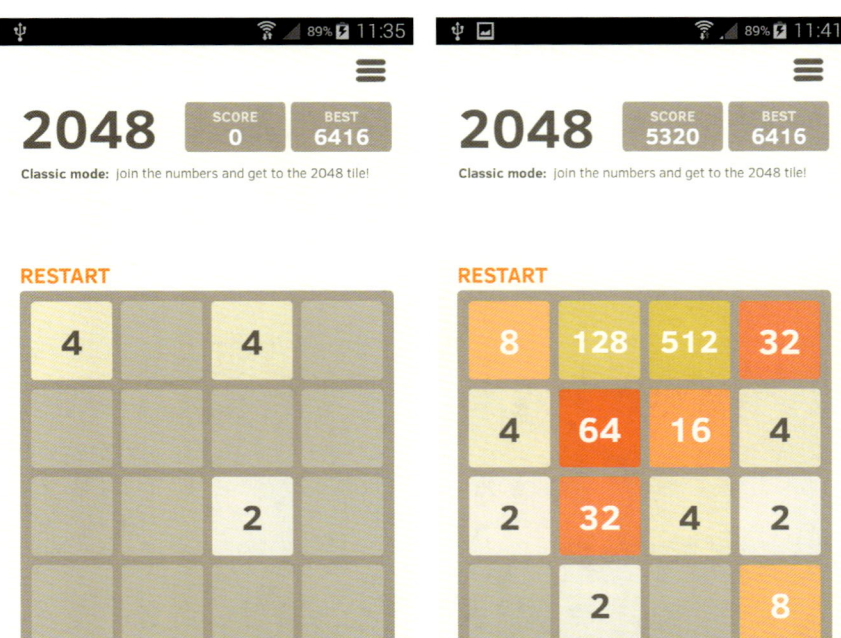

Das neue Kultspiel 2048.

Bei 2048 schiebt man immer alle vier Reihen gleichzeitig. Dabei kommt in jeder Runde automatisch ein neuer Stein ins Spiel. Treffen zwei gleiche Zahlen aufeinander, entsteht daraus eine neue Kachel mit der Summe der beiden Zahlen. Alle Kacheln beginnen mit dem Wert 2. Das Ziel ist es, durch geschicktes Verschieben eine Kachel mit der Zahl 2048 zu bekommen.

Quizduell

Quizduell ist eines der beliebtesten Spiele auf dem Handy. Man spielt gegen einen Freund oder einen zufälligen Spieler und versucht, sein Wissen anhand von über 25.000 Fragen zu beweisen. Zufällig bekommen beide Spieler   die gleichen drei Fragen aus abwechselnd wählbaren Wissensgebieten. Wer mehr richtige Antworten hat, gewinnt das Quizduell.

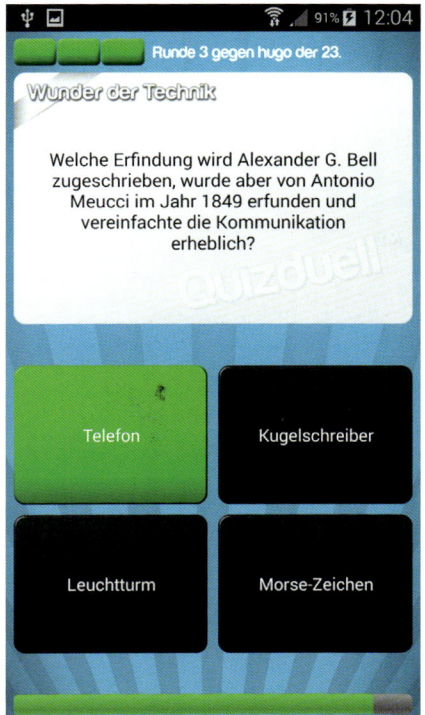 

Das Quizduell per Handy gegen einen Freund.

250+ Solitär Sammlung

Kartenpatiencen sind seit Jahrhunderten eine beliebte Beschäftigung und auch, spätestens seit Windows Solitaire auf den PC brachte, ein beliebtes Computerspiel auf jeder Systemplattform.

Verschiedene Entwickler haben Solitaire-Kartenspiele für die Android-Plattform umgesetzt. Die 250+ Solitär Sammlung enthält über 250 verschiedene Regelvarianten, bei denen es fast immer darum geht, ein typisches Kartenblatt mit 52 Karten nach bestimmten Kriterien zu ordnen.

Bei den hier angebotenen Spielvarianten ist für jeden etwas dabei, natürlich auch die Klassiker Klondike und FreeCell, die man vom PC kennt. Für jedes Spiel gibt es eine Anleitung und einen Demomodus, bei dem man sich ein paar typische Spielzüge vormachen lassen kann.

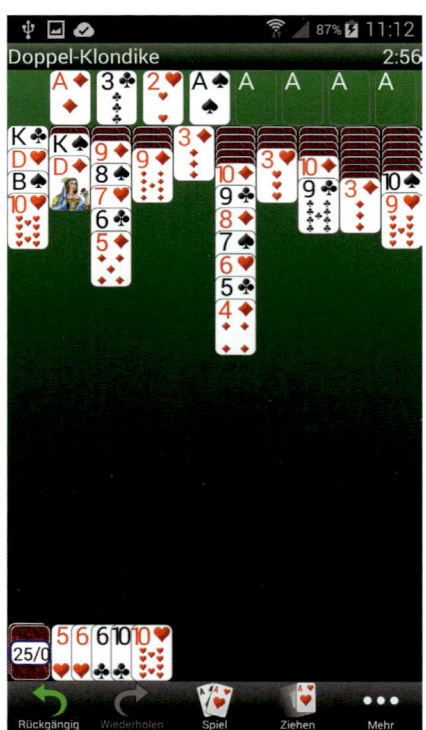

Über 250 Solitaire-Varianten.

Sudoku

Natürlich gibt es auch für Android jede Menge Umsetzungen des beliebten japanischen Zahlenspiels Sudoku. Eine besonders gute und auch noch kostenlose Version ist Enjoy Sudoku Daily von Jason Linhart.

Jeden Tag gibt es in verschiedenen Schwierigkeitsstufen je ein neues Sudoku, wobei es die höchste Stufe wirklich in sich hat. Was diese Sudoku-Umsetzung so besonders macht, ist das umfangreiche Hilfesystem mit Sudoku-Lexikon und detaillierten Hinweisen zu Lösungsstrategien. Zum Training kann man sich die handwerkliche Arbeit beim Lösen eines Sudokus abnehmen lassen und sogenannte Bleistiftmarkierungen aller möglichen gültigen Zahlen für ein Feld automatisch vornehmen lassen und sich so voll auf die tatsächliche Denkleistung in den schwierigeren Levels konzentrieren.

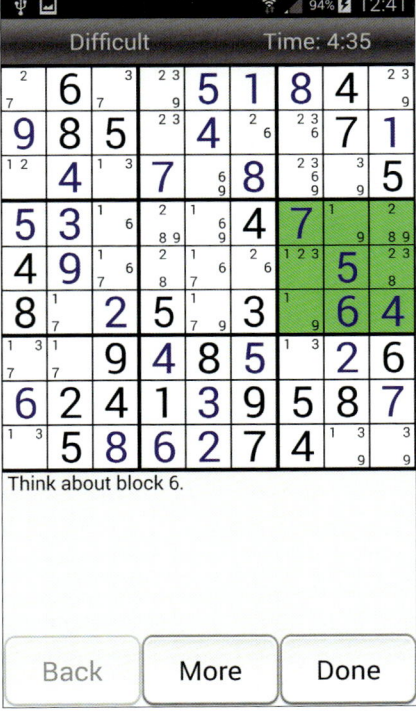

Sudoku mit Tipps zur Lösungsstrategie.

Flow

Flow ist ein ebenso einfaches wie süchtig machendes Spiel, bei dem es eigentlich nur darum geht, gleichfarbige Punkte mit Linien zu verbinden. Was am Anfang noch simpel aussieht, entpuppt sich in späteren Levels als echte Heraus-

forderung, da der direkte Weg meistens nicht zur Lösung führt. Das Spiel hat eine ausgesprochen intuitive, für Touchscreens optimierte Steuerung, die keiner weiteren Erklärung bedarf.

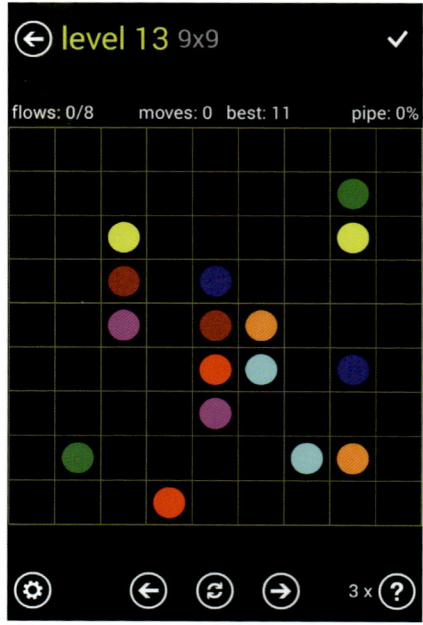 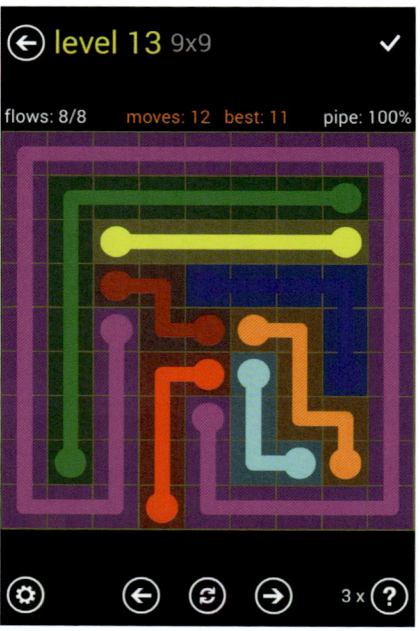

Eines meiner absoluten Lieblingsspiele für zwischendurch.

Chess Free

Schach ist wohl das bekannteste Brettspiel aller Zeiten. Dementsprechend viele Umsetzungen gibt es auch für Smartphones. Chess Free ist eine der wenigen wirklich kostenlosen Versionen, die zudem eine gute Spielstärke bietet. Ver-

schiedene Schwierigkeitsgrade stellen dem Anfänger wie auch dem Schachprofi adäquate Gegner gegenüber. Alternativ kann man auch zu zweit auf dem Smartphone gegeneinander spielen, wenn man gerade kein Schachbrett oder keine Figuren zur Verfügung hat. Das Spiel bietet umfangreiche Einstellungsmöglichkeiten, eine integrierte Schachuhr, Spielprotokoll und verschieden gestaltete Figurensätze zur Auswahl.

Ein kostenloses Schachspiel für Android-Smartphones.

Pool Billiards Pro

Poolbillard ist seit Generationen ein beliebter Zeitvertreib, der zuweilen sportliche Ausmaße annimmt. In Pool Billiards Pro kann man zu Hause oder unterwegs abseits des Billardtisches heimlich trainieren. Das Spiel simuliert einen echten Pooltisch mit realistischer Physik. Mit einem Queue versucht man geschickt, die acht oder neun Kugeln gemäß den offiziellen Regeln in den Löchern am Rand zu versenken.

Poolbillard auf dem Smart‑phone.

Resco Bubbles

Resco Bubbles bringt das alte Kugelspiel aus Kinderzeiten in einer neuen Form aufs Handy. Ziel ist es, durch geschickte Neigung des Handys mit einer rollenden Kugel Seifenblasen in der richtigen Reihenfolge zum Platzen zu bringen.

Mit jedem Level wird das Spiel schwieriger. Bomben und Totenköpfe bringen neue Elemente ins Spiel. Hier braucht man eine ruhige Hand und muss trotzdem schnell genug die Kugel ans Ziel bringen.

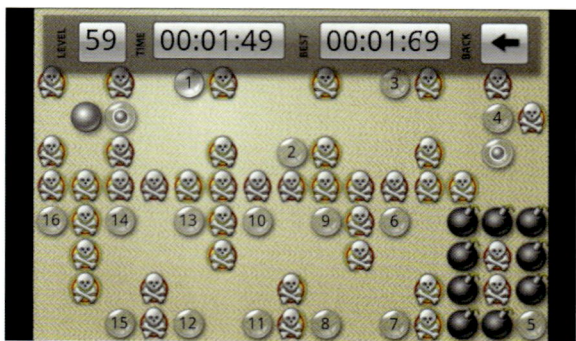

Bei Resco Bubbles ist Geschicklichkeit gefragt.

Kapitel 9
Coole Apps

Jeder Computer wird erst durch die installierten Programme interessant. Das gilt natürlich auch für Android-Smartphones. Immer wieder veröffentlichen Zeitschriften und Webseiten die angeblich besten Apps. Aber welche sind die besten? Niemand installiert sich Apps aus Sammlerleidenschaft nur um der Apps willen. Man installiert das, was man braucht, und da muss jeder für sich selbst beurteilen, was wichtig ist und was nicht. Große Teile dieses Buches handeln von Apps und natürlich nur von den besten zu jedem Thema. In diesem Kapitel werden noch einige Apps zu Themen gezeigt, die bisher unerwähnt blieben.

Systemtools

Seit dem ersten PC erfreuen sich vielfältige Systemtools bei Freaks ungebremster Beliebtheit. Auch Android-Smartphones lassen sich mit den geeigneten Apps an vielen Ecken tunen – und das noch viel mehr als Smartphones anderer Plattformen, da Android den Entwicklern weitreichende Freiheiten beim Zugriff auf Systemkomponenten gewährt.

Akku sparen

Wie bei jedem batteriebetriebenen Gerät ist auch bei Android-Smartphones der Akku immer viel zu schnell leer. Bei keiner anderen Zahl in den Datenblättern oder der Werbung für Smartphones beweisen Hersteller so viel Fantasie wie bei Stand-by- und Gesprächszeiten. Angaben von mehreren Hundert Stunden können nur unter extremen Laborbedingungen gelten, wenn optimaler Netzempfang besteht und keine einzige App sich im Hintergrund Daten holt. Um im Alltag Laufzeiten von mehr als einem Tag zu erreichen, ist bewusstes Akkusparen mit den richtigen Einstellungen wichtig.

Android zeigt sehr detailliert an, welche Apps oder Systemkomponenten den Akku leersaugen. Neben den großen Stromfressern GPS, Bluetooth und

WLAN sorgen auch die Hintergrundbeleuchtung sowie einige Apps mit viel Hintergrundaktivität, wie zum Beispiel Live-Hintergrundbilder, dafür, dass der Akku nicht so lange hält wie erwartet.

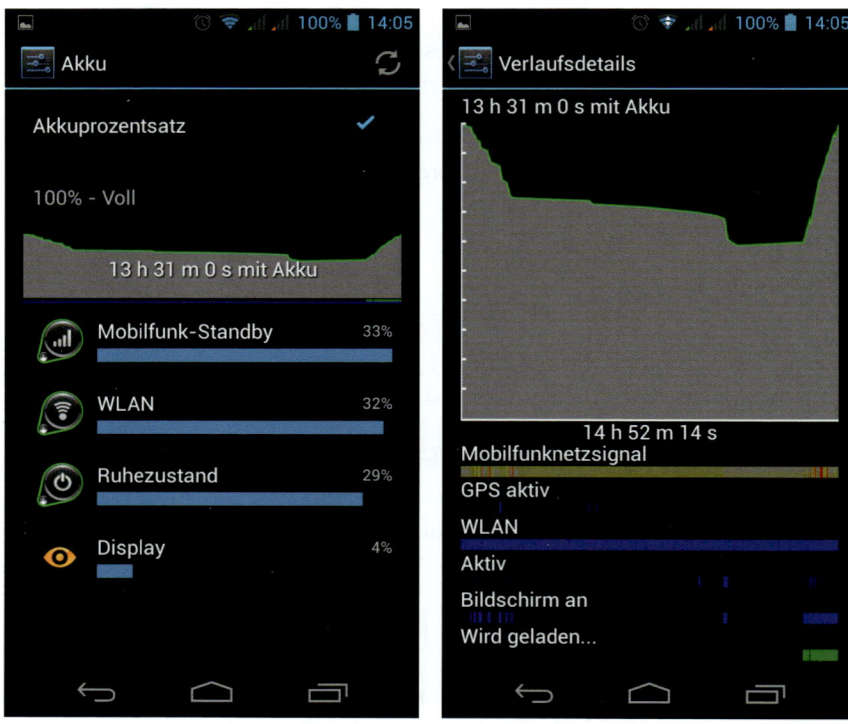

Anzeige der Komponenten, die den meisten Strom verbrauchen.

Sie finden diese Anzeige unter *Einstellungen/Akku*. Auf diese Weise lassen sich gezielt Stromfresser abschalten oder betreffende Apps bei Akkuknappheit nicht mehr nutzen. Tippen Sie auf die Akkuverlaufskurve, sehen Sie genau, wann GPS, WLAN und der Bildschirm eingeschaltet waren und wie sich dies auf den Stromverbrauch auswirkte.

Tipps zum Akkusparen

- Wenn Sie sich außerhalb eines WLANs befinden, schalten Sie die WLAN-Funktion aus.
- Der Flugmodus spart noch mehr Strom.
- Schließen Sie die Apps *Maps* und *Navigation*, wenn Sie sie nicht nutzen. Laufen diese Apps im Hintergrund, verwenden sie GPS und verbrauchen somit mehr Strom.

Systemtools

- Verringern Sie die Bildschirmhelligkeit. Ziehen Sie dazu die Statusleiste rechts oben herunter und tippen Sie auf das Symbol *Helligkeit*.

- Schalten Sie die automatische Synchronisation in den Einstellungen des Google-Kontos für alle Dienste ab, die Sie nicht so oft benötigen. Dies spart Strom, allerdings zulasten des Komforts, da Sie jetzt die Datensynchronisierung manuell vornehmen müssen.

- Laden Sie größere Dateien, vor allem System-Updates nur herunter, wenn das Smartphone an die Stromversorgung angeschlossen ist.

One Touch Akkusparer

Wenn der Akku gegen Abend zu Ende geht, kann man mit einem einzigen Klick das Smartphone in einen Energiesparmodus versetzen. Dabei werden WLAN, Bluetooth, GPS, Hintergrundbeleuchtung, Vibrationsalarm und auto-

matische Synchronisierung abgeschaltet. Damit bleiben auch bei wenigen Prozent Akkukapazität noch ein paar Betriebsstunden.

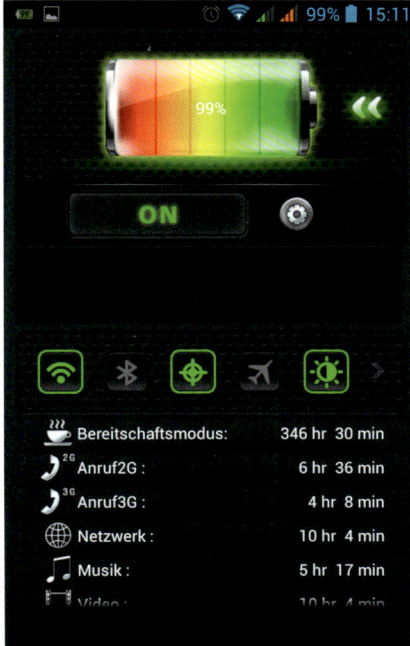

One Touch Akkusparer.

In einem individuellen Sparmodus lässt sich festlegen, welche Systemfunktionen zum Akkusparen tatsächlich abgeschaltet werden sollen. Die App *One Touch Akkusparer* liefert ein Widget für den Startbildschirm mit, das den aktuellen Akkustand anzeigt und das Smartphone durch Antippen in den Sparmodus versetzt.

GreenPower

Die App *GreenPower* spart im Alltagsbetrieb deutlich Strom, indem WLAN und die mobile Datenverbindung in automatischen Zeitintervallen automatisch ein- und ausgeschaltet werden. Standardmäßig sind die Funkverbindun-

gen eine Minute eingeschaltet, in dieser Zeit können im Hintergrund laufende E-Mail-Programme und andere Apps Mails und Status-Updates abfragen. Danach wird 15 Minuten lang Strom gespart, indem die Datenverbindungen abgeschaltet werden. Die Telefonverbindung bleibt ständig aktiv.

Akku sparen mit GreenPower.

Alle Abschaltfunktionen lassen sich in zwei Profilen für Tag und Nacht frei konfigurieren. Wer häufig Messenger wie WhatsApp nutzt, kann die Mobilfunkverbindung eingeschaltet lassen und trotzdem andere Stromfresser wie GPS und Bluetooth von GreenPower automatisch verwalten lassen. Leider stehen einige Funktionen der App nur in der kostenpflichtigen Version zur Verfügung, wie zum Beispiel die ortsabhängige Deaktivierung von WLAN und auch das Nachtprofil.

Einige Funktionen, beispielsweise die Verwaltung des GPS-Moduls, stehen nur auf gerooteten Smartphones zur Verfügung. Weitere Informationen zum Thema Rooten finden Sie im letzten Kapitel dieses Buches.

Dateimanager

Was dem Android-Betriebssystem fehlt, ist ein leistungsfähiger Dateimanager. Offenbar gehen die Entwickler der Plattform davon aus, dass Anwender sich für die einzelnen Dateien auf ihren Geräten nicht interessieren, früher heruntergeladene Dateien einfach wieder neu herunterladen, und wenn der Speicher voll ist, wird ein neues Smartphone gekauft. Einige Gerätehersteller liefern daher eigene Dateimanager-Apps mit, auf anderen Smartphones sollten Sie selbst einen Dateimanager installieren.

File Expert

File Expert ist ein komfortabler Dateimanager für Android mit vielen interessanten Funktionen, die über das simple Kopieren und Verschieben von Dateien hinausgehen. *File Expert* bietet zusätzlich zum Zugriff auf Dateien, die lokal auf

dem Smartphone oder auf der Speicherkarte liegen, auch interessante Netzwerk- und Cloud-Funktionen. *File Expert* weist an mehreren Stellen auf die kostenpflichtige Version hin – für alle alltäglichen Aufgaben reicht die kostenlose Version jedoch völlig aus.

Bevor man sich in der Verzeichnisstruktur des Smartphones verliert, zeigt *File Expert* eine Übersicht über die wichtigsten Bereiche, Dateien, Dokumente und Apps. Auf diese Weise findet man die wichtigen Dateien leichter und kann diese auch direkt aus dem Dateimanager heraus mit einer zugeordneten Standard-App anzeigen oder zur Bearbeitung öffnen. *File Expert* enthält einen eingebauten Betrachter für Fotos und Grafikdateien.

9 ▪ Coole Apps

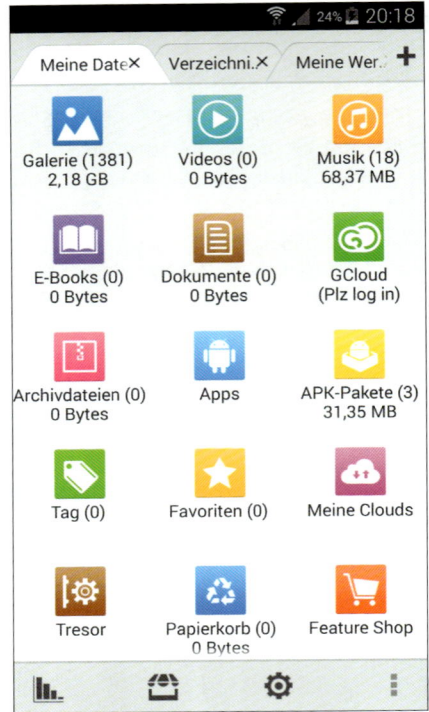 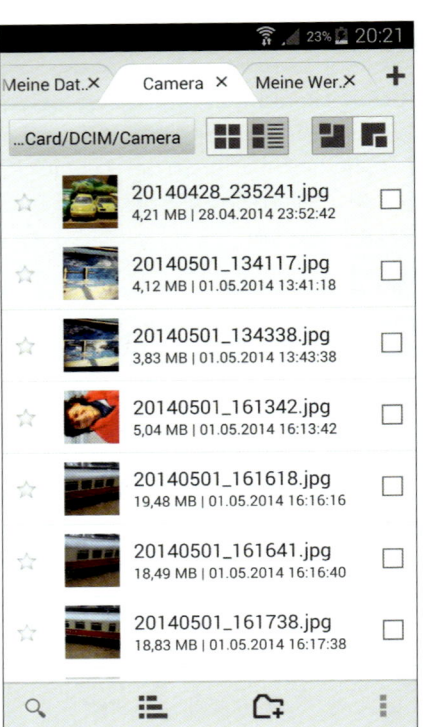

File Expert bietet eine Übersicht über die Inhalte auf dem Smartphone.

Im Gegensatz zu einfacheren Dateimanagern ermöglicht *File Expert* das Kopieren und Verschieben vieler Dateien auf einmal direkt auf dem Smartphone.

Unter *Apps* sind alle installierten Apps aufgelistet. Hier können Sie nicht nur eine oder viele Apps auf einmal deinstallieren, sondern auch installierte Apps sichern, um sie im Notfall wieder neu installieren zu können. Die Apps werden als APK-Dateien im Verzeichnis */backup_apps* im internen Speicher abgelegt. Das Dateiformat ist das gleiche, das auch zum Download von Apps im Internet außerhalb des Google Play Store verwendet wird.

Markieren Sie dazu die Häkchen rechts neben den Apps und tippen Sie auf *Backup*. Die so gesicherten Apps lassen sich, wie andere Dateien auch, weitergeben und auf diese Weise auf Smartphones installieren, die keinen Google Play Store in das System eingebunden haben.

> **ACHTUNG:** Beachten Sie beim Weitergeben die Lizenzbedingungen der App. Gekaufte Vollversionen werden oft an die IMEI eines Smartphones gebunden und lassen sich auf anderen Geräten nicht verwenden.

Systemtools

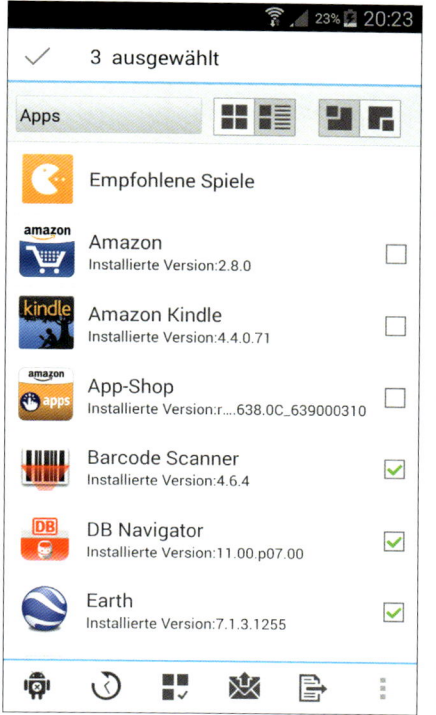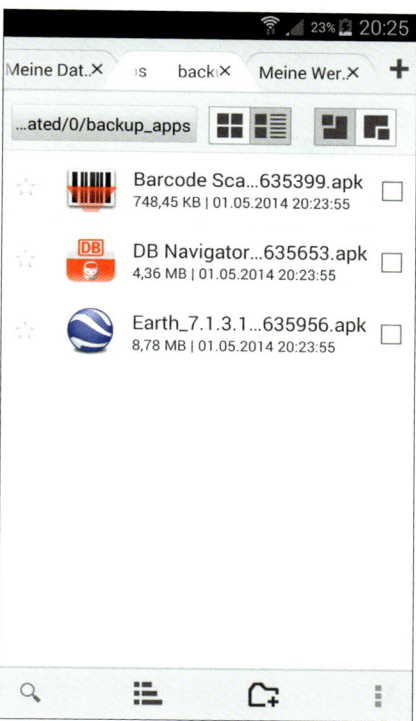

App-Liste und gesicherte Apps auf dem Smartphone.

Unter *Apps* finden Sie auch einen eigenen App-Katalog des Herstellers, über den Sie neben Plug-ins für *File Expert* auch Spiele direkt auf das Smartphone herunterladen können.

File Expert unterstützt unter *Meine Clouds* diverse bekannte Cloud-Speicherdienste wie Dropbox, Google Drive oder box.net. Auf diese Weise haben Sie direkt vom Smartphone aus Zugriff auf Ihre persönlichen dort abgelegten Dateien und können umgekehrt eigene Daten vom Smartphone in Cloud-Speichern sichern oder auf diese Weise an Freunde weitergeben.

Nach einmaliger Anmeldung beim jeweiligen Cloud-Dienst werden die Dateien dort gleichermaßen wie lokale Dateien auf dem Smartphone angezeigt. Zur Übertragung lassen sich die bekannten Funktionen zum Kopieren, Ausschneiden und Einfügen nutzen.

File Expert bietet umfangreiche Funktionen zum Datenaustausch zwischen Smartphone und PC oder anderen Geräten im eigenen lokalen Netzwerk. Dabei werden die wichtigen Netzwerkübertragungsprotokolle FTP, WebDAV und Bluetooth OBEX unterstützt. Der integrierte SMB-Client ermöglicht den

9 ▪ Coole Apps

Zugriff auf Windows-PCs in der Netzwerkumgebung oder auf Linux-Samba-Server im Netzwerk vom Smartphone aus.

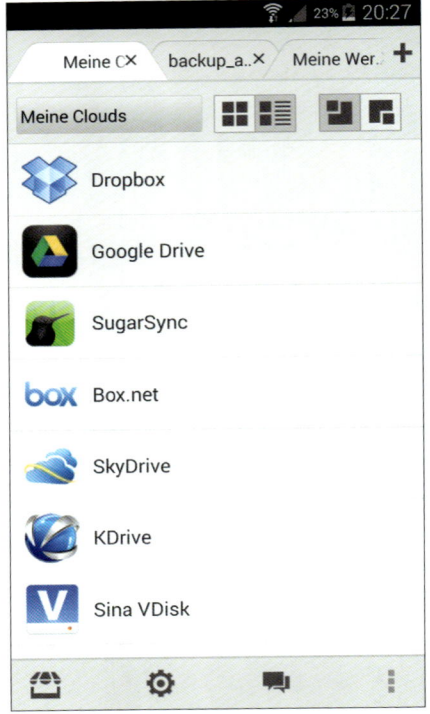 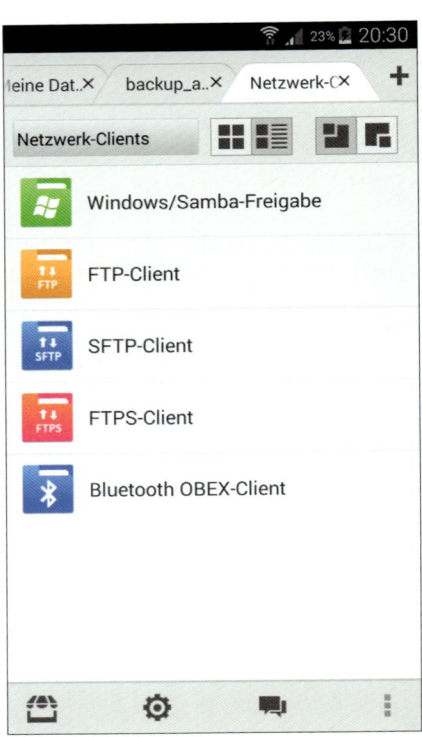

Cloud-Speicherdienste und Netzwerkdienste in File Expert nutzen.

X-plore File Manager

Die App *X-plore File Manager* ist ein Dateimanager, der viele der von Windows-Dateimanagern bekannten Funktionen auf Android-Smartphones bringt. Ähnlich wie der klassische Norton Commander auf dem PC arbeitet *X-plore* eben-
falls mit zwei Fenstern, die verschiedene Verzeichnisansichten beinhalten können.

Auf Smartphones schaltet man durch Antippen des Pfeilsymbols auf das jeweils andere Fenster um, Tablets und hochauflösende Smartphones im Querformat zeigen beide Fenster gleichzeitig auf dem Bildschirm an.

Systemtools

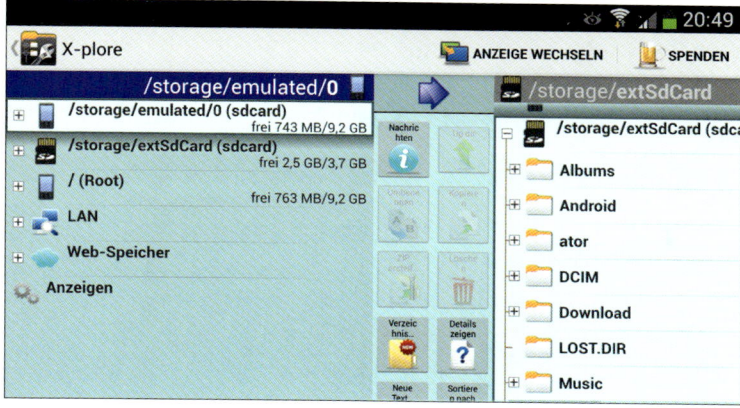

X-plore File Manager mit zwei Fenstern.

Dateien lassen sich von einem Fenster ins andere kopieren, verschieben oder als ZIP-Archiv packen. Die beiden Fenster können frei eingestellt werden. Dabei kann es sich um Verzeichnisse auf der Speicherkarte oder auch um Freigaben im lokalen Netzwerk oder auf dem FTP-Server handeln.

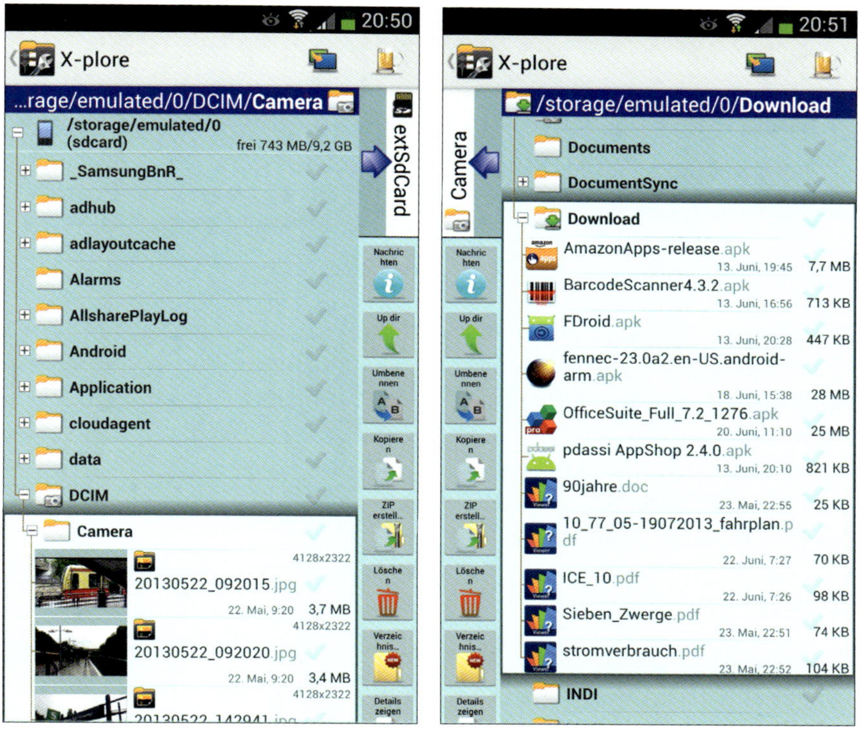

Im senkrechten Modus werden die Fenster alternativ dargestellt.

Die App *X-plore File Manager* beinhaltet einen eigenen einfachen, aber schnellen Betrachter für Fotos und ermöglicht nach einmaliger Anmeldung den direkten Zugriff auf Picasa-Webalben in einem der Fenster. Damit lassen sich Fotos direkt von Picasa auf das Smartphone kopieren und umgekehrt.

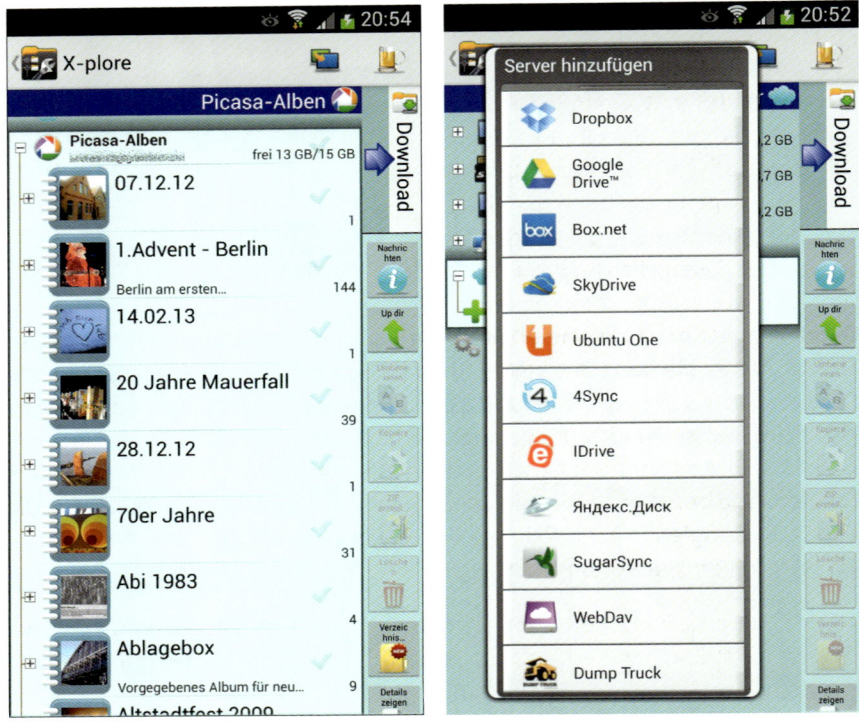

Picasa-Webalben und Cloud-Speicher in der App X-plore File Manager.

Alle gängigen Cloud-Speicherdienste können zum direkten Zugriff in den *X-plore File Manager* eingebunden werden. Auf diese Weise ersparen Sie sich, für jeden verwendeten Cloud-Speicher eine eigene App zu installieren.

Büro-Apps

In den Anfangszeiten der Smartphones waren es im Wesentlichen Geschäftsleute, die diese Geräte nutzten. Heute sieht es anders aus, ein Smartphone ist ein alltäglicher Begleiter der mobilen Internetgeneration. Dennoch gibt es immer noch nützliche Apps für büroähnliche Funktionen auf den mobilen Taschencomputern.

Office

Wer öfter längere Texte schreibt, möchte diese auch unterwegs korrigieren oder in einer Besprechung Änderungen einfügen. Das ist oftmals schwierig, weil der Computer mit dem Originaltext gerade nicht zur Hand ist.

Google Drive

Google bietet mit Google Drive (*drive.google.com*) allen Benutzern bis zu 30 GByte kostenlosen Onlinespeicherplatz, der auch für Office-Dokumente genutzt werden kann. Diese lassen sich im Browser auf dem PC direkt dort mit einem integrierten Office-Paket bearbeiten.

Für Android gibt es eine eigene App für Google Drive, die auch Betrachter für alle gängigen Formate enthält. Um die Dokumente auf dem Smartphone zu bearbeiten und wieder zu speichern, laden Sie direkt aus Google Drive oder über den Google Play Store die zugehörigen Office-Apps herunter. Damit können Dokumente und Tabellen auf dem Smartphone betrachtet und auch bearbeitet werden. Gespeichert werden die Daten im Google-Konto. Auf diese Weise stehen sie sofort auch auf dem PC im Browser wieder zur Verfügung.

Um Dokumente komplett offline zu nutzen, markieren Sie das Sternchen neben dem Dateinamen bei Google Drive. Diese Favoriten werden immer offline mit dem Smartphone synchronisiert.

Google Docs

Die Textverarbeitung Google Docs beinhaltet alle wichtigen Funktionen einer Textverarbeitung. Damit lassen sich Google-Docs-Dokumente auf Google Drive wie auch lokal auf dem Smartphone gespeicherte Word-Dokumente bearbeiten.

Setzen Sie den Cursor durch einfaches Antippen an die gewünschte Position. Tippen Sie doppelt, um einen Textbereich zu markieren. Anschließend können Anfang und Ende der Markierung beliebig verschoben werden.

9 ▪ Coole Apps

 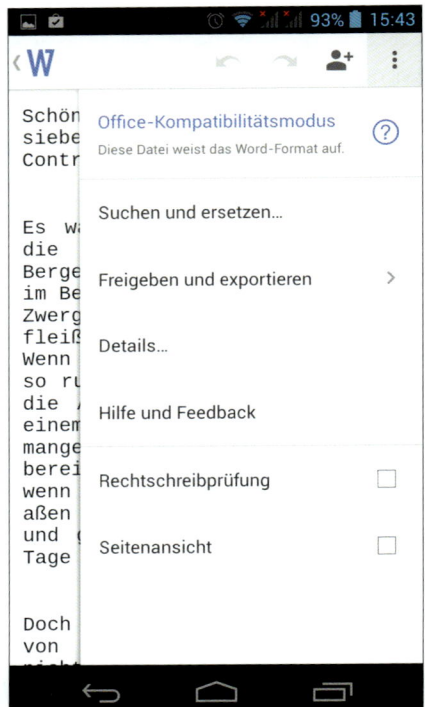

Textverarbeitung Google Docs auf dem Smartphone.

Tippen Sie länger auf einen markierten Text, erscheint eine Symbolleiste der Zwischenablage. Das Symbol *A* oben blendet Funktionen zur Textformatierung ein.

Mit dem *Kontakte*-Symbol oben rechts können Sie das Dokument für andere Personen freigeben. Dabei können Sie diesen Personen verschiedene Rechte für das Dokument zuweisen: nur anzeigen, kommentieren oder sogar bearbeiten.

Google Tabellen

Die Tabellenkalkulation Google Tabellen unterstützt fast alle Formeln sowie auch Sortier- und Filterfunktionen aus Excel. Um Felder zu bearbeiten, tippen Sie in die betreffende Zelle. Jetzt erscheint ein Bearbeitungsfeld am unteren Bildschirmrand. Nach der Bearbeitung der Werte wird die Tabelle automatisch neu berechnet.

Büro-Apps

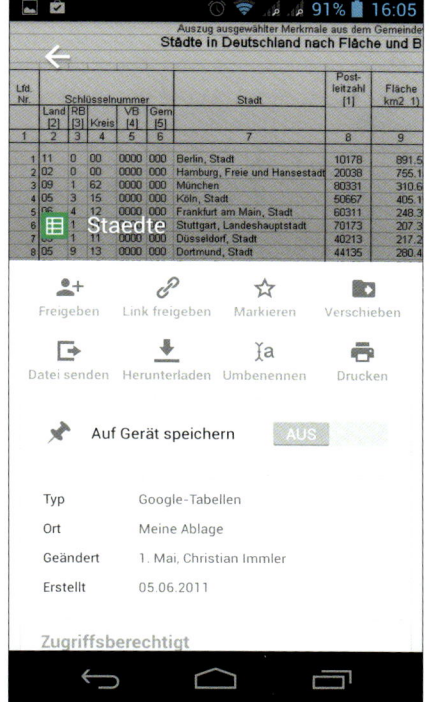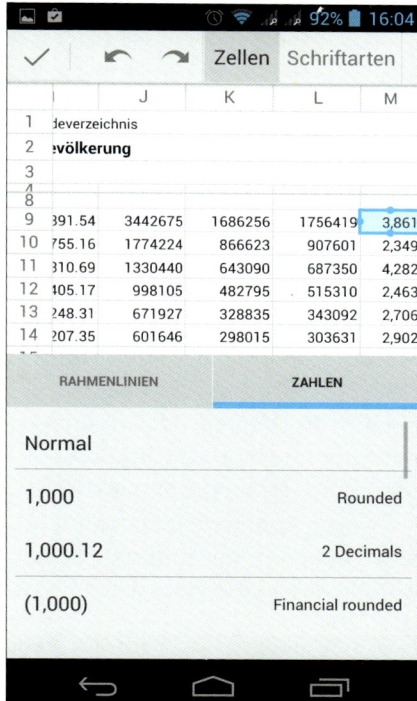

Die Tabellenkalkulation Google Tabellen.

Trigonometrische und finanzmathematische Berechnungen sind in der Tabellenkalkulation ebenso möglich wie die Statistik oder Umrechnung zwischen Zahlensystemen. Selbst die Logik- und Verweisfunktionen aus Excel zum Bezug zwischen verschiedenen Bereichen einer Tabelle wurden umgesetzt.

Die meisten Funktionsnamen sind in Englisch und heißen daher anders, als vom deutschen Excel bekannt, werden aber beim Import und Export automatisch umgesetzt und in der App auch auf Deutsch beschrieben.

> **INFO:** Manche alles besser wissenden Medien werfen den mobilen Office-Lösungen eingeschränkte Funktionalität vor. Gerade bei Tabellenkalkulationen gilt aber die alte Administratorenweisheit: Weniger als 10 % der Anwender nutzen mehr als 10 % der Funktionen eines Programms. Dass Google Tabellen keine Pivot-Tabellen und keine Was-wäre-wenn-Analysen mit verschiedenen Datenszenarien verarbeitet, wird nur einen sehr kleinen Anwenderkreis stören.

Notizen

Lange vor der Ära der Smartphones hatte Ernest Hemingway einen Notizblock neben seinem Bett liegen, um, wenn er nachts aufwachte, Ideen und Kommentare zu seinen unvollendeten Werken niederzuschreiben. Diese musste er dann aber mühsam am nächsten Morgen in seine Manuskripte nachtragen. Heute kann man Tag und Nacht und überall Notizen auf dem Smartphone machen. Allerdings beinhaltet Android standardmäßig keine App für Notizen.

Google Notizen

Mit der App *Google Notizen* können Sie unterwegs schnell und einfach Notizen verfassen und auch auf Ihre zu Hause im Browser unter *keep.google.com* erstellten Notizen unterwegs zugreifen. Änderungen in der Android-App werden automatisch auf dem PC übernommen.

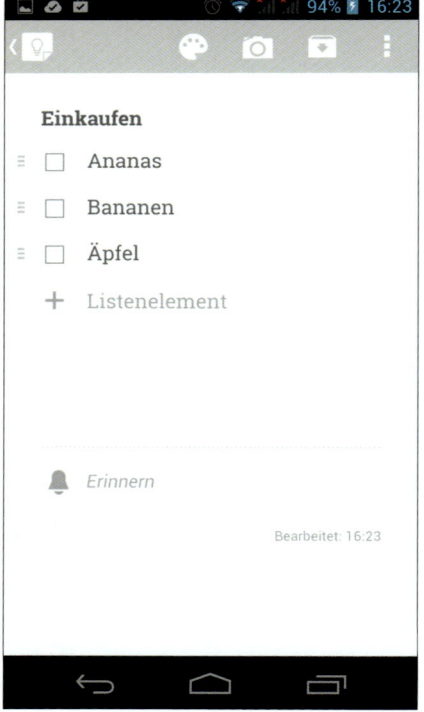

Google Notizen auf dem Smartphone.

Notizen werden automatisch in der Schriftgröße skaliert und in ihrer Farbe dargestellt. Durch einfaches Antippen bearbeiten Sie die Notizen auf dem Smartphone.

Mit den Symbolen am oberen Rand erstellen Sie neue Notizen verschiedener Typen. Dabei können Sie auch Sprachnotizen sprechen. Googles Spracherkennung versucht, diese in Text umzusetzen. Die originale Sprachnotiz bleibt trotzdem erhalten und kann auch auf dem PC angehört werden.

Über das Kamerasymbol starten Sie die Kamera des Smartphones und können sofort ein Foto machen, das in einer neuen Notiz gespeichert wird.

Im Menü der App finden Sie in der Notizansicht den Menüpunkt *Teilen*. Damit geben Sie die Notiz über auf dem Handy installierte Kommunikationswege wie z. B. E-Mail oder Facebook-Chat weiter.

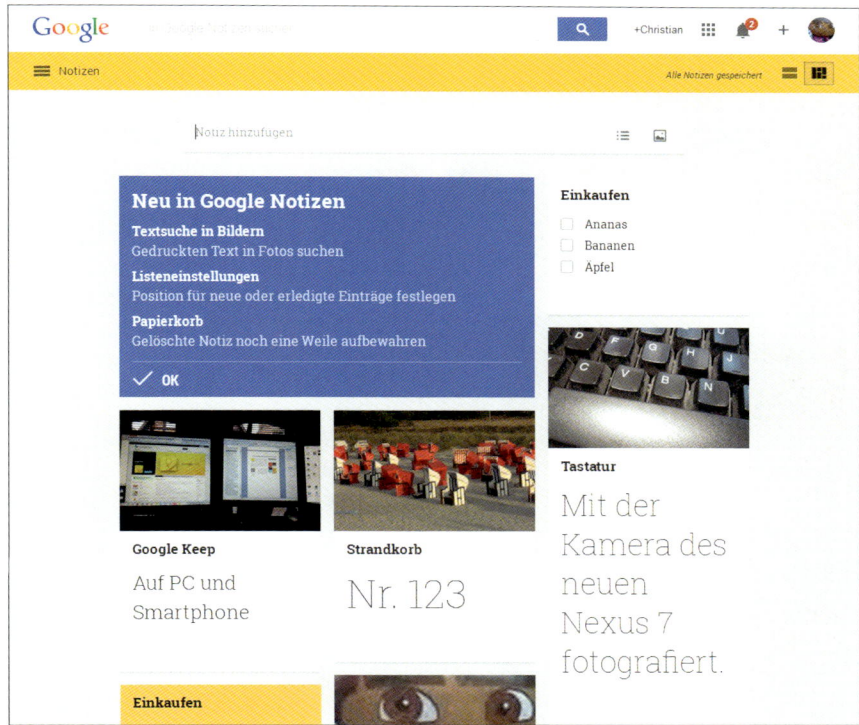

Google Notizen im Browser bei keep.google.com.

Google Notizen bietet ein Widget für den Startbildschirm, mit dem Sie schnell eine Notiz anlegen können, ohne erst die App starten zu müssen. Außerdem zeigt das Widget die zuletzt angelegte Notiz direkt an.

Evernote

Evernote ist ein erweitertes persönliches Notizbuch im Internet, das man immer und überall dabeihat. Schnell eine Textnotiz eintippen, ein Foto schießen oder einen Weblink speichern und bei Evernote ablegen. Alle Notizen   werden automatisch für die Suchfunktion indiziert und lassen sich in Notizbüchern übersichtlich ablegen.

Auf dem PC kann Evernote im Webbrowser unter *www.evernote.com* und auch als eigenständige Anwendung genutzt werden. Für Android ist eine kostenlose App verfügbar, mit der sich Notizen, Links und Fotos bei Evernote speichern lassen und man gleichzeitig Zugriff auf alle persönlichen Notizen hat, die auf dem PC oder einem Handy angelegt wurden. Die Synchronisation zwischen Smartphone, Cloud und PC erfolgt vollautomatisch.

Die App von Evernote auf dem Smartphone.

Büro-Apps

Evernote trägt sich automatisch im Browser und in der Galerie-App in die Listen zum Weiterleiten von Links und Fotos ein, sodass man, ohne die App zu starten, ganz schnell einen Link oder ein spontanes Foto als Notiz bei Evernote ablegen kann.

Rechner

Android liefert einen einfachen Taschenrechner mit, der für den Alltag in den meisten Fällen ausreicht. Dieser bietet sogar ein paar wissenschaftliche und trigonometrische Funktionen, die allerdings hinter dem Menüpunkt *Erweiterte Funktionen* versteckt sind.

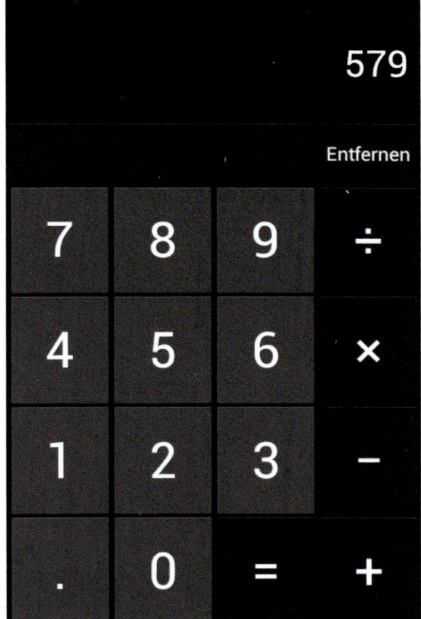
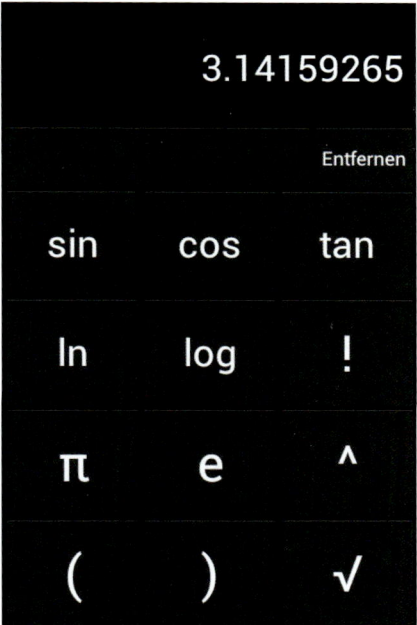

Der Standard-Taschenrechner auf Android-Smartphones.

RealCalc Scientific Calculator

Der *RealCalc Scientific Calculator* ist ein wissenschaftlicher Taschenrechner, der jede Menge Funktionen bietet und auch im Design an die Zeit vor den Smartphones angelehnt ist, als die Taschenrechner noch echte Tasten hatten.

9 ▪ Coole Apps

Der *RealCalc Scientific Calculator* kann in einen Vollbildmodus umgeschaltet werden, in dem die Benachrichtigungszeile verschwindet, sodass der ganze Bildschirm für den Rechner verfügbar ist. Wer gerne im RPN-Modus mit umgekehrter polnischer Notation arbeitet, schaltet den Rechner auf diese Betriebsart um.

 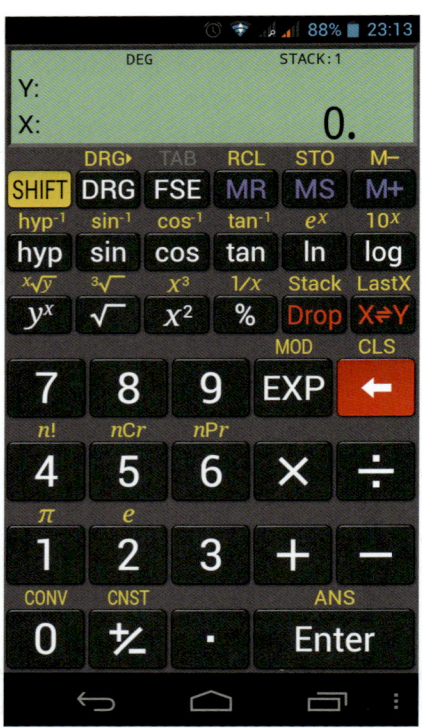

Der RealCalc Scientific Calculator mit klassischer Taschenrechnertastatur und im RPN-Modus.

Bei langem Tippen auf die Ergebnisanzeige erscheint ein Kontextmenü, mit dem der angezeigte oder berechnete Wert per Zwischenablage in andere Apps übertragen werden kann.

Sehr nützlich sind die zahlreichen Einheitenumrechnungsformeln, die im *RealCalc Scientific Calculator* über die Tasten SHIFT+CONV integriert sind. In übersichtlichen Listen finden Sie Maßeinheiten für Länge, Fläche, Volumen, Masse, Zeit, Energie, Temperatur und diverse andere Größen, in die der aktuell errechnete Wert mit wenigen Klicks umgerechnet wird.

Für wissenschaftliche Berechnungen liefert der *RealCalc Scientific Calculator* über die Tasten SHIFT+CNST eine umfangreiche Sammlung an Naturkonstanten zu verschiedenen Themen.

E-Books

Android-Smartphones mit ihren hochauflösenden Bildschirmen eignen sich geradezu ideal, um unterwegs E-Books zu lesen. Die digitalen Bücher wiegen nichts, verbrauchen keinen Platz in der Tasche, und man braucht auch nicht daran zu denken, ein Buch für längere Bahnfahrten oder Wartezeiten mitzunehmen – das Smartphone hat man sowieso immer dabei.

E-Books werden heute in verschiedenen digitalen Formaten zum kostenlosen Download und auch zum Downloadkauf angeboten. Das bekannteste Format ist EPUB. Einige Bücher werden aber auch in den vom PC bekannten Dateiformaten PDF und RTF geliefert.

Zum Lesen von E-Books auf dem Smartphone braucht man eine E-Book-Reader-App. Einige Smartphone-Hersteller wie etwa HTC installieren bereits einen E-Book-Reader vor.

FBReader

E-Book-Reader für Android gibt es eine Menge. Die meisten davon sind mehr oder weniger eng an einen der zahlreichen Downloadshops für E-Books gekoppelt. Der FBReader ist ein E-Book-Reader in deutscher Sprache, der sich viel-   fältig an persönliche Lesegewohnheiten anpassen lässt und neben EPUB auch noch diverse weitere E-Book-Formate unterstützt.

Der FBReader startet automatisch mit dem zuletzt gelesenen Buch an der Stelle, an der Sie zuletzt aufgehört haben. Beim ersten Start wird ein Demobuch geöffnet, das eine Kurzanleitung zum Reader enthält. Berühren Sie das mittlere Drittel des Bildschirms, um die Symbolleisten einzublenden.

Über das Menü kommt man zur lokal gespeicherten Bibliothek. Diese enthält alle E-Books, die im Verzeichnis *Books* auf der Speicherkarte liegen. Zusätzlich gibt es die Möglichkeit, sich E-Books aus Onlinekatalogen herunterzuladen. Hier stehen verschiedene Kataloge zur Auswahl, die teilweise auch kostenpflichtige E-Books enthalten. Sie können auch weitere E-Book-Kataloge hinzufügen.

Der FBReader lässt sich sehr intuitiv bedienen. Wie bei einem Buch blättert man mit einer Fingerbewegung quer über den Bildschirm vor und zurück.

9 ▪ Coole Apps

Über FBReaderJ 1.10.3.2

FBReader ist ein Programm zum Anzeigen von elektronischen Büchern (eBooks) in den Formaten ePub und fb2. Bitte beachten Sie: DRM-geschützte Bücher werden nicht unterstützt.

Kopieren Sie einfach ihre Bücher in den von FBReader unterstützten Formaten in das Verzeichnis Books auf Ihrer Speicherkarte. Die Bücher werden automatisch der Bibliothek hinzugefügt. Alternativ steht ihnen eine Netzwerk-Bibliothek mit einer reichhaltige Auswahl an kostenlosen eBooks zur Verfügung.

Zum Umblättern der Seiten des eBooks wischen Sie horizontal über den Bildschirm oder verwenden Sie die Lautstärketasten ihres Geräts.

Der Dialog Einstellungen erlaubt es den FBReader gemäß Ihren Wünschen

Der FBReader, E-Book-Reader für Android.

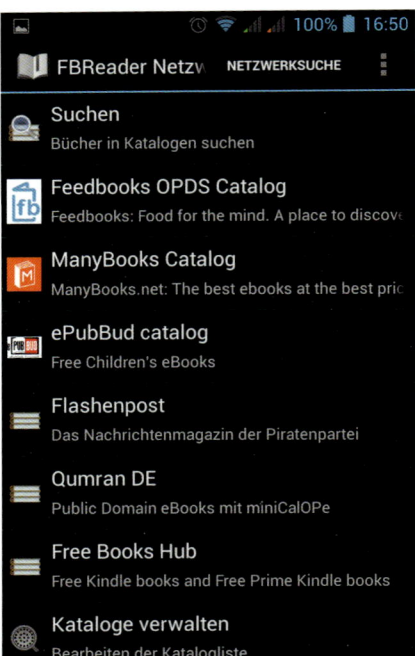
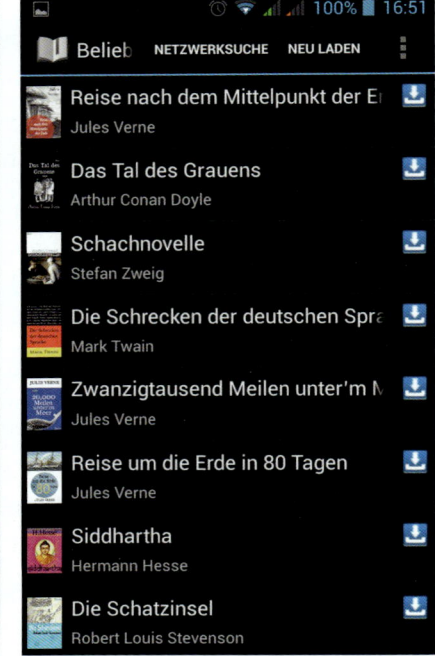

E-Book-Kataloge im FBReader.

256

Auch die Lautstärketasten, die man beim Lesen nicht benötigt, können zum Umblättern genutzt werden. Die schmale Zeile am unteren Bildschirmrand zeigt die aktuelle Position im Buch.

Das Menüsymbol oben rechts zeigt das Menü an. Der Menüpunkt *Suche* blendet ein Suchfeld zur Volltextsuche ein. Hier können Sie an der aktuellen Leseposition ein Lesezeichen setzen und später wieder auf ein zuvor gesetztes Lesezeichen springen.

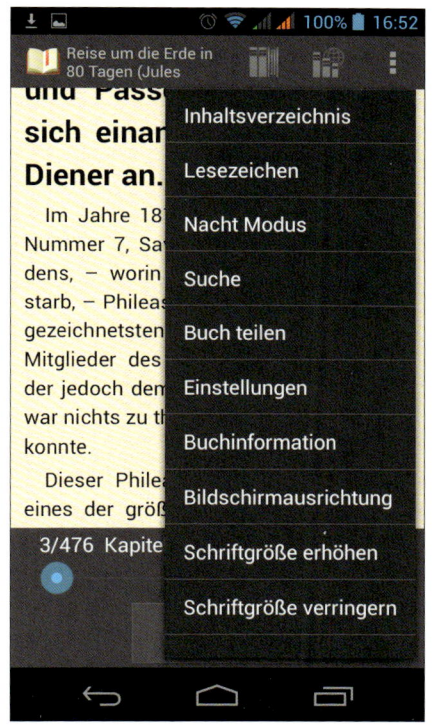

Menü und Nachtmodus im FBReader.

Beim Lesen in der Nacht können Sie auf den augenfreundlichen Nachtmodus umschalten, der helle Schrift auf dunklem Grund zeigt und so den Leser nicht so stark blendet.

Die Einstellungsmöglichkeiten zur Anzeige und Bedienung sind im FBReader ausgesprochen vielfältig. Hier lässt sich das Layout detailliert anpassen. Farben und Schriftarten lassen sich frei wählen, und auch beim Blättern lassen sich persönliche Vorlieben festlegen.

Amazon Kindle

Der Onlinebuchhandel Amazon machte mit seinem E-Book-Lesegerät Kindle das Lesen von E-Books erst richtig populär. Anstelle eines »echten« Kindle kann man auch die Kindle-App nutzen, um seine bei Amazon gekauften E-Books unterwegs zu lesen.

Amazon verwendet für den Kindle ein eigenes Datenformat, das die anderen E-Book-Reader nicht lesen können. Diese App bietet natürlich auch Zugang zum Onlineshop, der innerhalb der App in einem für Smartphones optimierten Format dargestellt wird, sowie zu den kostenlosen Büchern.

> **Kindle für Samsung**
>
> Nutzer von Samsung-Smartphones sollten die Kindle-App nicht aus dem Google Play Store, sondern aus dem Samsung Apps Store herunterladen. Hier wird eine spezielle Kindle-App im hellen, schlichten Samsung-Design angeboten. Das Besondere an dieser Version ist, dass Nutzer jeden Monat ein Kindle-E-Book von Amazon kostenlos bekommen. Dazu stellt Amazon nur in dieser App-Version jeweils vier Bücher aus seinem Eigenverlag AmazonCrossing zur Verfügung, die sonst kostenpflichtig sind. Der Benutzer kann sich eines davon aussuchen und kostenlos lesen. Nach dem kostenlosen »Kauf« steht das Buch auch auf anderen Kindle-Geräten oder -Apps mit dem gleichen Amazon-Benutzerkonto zur Verfügung. Natürlich können Sie auch mit der Samsung-Version der Kindle-App Ihre bisher bei Amazon gekauften E-Books auf dem Samsung-Galaxy-Smartphone lesen.

Auch die kostenlosen Bücher muss man bei Amazon »kaufen«. Dazu ist ein Amazon-Kundenkonto erforderlich, das man aber auch schnell im Kindle-Shop anlegen kann, wenn man noch nie bei Amazon eingekauft hat. Nach der »Bestellung« wählt man nur noch das Gerät aus, auf dem man das Buch lesen möchte, falls man mehrere Kindle oder Geräte mit Kindle-App in Verwendung hat. Die Bücher werden automatisch über Amazons eigene Whispersync-Technologie direkt auf das Smartphone zugestellt, ohne dass Sie noch irgendetwas dazu tun müssen.

In der Kindle-App finden Sie alle gekauften sowie die kostenlos heruntergeladenen Bücher. Bei den bereits angelesenen Büchern zeigt eine kleine Prozentzahl die aktuelle Leseposition im Buch.

E-Books

Die Kindle-App auf dem Android-Smartphone.

Tippen Sie auf ein Buch, öffnet sich dieses in einem angenehm zu lesenden Vollbildmodus auf dem Bildschirm. Im Buch kann man mit Fingergesten blättern. Statt mit dem Finger über den Bildschirm zu wischen, reicht auch ein kurzes Antippen am rechten Bildschirmrand, um eine Seite weiterzublättern. Tippt man auf den linken Bildschirmrand, kommt man wieder eine Seite zurück. Tippt man kurz in die Bildschirmmitte, werden oben Bedienelemente der App und unten die aktuelle Position im Buch angezeigt.

Das Menüsymbol oben rechts öffnet ein Menü, über das man unter anderem an bestimmte Positionen im Buch springen kann, beispielsweise zum Inhaltsverzeichnis, falls das Buch eines hat. Bei den meisten Kindle-E-Books findet sich das Inhaltsverzeichnis wie bei gedruckten Büchern ganz am Anfang nach dem Titelbild. Im Inhaltsverzeichnis sind die einzelnen Überschriften verlinkt, sodass man nur noch darauf zu tippen braucht.

Beim Lesen in der Nacht schalten Sie am besten auf den augenfreundlichen Nachtmodus um, der helle Schrift auf dunklem Grund zeigt und so den Leser nicht so stark blendet. Außerdem können Sie je nach Lesegewohnheit die Schriftgröße auf ein angenehmes Maß einstellen.

9 ■ Coole Apps

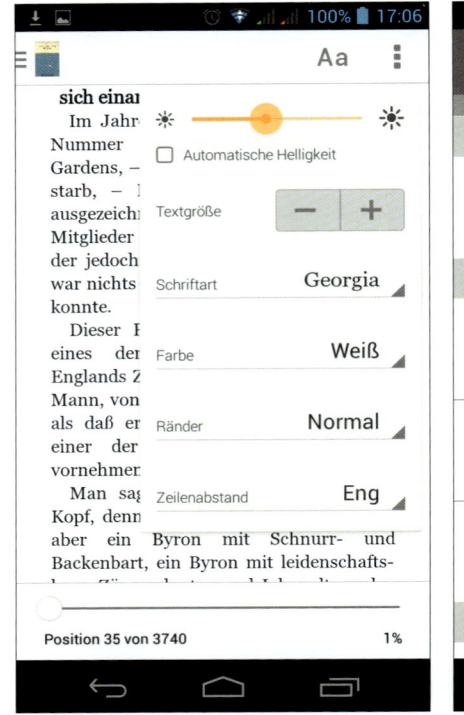 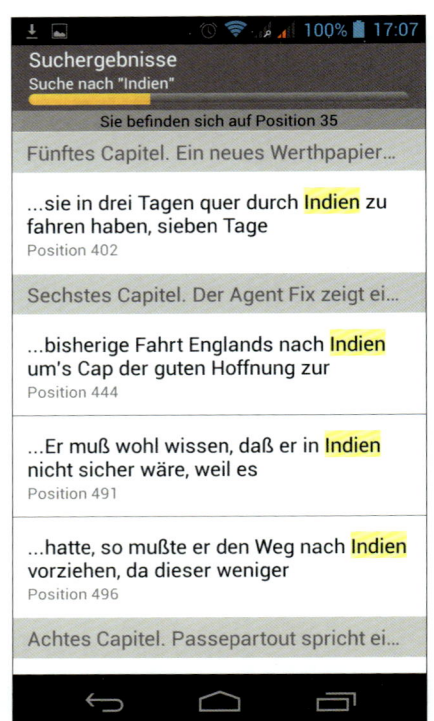

Leseeinstellungen und Volltextsuche.

Sie können jederzeit die aktuelle Position als Lesezeichen speichern, um so wichtige Textstellen schnell wiederzufinden. Indem Sie mit dem Finger über eine Textstelle streichen, markieren Sie diese und versehen sie mit einer Textnotiz. Diese Notizen werden ebenfalls in der Liste bei den Lesezeichen angezeigt.

Das Duden Universalwörterbuch im Kindle

Markieren Sie ein einzelnes Wort, können Sie dieses im Duden Universalwörterbuch nachschlagen. Amazon bietet dieses Wörterbuch kostenlos für alle Kindle-Nutzer an. Beim ersten Mal müssen Sie es nur herunterladen, brauchen dazu aber Ihr gerade geöffnetes E-Book nicht zu verlassen.

Der Link *Vollständige Definition* in der Kurzbeschreibung blendet das Duden Universalwörterbuch mit der ausführlichen Begriffsbeschreibung ein. Mit der Zurück-Taste kommen Sie aus dem Duden Universalwörterbuch wieder zurück ins E-Book.

E-Books

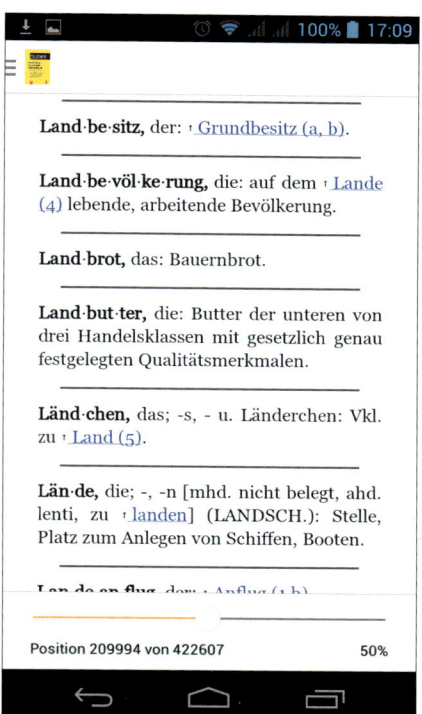

Das Duden Universalwörterbuch in der Kindle-App.

Google Play Books

Google Play bietet neben Apps, Musik und Hardware auch einen Downloadshop für E-Books an. Für die hier gekauften Bücher gibt es eine eigene Reader-App, die auf vielen aktuellen Smartphones bereits vorinstalliert ist. Damit las‐   sen sich die im eigenen Google-Konto gespeicherten Bücher direkt online le‐ sen oder auch zum Offlinelesen auf dem Gerät zur Verfügung stellen.

Die Startseite der App zeigt die im eigenen Google-Konto heruntergeladenen oder gekauften Bücher an. Im Bereich *Bücher kaufen* ist der Google-E-Book-Store fest integriert. Bei vielen Büchern gibt es kostenlose Leseproben, die auch ohne Angabe von Zahlungsdaten gelesen werden können.

E-Books in Google Play Books.

Öffnen Sie ein Buch durch Antippen. Es wird im Hintergrund heruntergeladen, man kann sofort mit dem Lesen beginnen.

Im Buch kann man mit Fingergesten blättern. Statt mit dem Finger über den Bildschirm zu wischen, reicht auch ein kurzes Antippen am rechten Bildschirmrand, um eine Seite weiterzublättern. Tippt man auf den linken Bildschirmrand, kommt man wieder eine Seite zurück.

Tippen Sie kurz in die Bildschirmmitte, erscheint oben eine Symbolleiste und unten ein Balken, der die aktuelle Position im Buch anzeigt. Hier können Sie auch rasch zu einer beliebigen Position springen. Die Schaltfläche unten links blendet das Inhaltsverzeichnis des Buches ein. Hier können Sie schnell direkt zu einer Überschrift springen.

Das Lupensymbol oben blendet ein Suchfeld zur Volltextsuche nach einem beliebigen Wort im ganzen Text ein – eine Funktion, die in gedruckten Büchern undenkbar ist.

In den Anzeigeoptionen über das *Aa*-Symbol können Sie die Helligkeit einstellen und zum Lesen im Dunkeln auf einen augenfreundlichen schwarzen

Nachtmodus umschalten. Außerdem lassen sich hier Schriftgröße, Zeilenhöhe und Schriftart festlegen. Um nur kurz zu zoomen, ohne gleich die Schriftgröße zu verändern, tippen Sie doppelt in die Bildschirmmitte.

Halten Sie den Finger länger auf ein Wort, wird dieses markiert und es erscheint eine Symbolleiste, mit deren Hilfe Sie eine Notiz anfügen, den markierten Text kopieren oder automatisch übersetzen lassen können.

Das Menüsymbol rechts oben bietet weitere nützliche Funktionen und Lesehilfen.

- **Originalseiten** – schaltet von der lesefreundlichen Fließtextansicht auf das Originallayout des gedruckten Buches um, vorausgesetzt, dieses ist im E-Book mit gespeichert.

- **Über dieses Buch** – öffnet die Produktseite des Buches im Google Play Store. Wenn Sie nur eine Leseprobe haben, können Sie hier das komplette Buch kaufen.

- **Teilen** – verschickt einen Link auf das Buch im Google Play Store per E-Mail oder über andere installierte Kommunikations-Apps.

- **Lesezeichen hinzufügen** – erstellt ein Lesezeichen an der aktuellen Position. Zu diesen Lesezeichen springen Sie später über das Inhaltsverzeichnissymbol unten links.

- **Vorlesen** – liest das Buch mit einer Computerstimme vor. In den *Einstellungen* können Sie eine menschlichere Stimme wählen. Dazu ist aber eine Onlineverbindung erforderlich.

- **Einstellungen** – blendet einen Einstellungsbildschirm ein. Hier finden Sie die interessante Option, die beim Lesen nicht benötigten Lautstärketasten an der Seite des Smartphones zum komfortablen Blättern mit einer Hand zu verwenden.

> **TIPP:** Der Google Play Books Reader kann auch eigene E-Books in den Formaten EPUB und PDF darstellen, solange diese keinen Kopierschutz haben.
>
> Laden Sie Ihre E-Books vom PC über die Seite *play.google.com/books/uploads* in Ihr Google-Konto hoch. Sie können auch E-Books aus Ihrer persönlichen Google-Drive-Ablage in Ihre E-Book-Bibliothek übernehmen.
>
> Bei E-Books im EPUB-Format stehen alle Funktionen des E-Book-Readers zur Verfügung, wie unter anderem die Volltextsuche, das Inhaltsverzeichnis, Notizen, die Einstellung der Schriftgröße. Im PDF-Format können Sie nur Lesezeichen setzen.

9 ▪ Coole Apps

Bloggen mit dem Smartphone

Blogs sind dazu da, spontane Ideen und Meinungen schnell und einfach zu veröffentlichen. Dazu extra den PC einzuschalten, wenn er nicht sowieso ständig läuft, ist oft zu mühsam. Viel einfacher geht es, kurz vom Smartphone aus zu bloggen. Leider bieten die meisten Blogsysteme zwar eine für Smartphones optimierte Darstellung zum Lesen, aber kein Backend zum Bearbeiten und Schreiben von Beiträgen.

WordPress

WordPress bietet seit der aktuellen Version 3.9.x eine für Smartphones optimierte Darstellung des Backends, sodass keine externe App mehr nötig ist, um von unterwegs Beiträge zu schreiben, Kommentare zu beantworten oder auch die Statistik des eigenen Blogs zu beobachten.

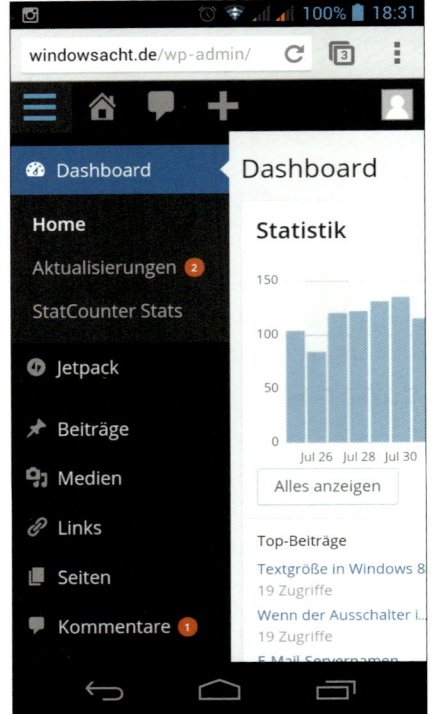

Mobile Ansicht eines WordPress Backends.

E-Books

Blogger

Googles Blogdienst Blogger liefert eine eigene App zum Bloggen vom Smartphone. Nachdem man sich mit seinem Google-Konto angemeldet hat, sind alle Blogs zu sehen, in denen man schreiben darf. Zusätzlich kann man sich eine Favoritenliste mit den Blogs anlegen, die man gerne unterwegs liest.

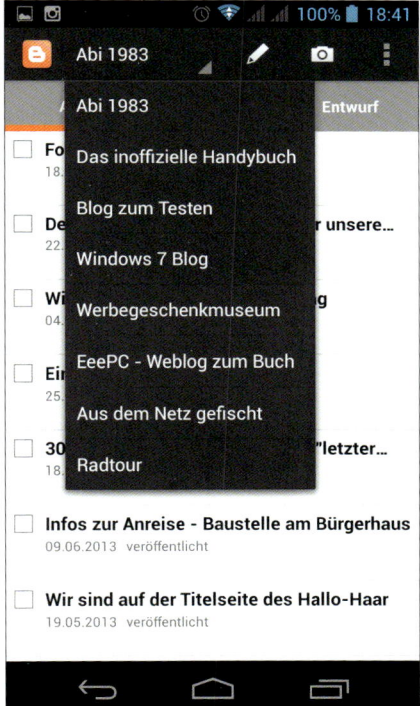
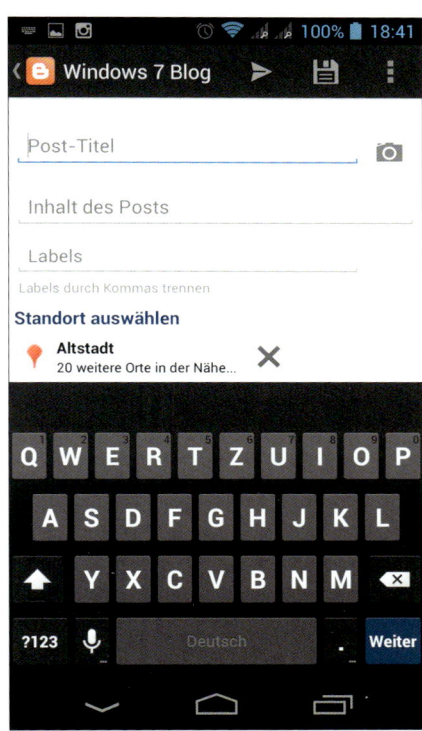

Bloggen mit der Blogger-App.

Tumblr

Auf kaum einem Blogsystem ist es so einfach, sich ein eigenes Blog anzulegen, wie bei Tumblr. Diese Plattform vereint persönliche Blogs mit den Funktionen sozialer Netzwerke. Aus der App heraus können

Sie bloggen, persönliche Nachrichten lesen und versenden oder Personen aus dem Adressbuch des Handys auf Tumblr suchen und ihnen dort folgen.

Links: die Tumblr-App, rechts: Tumblr-Widgets auf dem Startbildschirm.

Tumblr bietet zwei Widgets an, um ein Blog auf dem Startbildschirm zu lesen sowie schnell einen Text, einen Link oder ein Foto auf Tumblr zu posten, ohne erst die App starten zu müssen.

Kapitel 10
Die Sicherheitsproblematik bei Android

Onlinekriminelle greifen dort an, wo es sich lohnt – und das sind nicht mehr nur PCs. Daher ist es nicht verwunderlich, dass Android-Smartphones und -Tablets immer stärker in den Fokus der Malware-Autoren rücken, denn nur wenige Anwender haben eine Sicherheitslösung installiert. Das macht es den Tätern leicht, Angriffe mit relativ geringem Aufwand erfolgreich umzusetzen und persönliche Daten und wertvolle Firmeninformationen zu stehlen.

Die Angreifer setzen auf Varianten von Schadcode-Apps, die bereits in Umlauf waren, und manipulierte Kopien von eigentlich harmlosen Applikationen. Die Kriminellen versenden Kurznachrichten an teure Rufnummern und haben es auf persönliche Daten der Nutzer abgesehen, beispielsweise Kontakte und Telefonnummern, sowie das Anmelden bei kostenpflichtigen Diensten. So kann ein Angriff auf dem Smartphone sehr schnell viel teurer werden als ein Virus auf dem PC. In letzter Zeit hat sich die Anzahl gefährlicher Apps für Android nach Medienberichten um ein Vielfaches erhöht. Allerdings sind diese Berichte mit Vorsicht zu lesen, dort werden häufig schon Werbe-Apps, die Standortdaten auslesen, als gefährlich eingestuft.

Android macht es Malware-Autoren deutlich leichter als andere Plattformen, Schadcode zu verbreiten. Google bietet mit seinem Play Store zwar eine wichtige und von einem Großteil der Anwender auch vorrangig genutzte Quelle zur Installation von Apps. Hersteller können Apps aber auch über eigene Webseiten oder alternative Downloadportale anbieten. Im Gegensatz zu anderen Plattformen ist auch eine Installation von Apps über einfache Downloadlinks im Browser, E-Mail-Anhänge, Speicherkarten oder per USB-Kabel vom PC möglich. Sicherheitskritische und bösartige Anwendungen können ungehindert ihren Weg auf die Geräte finden. Keine zentrale Qualitätskontrolle kann das verhindern oder solche Apps gar nachträglich von den Geräten entfernen.

Google prüft im Play Store hochgeladene Apps nicht automatisch auf technische Risiken – erst dann, wenn ein konkreter Verdachtsfall vorliegt. Selbst wenn der Google Play Store eine App sperrt, heißt das noch lange nicht, dass sie damit von allen Handys dieser Welt verschwindet.

Ein Android-Smartphone unterliegt also ähnlichen Sicherheitsrisiken wie ein PC, im Gegensatz zu Windows Phone und iPhone, deren Systeme deutlich geschlossener sind.

Da jeder Gerätehersteller selbst für die Betriebssystem-Updates verantwortlich ist, kommt es hier teilweise zu erheblichen Verzögerungen beim Schließen kritischer Sicherheitslücken.

Die größten Sicherheitsprobleme

- Das größte Sicherheitsproblem bei Smartphones sind die Nutzer und weniger die Technik. Installieren Sie nicht, ohne nachzudenken, irgendwelche Apps. Besonders kostenlose Apps, die Funktionen versprechen, die das Smartphone technisch gar nicht leisten kann, sind extrem verdächtig.

- Auch ein zweites Problem ist eher menschlich: Phishing in E-Mails und sozialen Netzen. Auf dem Handy sind gefälschte Links schwerer zu erkennen als in einem E-Mail-Programm auf dem PC. Lesen Sie Mails noch genauer. Besonders falsche Rechtschreibung und einfältiges Deutsch deuten auf Phishing hin.

- Das größte Sicherheitsrisiko ist Rooting. Viele Medien versprechen unbedarften Nutzern damit Wunder. Tatsächlich öffnen Sie mit Rooting alle sicherheitskritischen Bereiche des Smartphones und machen es damit extrem anfällig für Malware.

Phishing bei E-Mails und sozialen Netzen

Phishing ist eine kriminelle Methode, mit der Betrüger versuchen, an Passwörter und private Daten zu kommen. Dabei werden keine technischen Mittel eingesetzt, um Passwörter zu knacken, sondern man versucht, Benutzer geschickt zu überzeugen, ihre Passwörter freiwillig herauszugeben. Dazu bauen die Betrüger eigene Webseiten, die im Design echten Banken, Onlineshops oder sozialen Netzwerken sehr nahekommen.

Die Trickbetrüger verschicken Massenmails, in denen sie sich als Vertreter einer Bank oder eines Onlinedienstes ausgeben. Über einen Link in der E-Mail sollen die Benutzer auf eine Webseite gehen und dort ihre Benutzerdaten, Kontoinformationen, Passwörter und TANs eingeben. Diese werden natürlich nicht an die wirklichen Banken oder Onlineshops, sondern an den Betrüger übermittelt, der sie für seine Zwecke nutzt.

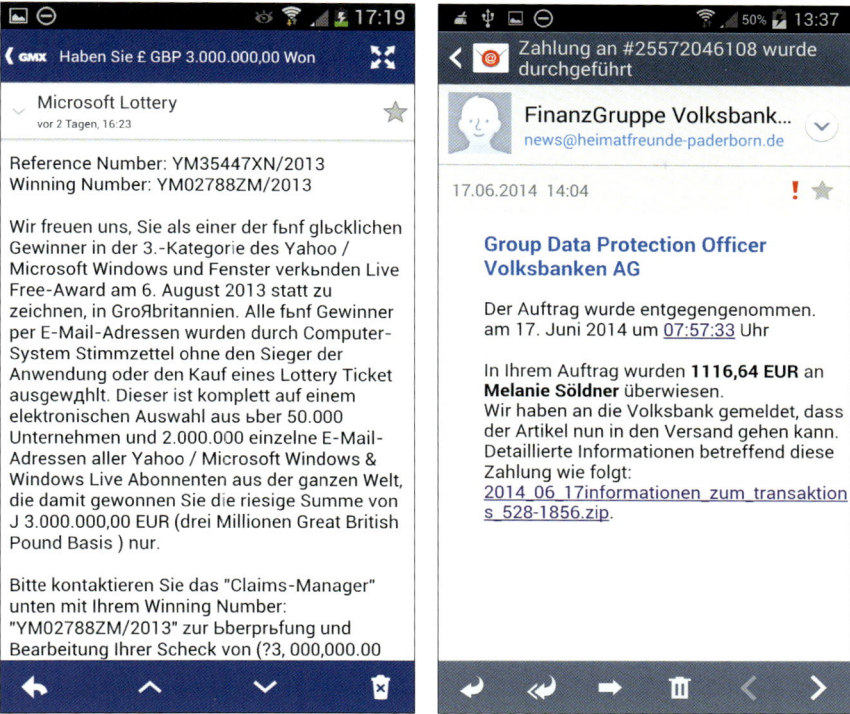

Typische Beispiele für Phishingmails.

Bei etwas genauerem Hinsehen sind die Phishingmails und die betreffenden Webseiten leicht zu entlarven:

- Phishingmails sind immer in relativ schlechtem Deutsch formuliert. Kein professionelles Unternehmen würde derartige Texte verfassen.

- Üblicherweise wird eine anonyme oder gar keine Anrede verwendet. Professionelle Anbieter sprechen ihre Kunden mit Namen an.

- Weder eine Bank noch PayPal oder eBay fordern ihre Kunden auf, Zugangsdaten preiszugeben.

- Drohende Formulierungen zum Ablaufen einer zeitlichen Frist oder einer Kontensperrung werden von professionellen Anbietern nicht verwendet.

- Oft hat die Absenderadresse nichts mit dem Inhalt der E-Mail zu tun. Seriöse Firmen versenden E-Mails immer mit ihrer Domain als Absender.

Besonders sichere Bildschirmsperre

Alle Android-Smartphones haben eine Bildschirmsperre, die verhindert, dass man versehentlich auf den Bildschirm tippt und damit irgendwelche Funktionen auf dem Handy auslöst. Diese Sperre lässt sich in der Standardeinstellung durch eine kleine Bewegung mit dem Finger lösen. Man braucht nur auf dem Sperrbildschirm das Schloss nach rechts auf das offene Schlosssymbol zu ziehen.

Der Sperrbildschirm dient nicht nur als Schutz vor versehentlichem Berühren, er kann auch als Zugangssperre eingesetzt werden, um Fremden die Nutzung des Smartphones zu verweigern.

In den *Einstellungen* haben Sie unter *Sicherheit/Display-Sperre* verschiedene Möglichkeiten, einen Zugangsschutz einzurichten. Die Standardeinstellung wird hier als *Finger bewegen* bezeichnet.

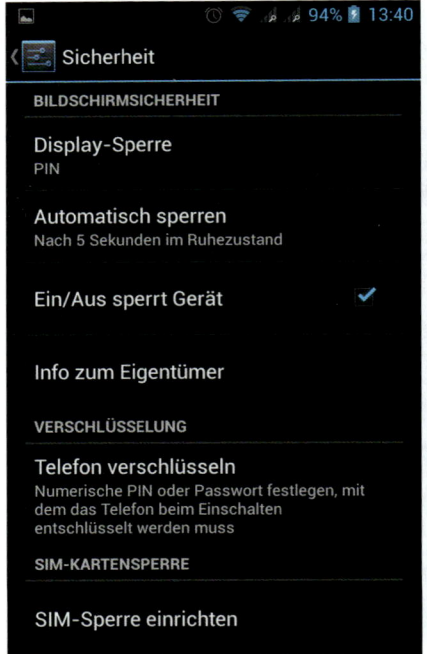 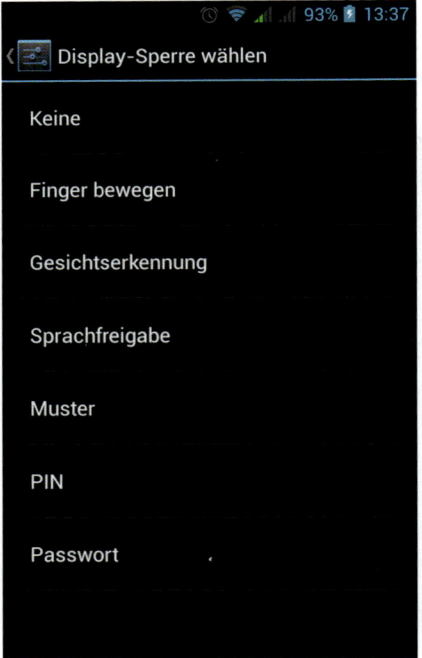

Verschiedene Methoden der Bildschirmsperre.

Die Option *Ein/Aus sperrt Gerät* legt fest, ob ein kurzes Drücken des Ausschalters das Gerät direkt sperrt oder ob erst eine Weile gewartet wird, bis die Sperre zuschlägt. Manchmal kann es auch lästig sein, jedes Mal wieder eine PIN oder ein Entsperrmuster einzugeben, wenn man das Smartphone kurz ausgeschaltet hat.

Besonders sichere Bildschirmsperre

> **Infos für ehrliche Finder**
>
> Schreiben Sie für ehrliche Finder Ihren Namen sowie eine Telefonnummer, unter der Sie auch ohne dieses Smartphone erreichbar sind, auf den Sperrbildschirm. Der Menüpunkt *Info zum Eigentümer* bietet die Möglichkeit, einen Infotext über den Besitzer auf dem Sperrbildschirm anzeigen zu lassen, auch wenn eine Bildschirmsperre aktiv ist, der Finder das Telefon also nicht in Betrieb nehmen kann.

PIN/Passwort

Wer es vom PC gewohnt ist, bei jedem Einschalten ein Passwort oder eine PIN einzugeben, kann dies auch auf dem Smartphone tun.

Beim Festlegen der PIN oder des Passworts muss diese/dieses zweimal eingegeben werden, um Tippfehler zu vermeiden. Auf dem Sperrbildschirm erscheint dann anstelle des Schlosssymbols ein Eingabefeld. Möchten Sie später wieder auf eine andere Methode der Bildschirmsperre umschalten, muss aus Sicherheitsgründen die PIN noch einmal eingegeben werden.

Links: PIN festlegen, rechts: PIN-Eingabe auf dem Sperrbildschirm.

> **INFO:** Eine PIN (**P**ersönliche **I**dentifikations**n**ummer) ist eine Zahlenkombination, ein Passwort kann aus beliebigen Zeichen bestehen. Android unterscheidet diese beiden Verfahren, um bei einer PIN-Eingabe eine Zifferntastatur mit deutlich größeren Tasten einzublenden, als sie die Buchstabentastatur für die Passworteingabe hat.

Muster

Viel eleganter und einfacher als die Eingabe eines Passworts ist ein grafisches Sperrmuster. Hier muss man Rasterpunkte auf dem Bildschirm mit einer Linie verbinden. Um Fehler zu vermeiden, muss auch dieses Muster beim Einrichten zweimal gezeichnet werden.

Auf dem Sperrbildschirm erscheint dann anstelle des Schlosssymbols ein Punktraster, auf dem man das zuvor definierte Muster zeichnen muss, um die Bildschirmsperre zu lösen.

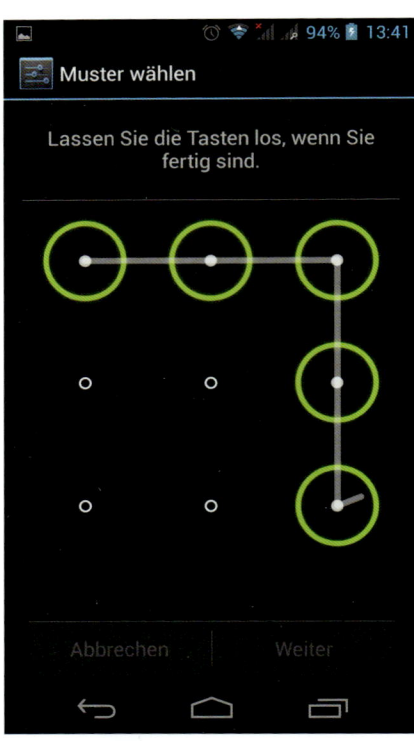 

Muster als Bildschirmsperre.

Sollten Sie das Muster einmal vergessen haben, ist noch nicht alles verloren. Nachdem mehrfach ein falsches Muster eingegeben wurde, wird das Smart-

Besonders sichere Bildschirmsperre

phone zunächst für 30 Sekunden gesperrt. Danach erscheint unten rechts auf dem Sperrbildschirm das Feld *Muster vergessen*. Tippen Sie darauf, brauchen Sie nur die Daten Ihres Google-Kontos einzugeben und das Smartphone wird wieder entsperrt und das Entsperrmuster zurückgesetzt.

Smartphone bei vergessenem Sperrmuster entsperren.

Gesichtserkennung

Sie können das Smartphone auch entsperren, indem Sie es einfach nur ansehen. Die Frontkamera kann ein gespeichertes Gesicht erkennen und genau dieser Person Zugriff auf das Smartphone gewähren und anderen nicht. Die Gesichtserkennung funktioniert erstaunlich zuverlässig.

1. Wählen Sie in den Einstellungen für den Sperrbildschirm die Option *Gesichtserkennung*, erscheint nach einigen Hinweisbildschirmen das Bild der Frontkamera. Halten Sie das Gerät so, dass Ihr Gesicht innerhalb des Rahmens liegt.

2. Die Gesichtserkennung startet, was an wandernden grünen Punkten am ovalen Rahmen entlang zu erkennen ist. Wenn das Gesicht erkannt wurde, erscheint eine entsprechende Meldung.

3. Danach legen Sie noch eine alternative Entsperrmethode fest, falls kein Gesicht erkannt werden konnte, etwa ein Muster oder eine PIN.

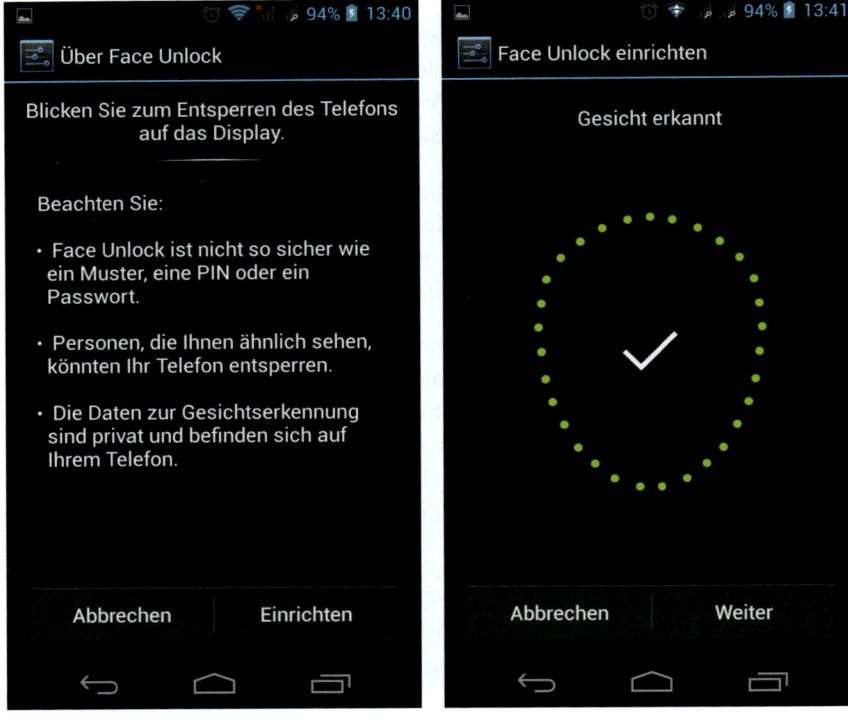

Gesichtserkennung einrichten.

Beim nächsten Einschalten erscheint jetzt auf dem Sperrbildschirm ein Kamerafeld. Blicken Sie dorthin, wird das Handy sofort entsperrt. Konnte einige Sekunden kein gültiges Gesicht erkannt werden, können Sie die alternative Entsperrmethode verwenden.

> **Gesichtserkennung verbessern**
>
> In den Einstellungen für den Sperrbildschirm können Sie die Gesichtserkennung noch verbessern, indem Sie weitere Bilder aufnehmen, zum Beispiel mit Brille oder bei unterschiedlichen Lichtverhältnissen. Die Anwesenheitsprüfung ist eine zusätzliche Sicherheitsfunktion. Ist diese eingeschaltet, müssen Sie während der Gesichtserkennung blinzeln. Damit wird verhindert, dass jemand Ihr Handy mit einem Foto von Ihnen entsperrt.

Gestohlenes oder verlorenes Handy wiederfinden

Die Gefahr eines Virus ist bei Android sehr gering, wesentlich höher ist das Risiko, dass das neue Smartphone gestohlen wird oder man es einfach irgendwo liegen lässt. Sie können sich einigen Ärger sparen und die Chance erhöhen, das Gerät wiederzubekommen, wenn Sie rechtzeitig Vorsorge treffen.

- Schreiben Sie die Seriennummer und die IMEI des Smartphones auf. Diese brauchen Sie, um es im Notfall eindeutig zu identifizieren. Sie finden diese Angaben meistens auf dem Strichcode-Aufkleber auf der Schachtel sowie in den *Einstellungen* unter *Über das Telefon/Status*.

- Schreiben Sie für ehrliche Finder Ihren Namen, die E-Mail-Adresse sowie eine Telefonnummer, unter der Sie auch ohne dieses Gerät erreichbar sind, auf den Sperrbildschirm. Android bietet dazu in den *Einstellungen* unter *Sicherheit/Info zum Eigentümer* eine Möglichkeit, einen persönlichen Text als Laufschrift auf dem Sperrbildschirm einzublenden, auch wenn eine Bildschirmsperre aktiv ist, der Finder das Gerät also nicht in Betrieb nehmen kann.

- Schalten Sie in den Google-Einstellungen unter *Standort* die Optionen *Standortzugriff*, *Standortbericht* und *Standortverlauf* ein, um die Ortung über Google optimal nutzen zu können.

- Schalten Sie in den Google-Einstellungen unter *Android Geräte-Manager* die Option *Remote-Ortung* ein. Möchten Sie im äußersten Notfall das Smartphone aus der Ferne auf die Werkseinstellungen zurücksetzen, wenn Sie nicht mehr davon ausgehen können, es zurückzubekommen, aktivieren Sie auch die Option *Remote-Sperre und Zurücksetzen auf Werkseinstellungen zulassen*. Dazu müssen Sie auch noch Geräteadministrator-Berechtigungen zulassen. Bedenken Sie dabei: Nach dem Zurücksetzen auf die Werkseinstellungen kann das Handy über Google nicht mehr geortet werden.

Auf der Seite *android.com/devicemanager* finden Sie nach der Anmeldung mit dem persönlichen Google-Konto auf dem PC alle Android-Geräte, die auf dieses Google-Konto registriert sind. Mit einem Klick auf *Klingeln lassen* können Sie das Gerät klingeln lassen, um es zu finden, wenn Sie es irgendwo in der Nähe verlegt haben. Das funktioniert auch, wenn das Smartphone lautlos gestellt ist. Voraussetzung ist natürlich, dass das Gerät eine Internetverbindung hat.

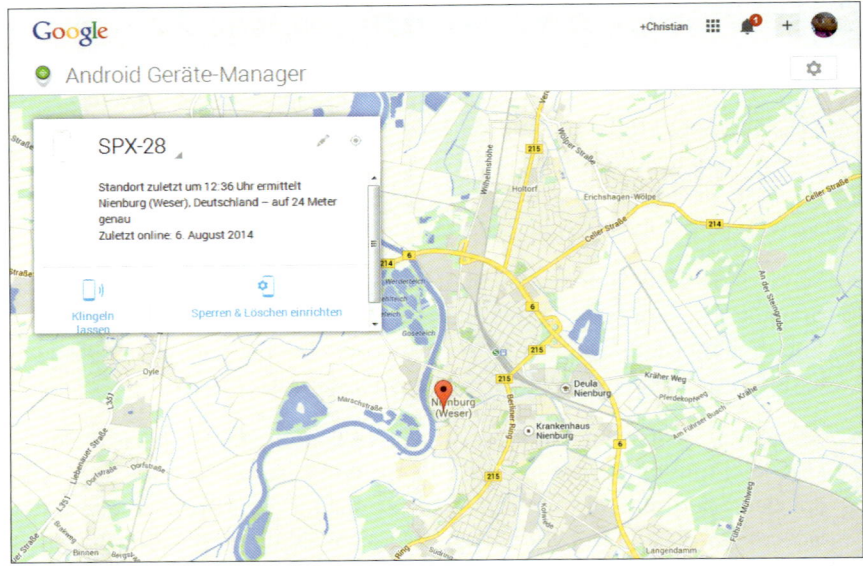

Smartphone über den Android Geräte-Manager orten.

Persönliche Daten auf dem Telefon verschlüsseln

Wer ein Android-Handy klaut, kommt auch an die darauf gespeicherten Daten heran. Selbst wenn das Handy über eine PIN oder ein Entsperrmuster geschützt ist, sind die Daten auf dem Handy über einen Entwicklerzugang per USB-Kabel auslesbar. Noch einfacher geht es mit den Daten auf der Speicherkarte. Diese braucht nur in einen Kartenleser am PC gesteckt zu werden.

Wer auf seinem Smartphone höchst vertrauliche Daten speichert, kann die für Benutzer zugänglichen Teile des Dateisystems wie auch die Speicherkarte verschlüsseln. Ohne das Passwort kommt man dann auch über externe Wege nicht an die Daten heran.

Die Verschlüsselung funktioniert nur, wenn eine Passwortsperre auf dem Smartphone eingerichtet ist. Das Passwort muss, da es direkt zur Verschlüsselung verwendet wird, aus mindestens sechs Zeichen bestehen, darunter mindestens eine Ziffer.

Die Optionen zur Verschlüsselung finden Sie in den *Einstellungen* unter *Telefon verschlüsseln*. Beachten Sie dabei die Sicherheitshinweise auf dem Bildschirm.

Eset Mobile Security & Antivirus

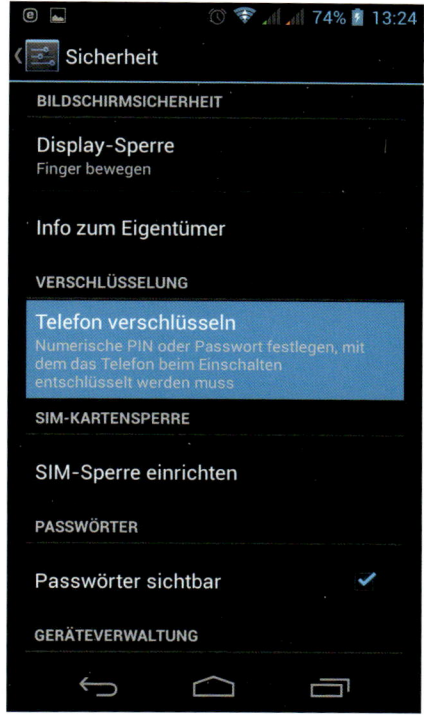 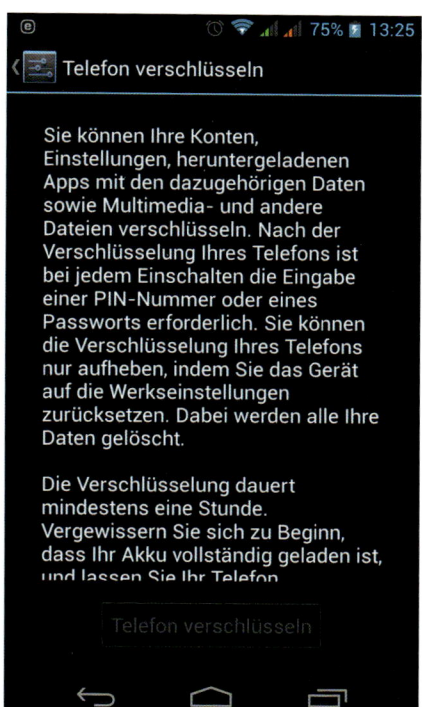

Daten auf dem Smartphone verschlüsseln.

> **Nur mit Datenverlust rückgängig zu machen**
>
> Die Verschlüsselung lässt sich nur durch Zurücksetzen auf die Werkseinstellungen rückgängig machen. Dabei gehen alle auf dem Gerät gespeicherten Daten und Apps verloren. Hat man das Passwort vergessen, gibt es keine Möglichkeit, an die Daten zu kommen.

Eset Mobile Security & Antivirus

Eset, ein bekannter Hersteller von Sicherheitssoftware für PCs, liefert auch eine Sicherheitslösung für Android. Eset Mobile Security & Antivirus schützt Android-Smartphones vor Viren, Trojanern, Spyware, Backdoors und andere Malware und auch gegen Diebstahl.

10 ▪ Die Sicherheitsproblematik bei Android

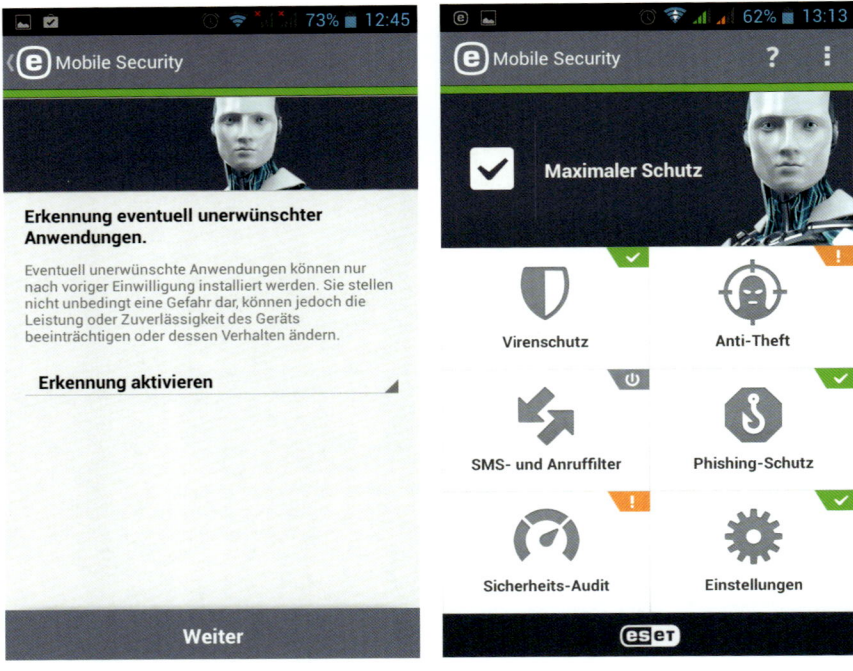

Installation und Hauptbildschirm von Eset Mobile Security & Antivirus.

> **Kostenlose Premium-Version für Leser**
>
> Als Leser dieses Buches bekommen Sie für ein Jahr die Premium-Version von Eset Mobile Security & Antivirus für ein Smartphone kostenlos. Wählen Sie dazu nach der Installation über das Menüsymbol rechts oben die Option *Lizenz* und geben Sie unter *Anwendung aktivieren* Ihren persönlichen Aktivierungscode ein, den Sie am Ende dieses Buches finden.

Eset Mobile Security & Antivirus scannt jede App bei der Installation und überprüft auch im Hintergrund das Smartphone auf gefährliche Aktivitäten. Aktivieren Sie dazu während der Installation die Erkennung unerwünschter Anwendungen. Zusätzlich kann man jederzeit bei Verdacht einer Malware-Infektion das Gerät komplett überprüfen lassen.

Neben dem relativ geringen Risiko eines Virus überprüft Eset Mobile Security & Antivirus das Smartphone auch auf Einstellungen und Apps, die möglicherweise ein Risiko für die Sicherheit darstellen. Es werden Apps angezeigt, die die Berechtigung haben, gebührenpflichtige Dienste zu nutzen, Standortinformationen, Identitätsdaten, Nachrichten oder Kontakte auszulesen. In den meisten Fällen sind diese Apps allerdings nicht bedenklich, sondern die jeweiligen Daten sind für das Funktionieren der Apps erforderlich.

Eset Mobile Security & Antivirus

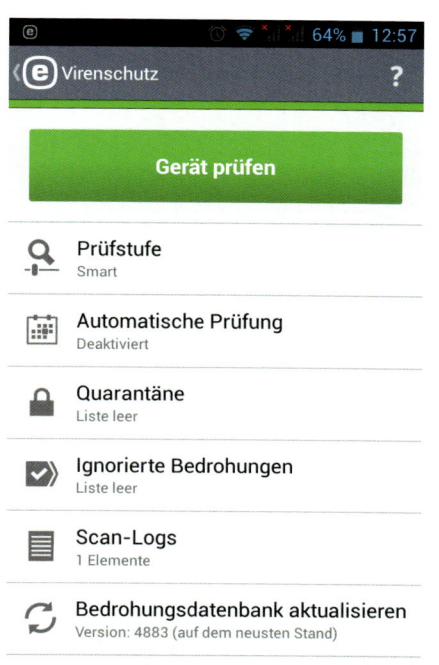

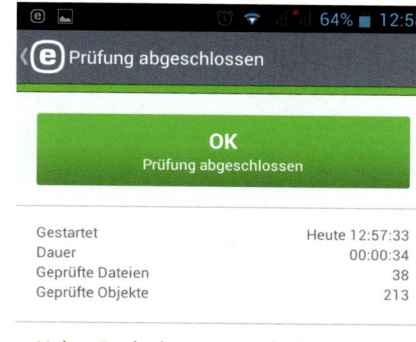

Prüfung auf verdächtige Apps.

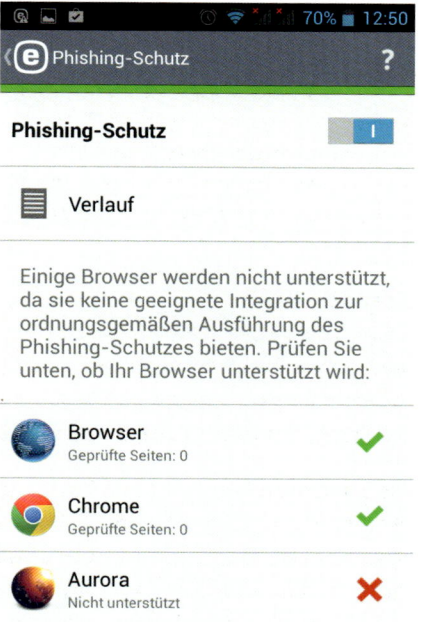

Anwendungsaudit und Phishing-Schutz.

279

Eset Mobile Security & Antivirus kann in den meisten Browsern einen Phishingschutz installieren, der aber nur gegen bekannte Phishingseiten helfen kann und keineswegs dem Benutzer die Verantwortung abnimmt.

Diebstahlschutz installieren

Eset Mobile Security & Antivirus bietet einen integrierten Diebstahlschutz, der auf einem als vermisst gemeldeten Smartphone verdächtige Aktivitäten wie zum Beispiel den Wechsel der SIM-Karte oder die mehrfache Falscheingabe eines Entsperrpasswortes protokolliert und das Gerät auch aus der Ferne sperren kann. Dabei wird der Gerätestandort aufgezeichnet, und die Frontkamera fotografiert den unrechtmäßigen Benutzer. Über ein Web-Interface bei *my.eset.com* kann man das Smartphone als vermisst melden und die gesammelten Daten einsehen.

Dieser Diebstahlschutz muss einmal installiert werden, um im Fall der Fälle zur Verfügung zu stehen. Die App benötigt dazu erweiterte Berechtigungen, die im Betriebssystem als *Geräteadministrator* bezeichnet werden. Damit kann verhindert werden, dass ein Dieb die Software deinstalliert.

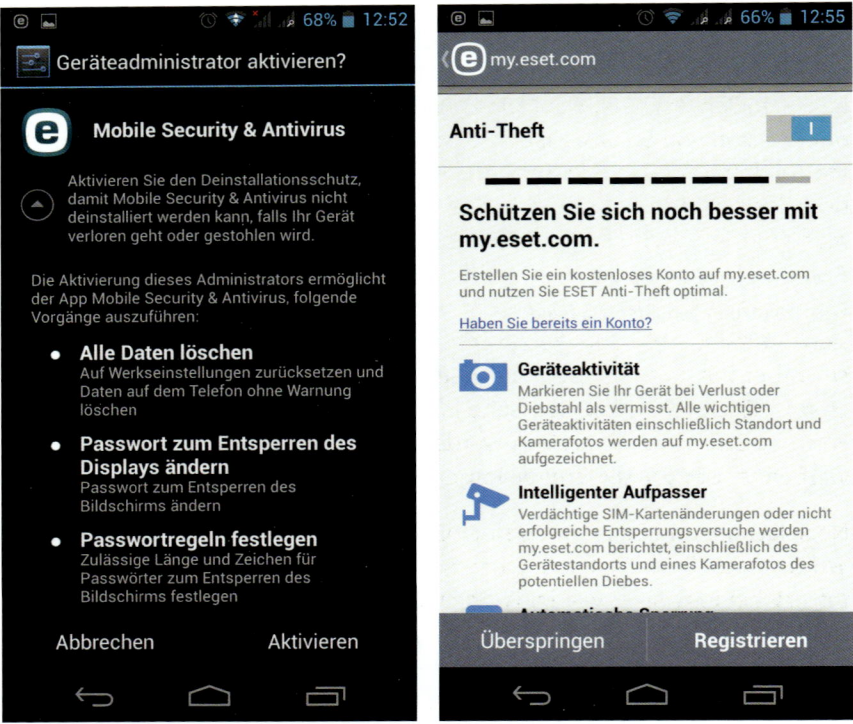

Diebstahlschutz aktivieren.

Geben Sie dann noch die Telefonnummer eines vertrauenswürdigen Freundes an, dessen Handy berechtigt ist, per SMS das Passwort zurückzusetzen, falls Sie es selbst einmal vergessen haben sollten. Zusätzlich können weitere SMS-Codes definiert werden, mit denen das Smartphone aus der Ferne gesperrt oder gesucht werden kann oder auch die Daten gelöscht werden können.

Gefährliche und lästige Werbung

Da nur noch sehr wenige Benutzer bereit sind, für Apps zu bezahlen, finanzieren viele Entwickler ihre Arbeit über Werbung, die in die Apps eingebaut wird. Allerdings reagieren Smartphone-Nutzer deutlich kritischer auf Werbung als typische Internetsurfer, die Werbebanner problemlos ignorieren können.

Google selbst bietet Entwicklern die Möglichkeit, über seinen eigenen Dienst AdMob Werbebanner in Apps einzublenden. Diese Art der Werbung wird noch von den meisten Nutzern akzeptiert, da sie kaum aufdringlich ist und die sonstige Nutzung außerhalb der betroffenen App nicht einschränkt. Es gibt mittlerweile aber auch deutlich aufdringlichere Werbeformen, die zusätzlich auch noch Informationen über das Gerät oder die Person sammeln.

Der Werbeanbieter StartApp betreibt eine eigene Suchmaschine, über die mit gesponserten Suchergebnissen Werbeeinnahmen erzielt werden können. Der Benutzer einer auf diese Weise werbefinanzierten App bekommt, ohne dass er von der Installation etwas merkt, ein neues Suchsymbol auf den Startbildschirm seines Handys, ein neues Lesezeichen *Web Search* sowie eine neue Startseite im Browser. Alle drei Verknüpfungen verweisen auf die Suchmaschine *www.searchmobileonline.com*, verbunden mit einer persönlichen App-ID, über die die Werbeeinnahmen abgerechnet werden. Viele Benutzer werden die Veränderung gar nicht wahrnehmen, da die Suchseite dem Design der mobilen Google-Suche angeglichen ist. Wen die neue Suchmaschine stört, der kann das Symbol auf dem Startbildschirm und das Lesezeichen einfach löschen und die Startseite im Browser wieder auf ihre ursprüngliche Form zurücksetzen. Allerdings werden die Änderungen bei jedem Start der werbefinanzierten App erneut vorgenommen.

Noch lästiger und penetranter sind die Werbungen von AirPush und LeadBolt. Wurde eines dieser Systeme über eine darüber finanzierte App einmal gestartet, erscheinen immer wieder Werbeanzeigen in Form von Systembenachrichtigungen in der Benachrichtigungsleiste am oberen Bildschirmrand. Zieht der Benutzer diese nach unten, erscheint die Werbeanzeige. Diese Art von Werbung wird gerne für zweifelhafte Dating- und Abodienste genutzt. Oftmals hat der Anzeigetext in der Systembenachrichtigung nichts mit der später angezeigten Werbung zu tun. Zusätzlich können AirPush und LeadBolt neue

10 ▪ Die Sicherheitsproblematik bei Android

Symbole auf dem Startbildschirm anlegen, die auf Webseiten führen, auf denen weitere Werbe-Apps heruntergeladen werden.

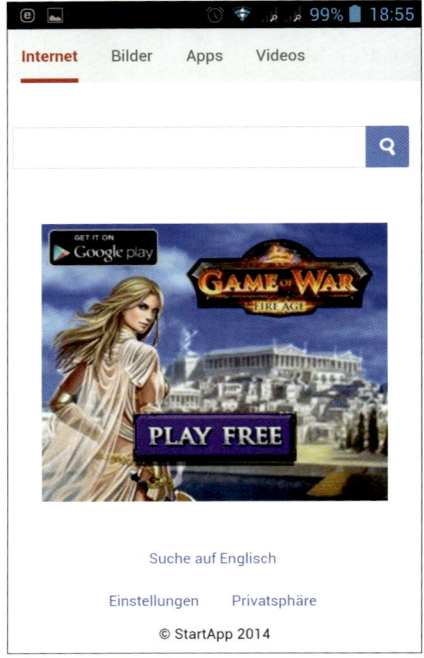 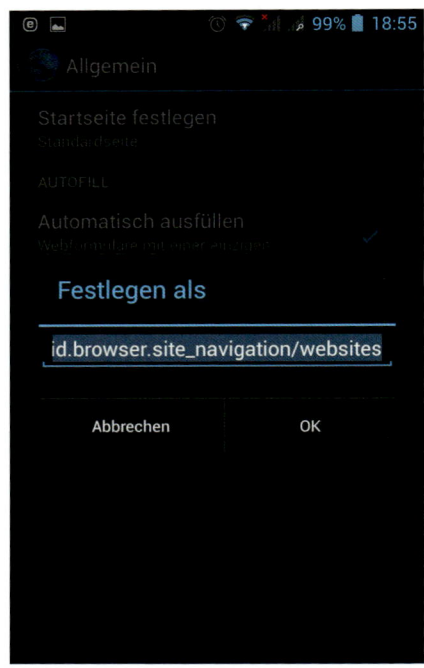

Links: veränderte Startseite im Browser, durch eine Werbe-App mit StartApp, rechts: neue Startseite im Browser festlegen.

> **TIPP:** Beide Werbeanbieter, AirPush und LeadBolt, mussten aus Datenschutzgründen eine Opt-Out-Möglichkeit anbieten. Unter *www.airpush.com/optout* bzw. *opt.leadbolt.com* können Benutzer über ihre IMEI-Nummer permanent dieser Form von Werbung widersprechen. Das angegebene Handy wird davor geschützt.

Ad Network Detector

Die App *Ad Network Detector* prüft alle auf dem Smartphone installierten Apps auf integrierte Werbefunktionen. Dabei werden fast alle bekannten Werbenetzwerke berücksichtigt, sodass der Prüfung kaum etwas entgehen sollte.

Gefährliche und lästige Werbung

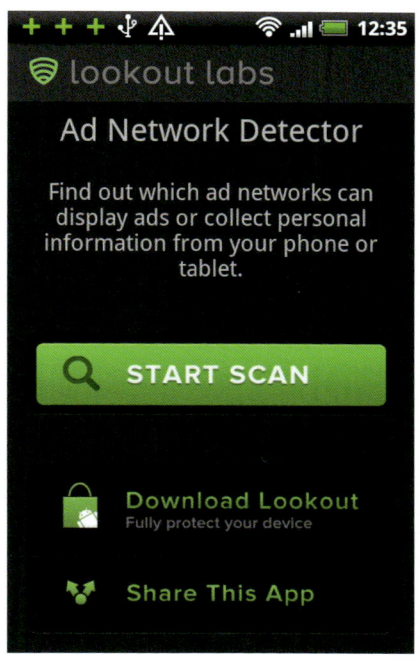
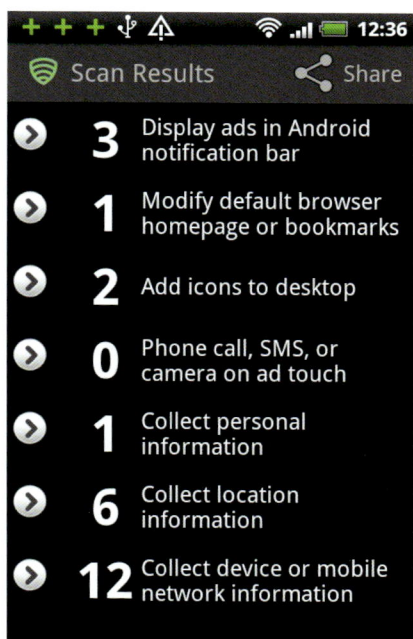

Der Ad Network Detector findet installierte Apps mit integrierter Werbung.

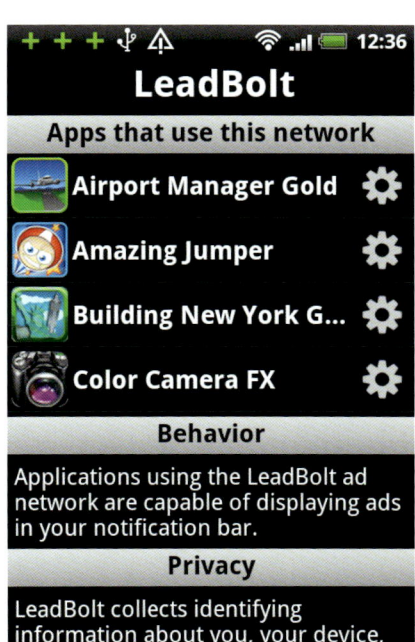
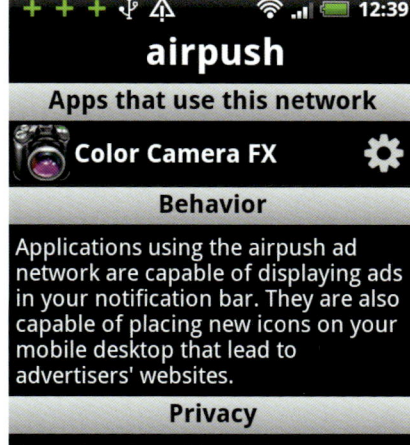

Informationen zu installierten Werbe-Apps und den verwendeten Werbenetzwerken.

Lassen Sie den Scan einmal laufen, werden Sie sich wundern, wie viele kostenlose Apps Werbung nutzen. Das Ergebnis wird nach Funktionen klassifiziert, die die Werbenetzwerke auf dem Smartphone nutzen können.

In jeder der typischen Kategorien werden die für die Werbung verantwortlichen Apps aufgelistet. Dazu gibt es ausführliche Informationen über das Verhalten und die in Bezug auf Datenschutz und Sicherheit relevanten Bedenken. Einige Werbenetzwerke bieten Opt-Out-Seiten an, über die man ein Smartphone schützen kann. Diese werden, falls vorhanden, ebenfalls angezeigt.

Unerwünschte Werbe-Apps kann man direkt aus diesen Listen heraus sofort deinstallieren. Nach der Deinstallation sollte man noch unerwünschte Symbole auf dem Startbildschirm sowie veränderte Lesezeichen und Suchmaschineneinträge im Browser beseitigen, da auch diese schnell wieder neue Werbe-Apps herunterladen können.

Werbung im Browser abschalten

Werbung auf Webseiten nervt – besonders wenn es sich um Videos, Musik, Flash-Werbung oder Überblendungen handelt, die schwer wegzuklicken sind. Einfache Banner sind im Browser auf dem PC noch einigermaßen zu ertragen,

auf dem Smartphone kosten sie aber teures Datenvolumen, das auf anderem Weg sinnvoller einzusetzen ist.

Der beliebte Werbeblocker Adblock Plus ist auch für Android-Smartphones erhältlich und blockiert im Browser wie auch in vielen anderen Apps die meiste unerwünschte Werbung, allerdings nur über WLAN-Verbindungen, da das Android-Sicherheitssystem den direkten Zugriff auf Mobilfunkverbindungen unterbindet. Dazu sind Root-Rechte nötig. Mehr zum Thema Rooten sowie den damit verbundenen Gefahren finden Sie am Ende dieses Buches.

Da Google als einer der größten Werbevermarkter im Internet Werbeblocker gar nicht gerne sieht, kann Adblock Plus nicht über den Google Play Store angeboten werden. Besuchen Sie daher zur Installation mit dem Browser auf dem Smartphone die Webseite *adblockplus.org* oder nutzen Sie den abgebildeten QR-Code.

1. Starten Sie Adblock Plus nach der Installation und tippen Sie auf *Konfigurieren*. Nach einer kurzen Informationsseite kommen Sie direkt zu den WLAN-Einstellungen.

Gefährliche und lästige Werbung

 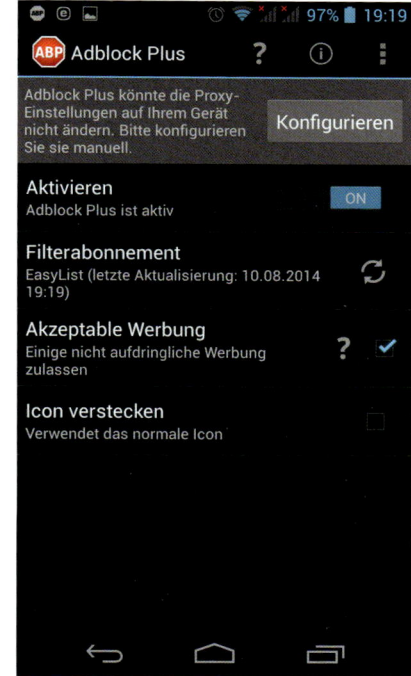

Adblock Plus installieren und einrichten.

2. Tippen Sie länger auf die aktuelle WLAN-Verbindung und wählen Sie *Netzwerkkonfiguration ändern*. Schalten Sie im nächsten Dialogfeld die Funktion *Erweiterte Optionen anzeigen* ein und wählen Sie in der Liste *Proxy-Einstellungen* die Option *Manuell*.

3. Tragen Sie bei *Proxy-Hostname localhost* ein und bei *Proxy-Port 2020*. Bestätigen Sie die Änderung mit *Speichern*. Verwenden Sie verschiedene WLAN-Verbindungen, müssen Sie jede entsprechend konfigurieren.

> **Was ist nicht aufdringliche Werbung?**
>
> In Absprache mit großen werbefinanzierten Webseiten hat Adblock Plus die Option *Einige nicht aufdringliche Werbung zulassen* eingebaut. Damit ist es möglich, bestimmte einfache Bannerwerbung, die keine Inhalte verdeckt und den Nutzer nicht mit Musik oder extrem hohem Datenvolumen belästigt, weiterhin zuzulassen. So können Benutzer Webseiten unterstützen, die nicht aufdringliche Werbung verwenden, und damit ein Zeichen gegenüber anderen Seiten setzen. Der Schalter ist automatisch aktiviert. Die meisten Nutzer verändern die Standardeinstellungen einer App nie. Standardmäßig ausgeschaltet würde diese Funktion ihren Zweck nicht erfüllen.

Adblock Plus im Firefox-Browser

Verwenden Sie auf dem Smartphone den Firefox-Browser, wird Adblock Plus dort keine Werbung blockieren. Firefox verwendet auf Android-Smartphones wie auch unter Windows eigene Proxy-Einstellungen und nutzt nicht die des Betriebssystems. Adblock Plus bietet deshalb eine eigene Firefox-Erweiterung auch für die Android-Version des Browsers an.

1. Besuchen Sie mit dem Firefox-Browser auf dem Smartphone die Webseite *adblockplus.org* oder nutzen Sie den abgebildeten QR-Code und tippen Sie dort auf *Für Firefox installieren*. Alternativ können Sie auch im Menü von Firefox über *Extras/Add-ons/Add-ons suchen* Adblock Plus installieren.

2. Das Sicherheitssystem von Firefox blockiert die Installation von Add-ons von fremden Seiten. Tippen Sie in der Meldung auf *Erlauben*.

3. Der Menüpunkt *Extras/Add-ons* in Firefox zeigt eine Liste aller installierten Erweiterungen. Tippen Sie hier auf *Adblock Plus*, können Sie einige Einstellungen vornehmen, wie unter anderem das gewünschte Filterabonnement auswählen.

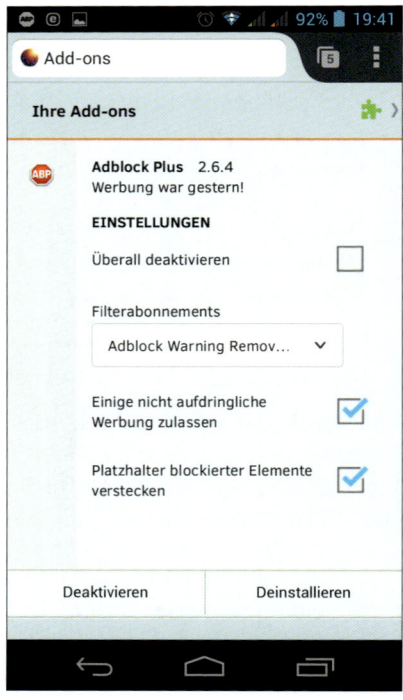

Adblock Plus für Firefox installieren und einrichten.

KAPITEL 11

Insidertipps zur Bedienung

Die Bedienung eines Android-Smartphones erfolgt weitgehend intuitiv, sodass man kaum etwas falsch machen kann. Aber natürlich gibt es wie bei jedem System einige Tricks, auf die man nicht sofort kommt.

Widgets für schnelle und persönliche Infos

Ein Smartphone ist etwas sehr Persönliches. Hier hat man nicht nur seine eigenen Daten und Fotos gespeichert, man trägt es auch fast immer bei sich und möchte die persönlich wichtigen Informationen jederzeit verfügbar haben. Dazu soll es natürlich schön anzusehen sein.

Zwei persönliche Startbildschirme eines Android-Smartphones.

11 ▪ Insidertipps zur Bedienung

Android bietet diverse Personalisierungsmöglichkeiten für das eigene Handy, mehr als nur seine wichtigsten Apps auf den Startbildschirm zu legen. Widgets sind kleine interaktive Elemente, die bestimmte Informationen oder Daten zum schnellen Zugriff auf den Startbildschirm bringen. Android liefert eine Liste nützlicher Widgets bereits mit. Viele Apps installieren weitere Widgets, wie zum Beispiel Facebook, Twitter, diverse Wetter-Apps oder Google+.

Widgets auf den Startbildschirm legen

Tippen Sie unten auf dem Startbildschirm auf das Symbol für die Liste der Apps und schalten Sie dann oben auf das Register *Widgets*.

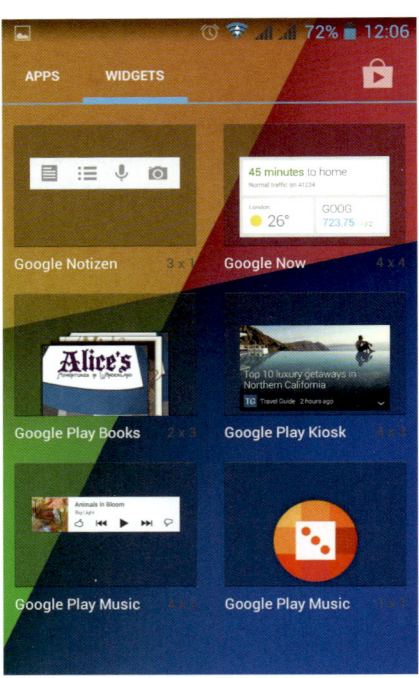

Die Liste der Widgets in Android 4.x.

Bei jedem Widget ist die Größe in Rastereinheiten angezeigt, die dieses Widget belegt. Eine Rastereinheit entspricht der Größe eines App-Symbols. Einige Widgets sind in verschiedenen Größen verfügbar, manche lassen sich auch interaktiv in der Größe verändern. Je nach freiem Platz auf dem Startbildschirm können Sie bei einigen Widgets unterschiedlich viele Informationen anzeigen lassen.

Um ein Widget auf den Startbildschirm zu bringen, ziehen Sie es einfach wie eine App aus der Liste heraus und platzieren es an der gewünschten Stelle auf einem der Startbildschirme.

Widgets für schnelle und persönliche Infos

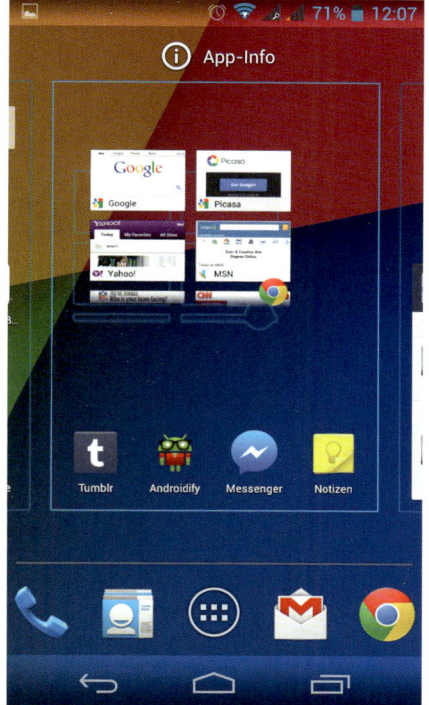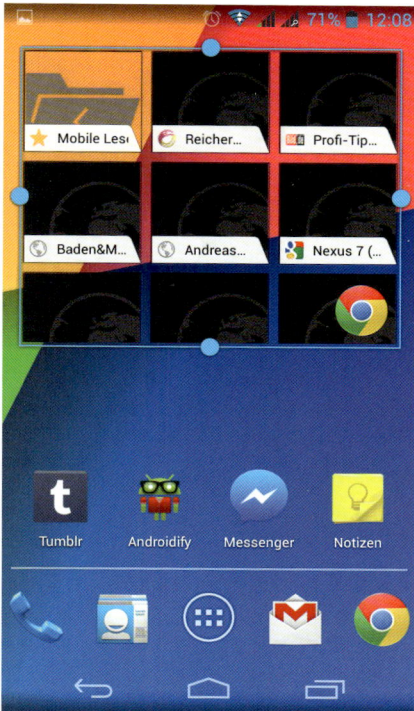

Widgets auf den Startbildschirm bringen und in der Größe anpassen.

Widgets können auch später noch jederzeit wie App-Symbole auf dem Startbildschirm verschoben werden. Zeigt ein Widget eine farbige Umrandung mit blauen Griffen an den Seiten, lässt sich dieses in der Größe verändern. Um ein Widget wieder vom Startbildschirm zu löschen, gehen Sie genauso vor wie bei Apps. Ziehen Sie es an den oberen Bildschirmrand auf die Fläche *Entfernen*.

Die wichtigsten mitgelieferten Widgets

Das bekannteste Widget ist die Analoguhr, die seit den ersten Android-Smartphones auf dem Startbildschirm die Uhrzeit anzeigt. Android 4.x bringt aber noch einige weitere interessante Widgets mit, die weniger bekannt sind.

Lesezeichen

Das Lesezeichen-Widget enthält alle Browserlesezeichen, die sich in einem kleinen Fenster mit Vorschaubildern durchscrollen lassen. Dieses Widget aktualisiert sich automatisch, wenn man im Browser ein neues Lesezeichen speichert. Durch Antippen eines der Vorschaubildchen wird die entsprechende Webseite im Browser geöffnet. Das Widget taucht in der Liste zweimal auf. Es gibt eine Version für den Android-Standardbrowser und eine für den Chrome-Browser.

Kalender

Das Kalender-Widget zeigt aktuelle Termine direkt auf dem Startbildschirm an. Tippt man darauf, wird der Termin im Kalender geöffnet.

Kontakte – Direktnachricht – Direktwahl

Mit diesen Widgets kann man seinen wichtigsten Freunden ganz schnell eine Nachricht schicken oder anrufen. Der größte Teil der Kommunikation auf dem Handy findet mit ganz wenigen Personen statt, Freunde und Familie. Trotzdem sind die Adressbücher oft mit Hunderten von Adressen gefüllt. Wenn diese Widgets auf dem Startbildschirm platziert werden, erscheint zunächst das Adressbuch des Handys, aus dem man eine Person auswählt. Mit einem Klick auf das Widget *Direktwahl* kann man diese Person dann direkt vom Startbildschirm anrufen. Das Widget *Direktnachricht* schickt auf die gleiche Weise eine SMS an die vorher ausgewählte Person.

Routenplaner

Mit diesem Widget kann man sich jederzeit nach Hause oder zu einer anderen Adresse führen lassen. Geben Sie die Zieladresse und die Art der Wegführung ein: Auto, öffentliche Verkehrsmittel oder Fußgänger. Diese Daten werden im Widget gespeichert. Tippt man auf das Widget, startet die Google-Maps-Navigation und errechnet automatisch eine Route zur gespeicherten Adresse.

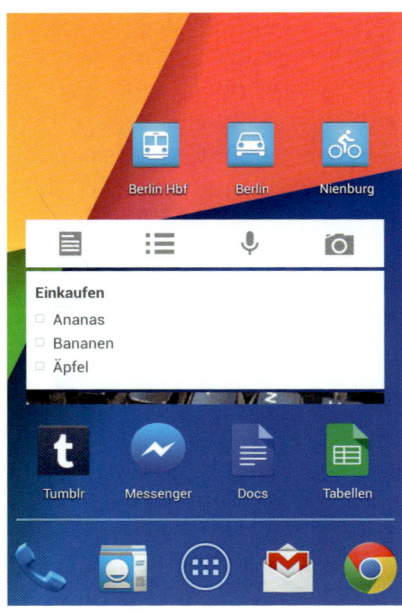

Links: Routenplaner-Widget einrichten, rechts: verschiedene Routenplaner-Widgets und Google-Notizen-Widget.

Hintergrundbilder und Live-Hintergründe

Das Hintergrundbild des Bildschirms, sei es auf dem PC oder auf dem Handy, ist ein höchst emotionales Thema. Die einen vertreten äußerst vehement die Meinung, der Bildschirmhintergrund sei das Unwichtigste überhaupt, anderen liegt dieses Bild so am Herzen, dass es je nach Tageslaune ständig geändert werden muss. Je nach Smartphone-Modell und Android-Version wird ein vorinstalliertes Hintergrundbild mitgeliefert, aber wer möchte schon, dass sein Handy aussieht wie alle?

Tippen Sie etwas länger auf den Startbildschirm, erscheint eine Auswahlliste zum Wählen eines Hintergrundbildes. Sollten Sie eines von ganz wenigen älteren Smartphones nutzen, auf denen diese Auswahlliste nicht angeboten wird, wählen Sie *Einstellungen/Anzeige/Bildschirm* bzw. *Einstellungen/Display/Hintergrund*. Sie kommen so zum gleichen Auswahldialog für Hintergrundbilder. Wählen Sie dann die Option *Hintergrundbilder*, bekommen Sie vom Hersteller mitgelieferte Bilder in einem extremen Querformat zur Auswahl angeboten. Dieses Format ist so gewählt, dass der Hintergrund beim Scrollen zwischen den Bildschirmseiten mitgeht, aber etwas langsamer als eine ganze Seite, sodass eine angenehm flüssige Bewegung entsteht. Wählen Sie ein Hintergrundbild aus und tippen Sie auf *Hintergrund festlegen*. Damit wird es automatisch auf dem Startbildschirm übernommen.

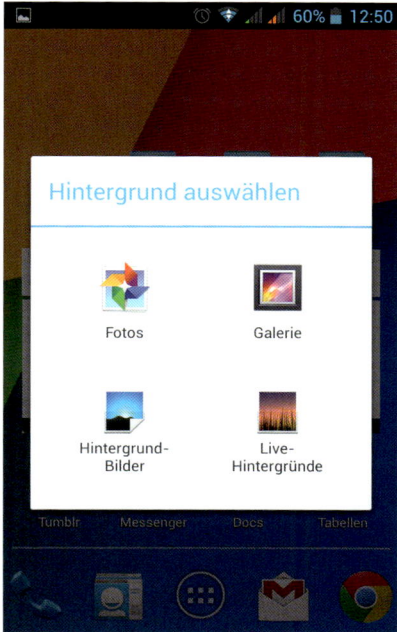 

Bei Android mitgelieferte Hintergrundbilder auswählen.

Eigene Hintergrundbilder aus der Galerie

Noch wesentlich persönlicher ist ein eigenes selbst fotografiertes Hintergrundbild auf dem Smartphone. Wählen Sie dazu in der ersten Auswahlliste die Option *Bilder*.

Jetzt werden alle auf dem Smartphone gespeicherten Fotos angezeigt. Diese können mit der Kamera aufgenommen sein, aus dem Internet heruntergeladen oder auf anderem Weg, zum Beispiel per E-Mail, auf das Smartphone gelangt sein.

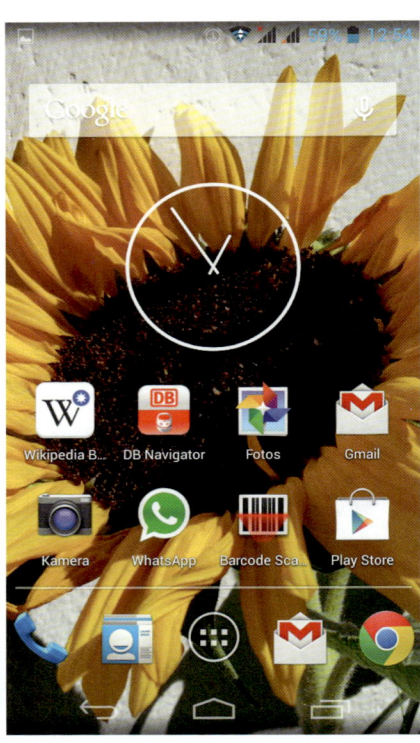

Foto aus der Galerie auswählen und zuschneiden.

Wählen Sie hier das gewünschte Foto aus. Die meisten Fotos haben ein anderes Seitenverhältnis und eine deutlich höhere Auflösung, als für das Hintergrundbild auf dem Startbildschirm benötigt wird. An dieser Stelle können Sie einen passenden Bildausschnitt im richtigen Seitenverhältnis wählen. Tippen Sie auf den markierten Ausschnitt, um ihn zu verschieben.

Beim Antippen auf den Rand können Sie die Größe des Ausschnitts variieren, ohne dass sich das Seitenverhältnis ändert. Das Seitenverhältnis ist so

Hintergrundbilder und Live-Hintergründe

gewählt, dass das Hintergrundbild im Hochformat wie auch im Querformat genutzt werden kann.

Jetzt brauchen Sie nur noch auf *Speichern* zu tippen, und das Foto wird als Hintergrundbild für den Startbildschirm übernommen.

Betrachten Sie gerade Fotos in der Galerie oder der Google+-Fotos-App auf dem Smartphone und finden dabei ein Bild, das Sie gerne jeden Tag als Bildschirmhintergrund sehen möchten, brauchen Sie nicht den Umweg über den Startbildschirm zu gehen.

Wählen Sie im Menü *Einstellen* und in der nächsten Auswahlliste *Hintergrund*.

Foto aus der Google+-Fotos-App als Hintergrundbild nutzen.

Auch hier haben Sie noch die Möglichkeit, den Bildausschnitt zu wählen. Danach erscheint das Foto als Hintergrundbild auf dem Startbildschirm. Ein ausgewähltes Hintergrundbild wird gleichzeitig auch für den Sperrbildschirm verwendet.

11 ▪ Insidertipps zur Bedienung

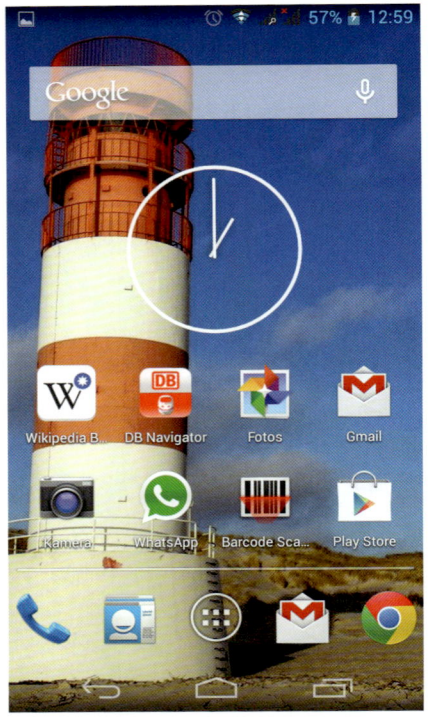 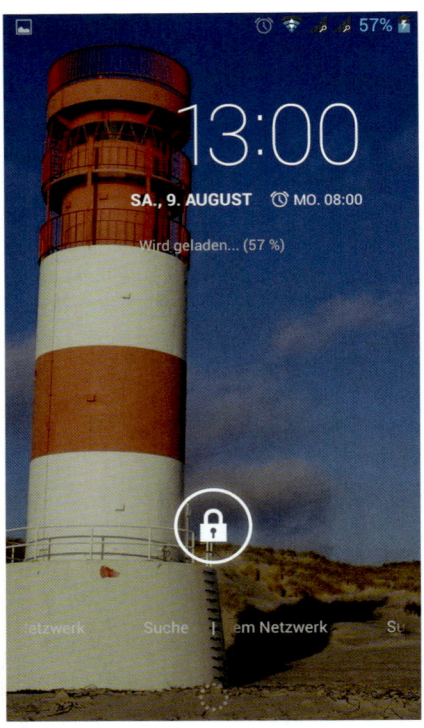

Hintergrundbild auf dem Start- und Sperrbildschirm.

Live-Hintergründe

Live-Hintergründe sind keine Bilder im klassischen Sinn, sondern mathematische Algorithmen, die in Echtzeit einen animierten Hintergrund berechnen und darstellen.

Handyhersteller liefern oft solche Live-Hintergründe mit ihren Geräten mit. Auch einige Apps enthalten Live-Hintergründe, um zum Beispiel das aktuelle Wetter oder andere Informationen in Echtzeit als Hintergrund auf dem Startbildschirm zu zeigen.

> **ACHTUNG:** Live-Hintergründe belasten den Prozessor und tragen damit extrem zum Akkuverbrauch des Smartphones bei. Wer auf lange Akkulaufzeiten Wert legt, verwendet lieber ein statisches Hintergrundbild, am besten ein möglichst dunkles.

Zusätzliche Live-Hintergründe lassen sich wie Apps installieren. Viele neuere Live-Hintergrundbilder erscheinen nach der Installation der Einfachheit halber als Verknüpfung auf dem Startbildschirm. Tippen Sie auf ein solches Symbol, kommen Sie direkt in die Liste der Live-Hintergründe, um das Bild als Hintergrund festzulegen, ohne erst über den Startbildschirm zu gehen.

Verschiedene Live-Hintergründe.

Alternative Oberflächen für Android

Sehr beliebt bei Android-Nutzern sind alternative Benutzeroberflächen für das Handy. Zwar beteuert Google bei jedem Android-Update, die Oberfläche so verbessert zu haben, dass sie jetzt benutzerfreundlich wie noch nie ist und keine alternativen Oberflächen (auch als Launcher bezeichnet) mehr nötig sind.

Gerade diese Tatsache scheint die Entwickler erst recht zu beflügeln, ständig weitere Funktionen und grafische Spielereien in ihre Oberflächen einzubauen – und das, obwohl sich Google in den Android-Entwicklerrichtlinien ausdrücklich gegen alternative Oberflächen ausspricht, was theoretisch auch für Gerätehersteller gilt.

GO Launcher EX

Der GO Launcher EX ist eine der bekanntesten kostenlosen Oberflächen für Android-Smartphones. Besonders bei sehr vielen installierten Apps bietet der GO Launcher EX aufgrund seiner Suchfunktion und der Möglichkeit, Apps in Ordnern abzulegen, eine gute Übersicht. Eine frei konfigurierbare Dockleiste am unteren Bildschirmrand für beliebte Apps sowie Kontextmenüs bei langem Drücken auf ein Symbol erweitern die Funktionen der Android-Oberfläche.

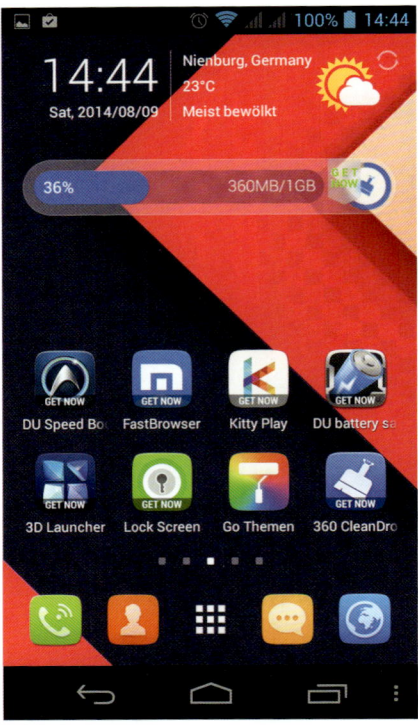

Der GO Launcher EX ist einer der beliebtesten Launcher für Android.

Der GO Launcher EX bietet eine komfortable Unterstützung für Fingergesten auf den Startbildschirmen und dem Docksymbol, verschiedene Blätteranimationen zwischen den einzelnen Startbildschirmseiten sowie scrollende und in der Größe veränderbare Widgets. Neben Android-Widgets bietet der Hersteller auch diverse eigene Widgets, die die Funktionen des Launchers erweitern. Das Aussehen des GO Launcher EX ist über Themen weitgehend personalisierbar.

Alternative Oberflächen für Android

Alternativen Launcher als Standard verwenden

Ist ein alternativer Launcher installiert, wird automatisch eine Auswahlliste angeboten, wenn man das nächste Mal mit dem Haussymbol auf den Startbildschirm wechselt. Tippen Sie darunter auf *Immer*, wird von nun an immer der gewählte Launcher gestartet. Um die Einstellung zurückzusetzen, wählen Sie *Einstellungen/Apps/GO Launcher EX/Standardeinstellung zurücksetzen*.

GO Launcher EX als Standard-Launcher verwenden und wieder zurücksetzen.

Yandex.Shell

Yandex.Shell, der kostenlose Nachfolger des seinerzeit sehr beliebten SPB Shell 3D, bringt Widgets für Kalender, Kontakte, Wetterbericht, SMS, Wecker und vieles mehr in einer coolen dreidimensionalen Oberfläche auf den Startbildschirm. Mit ein paar lockeren Fingerbewegungen zeigen verschiedene Bildschirmansichten aktuelle Infos der persönlichen Kontakte, SMS, Wetter und Termine.

11 ▪ Insidertipps zur Bedienung

 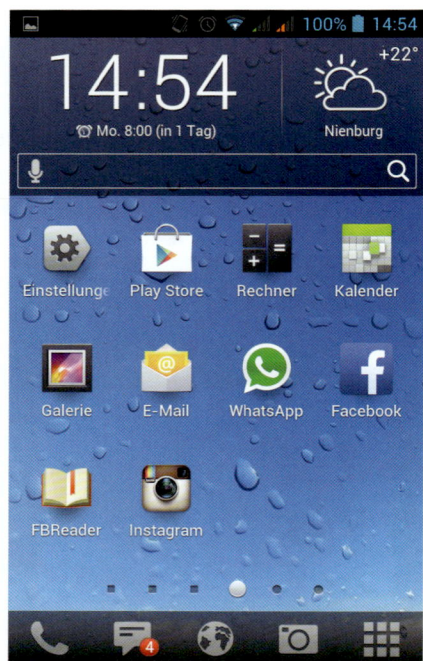

Die innovative Oberfläche der Yandex.Shell.

 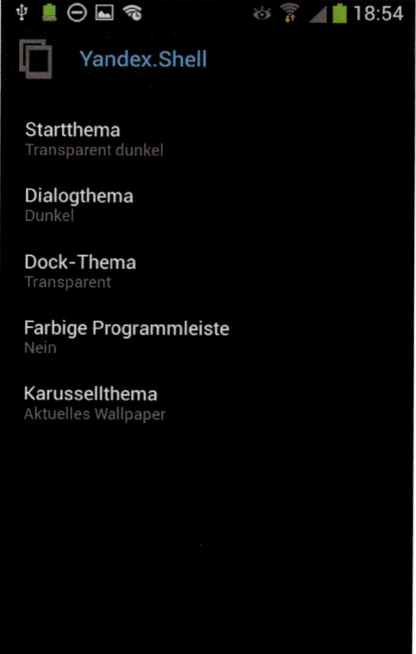

Ein Teil der Konfigurationsmöglichkeiten der Yandex.Shell.

Alternative Oberflächen für Android

Die neuartige Karussellansicht erreicht man mit einem Fingerstrich von unten nach oben über den Bildschirm. Yandex.Shell bietet diverse Einstellungen, mit denen sich Design und Verhalten des Launchers konfigurieren lassen.

Neben den klassischen Widgets von Android liefert Yandex.Shell noch diverse eigene Widgets mit. Zusätzlich gibt es sogenannte Panels, die auf kompletten Bildschirmseiten aktuelle Daten wie News, Wetter oder Fotos aus Flickr anzeigen. Diese Seiten sind wie Apps frei konfigurierbar.

Launcher 8

Microsofts Smartphone-Plattform Windows Phone überzeugt durch die neuartige, innovative Oberfläche, die ganz neue Akzente bei der Bedienung von Smartphones setzt. Launcher 8 ist eine Android-Benutzeroberfläche, die das Design   und Bedienkonzept von Windows Phone täuschend echt nachahmt.

 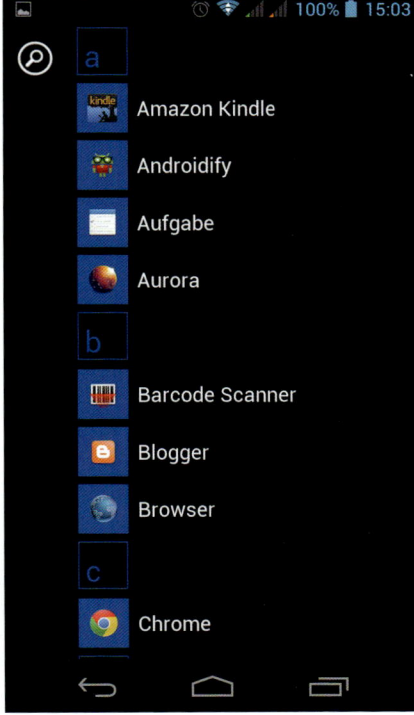

Launcher 8 macht aus dem Android-Smartphone (fast) ein Windows Phone.

11 ▪ Insidertipps zur Bedienung

Die Live-Kacheln und Farben lassen sich wie beim Vorbild anpassen. Beim ersten Start müssen Standardanwendungen für die Systemkacheln wie Telefon, Nachrichten, Browser etc. festgelegt werden, die sich aber auch später noch jederzeit ändern lassen.

Betriebssystem des Smartphones aktualisieren

Im Laufe der kurzen Geschichte des Betriebssystems wurde Android ständig weiterentwickelt. Es waren und sind verschiedene Versionen auf dem Markt. Für längst nicht alle Smartphones wird die jeweils neuste Android-Version angeboten, denn bei Android sind die Gerätehersteller für die Updates verantwortlich und nicht Google oder eine andere zentrale Stelle.

Welche Version auf einem Smartphone installiert ist, finden Sie ganz einfach heraus. Suchen Sie in den *Einstellungen* einen Punkt *Telefoninfo*, *Geräteinfo* oder ähnlich. Hier steht die installierte Android-Version.

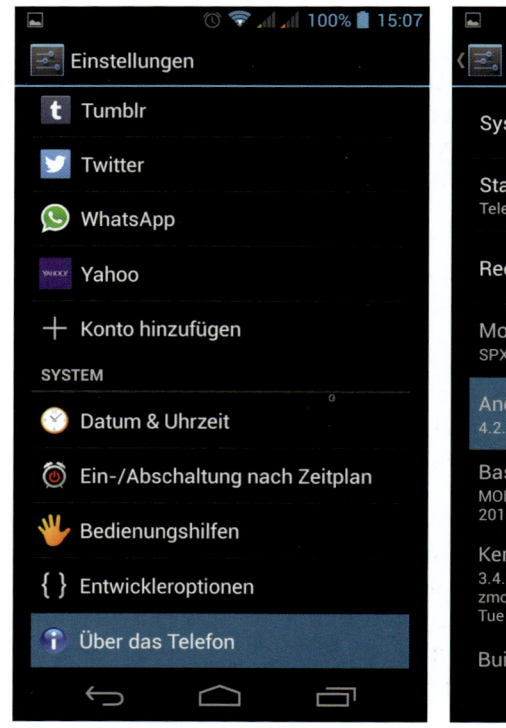
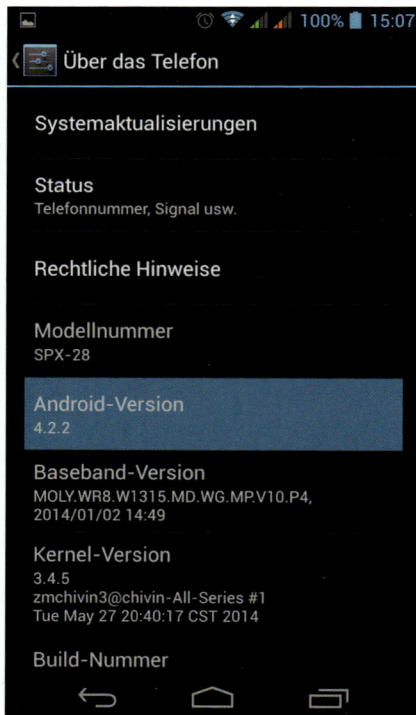

Anzeige der installierten Android-Version.

Große Updates, wie zum Beispiel von Android 2.3.x auf Android 4.x, können nur auf dem PC heruntergeladen werden und werden dann per USB-Kabel auf dem Smartphone installiert. Kleinere Updates können direkt auf das Smartphone heruntergeladen werden. Wegen der großen Datenmenge kann man in den meisten Fällen wählen, ob das Update über Mobilfunk oder ausschließlich über WLAN heruntergeladen werden soll.

> **ACHTUNG:** Beim Betriebssystem-Update muss unbedingt sichergestellt sein, dass der Akku nicht während des Update-Vorgangs leer wird. Lassen Sie das Smartphone am besten während des Update-Vorgangs am Ladegerät hängen. Sorgen Sie auch für ein Backup wichtiger Daten und Dateien, denn größere Updates versetzen das Smartphone schon mal in den Auslieferungszustand zurück.

Üblicherweise benachrichtigen die Gerätehersteller jedes Smartphone, wenn ein Update zur Verfügung steht. In diesem Fall erscheint eine auffällige Meldung auf dem Bildschirm. Sie können aber auch über den Menüpunkt *Telefoninfo/Software-Updates* oder *Systemaktualisierungen* in den *Einstellungen* gezielt nach einem Update suchen.

Die Update-Installation dauert üblicherweise einige Minuten bis eine halbe Stunde. Während dieser Zeit kann man keine Telefongespräche führen. Die deutsche Notrufverordnung schreibt vor, dass Benutzer ausdrücklich darauf hingewiesen werden, dass ihr Handy während des Update-Vorgangs nicht für Notrufe genutzt werden kann.

Das Smartphone mit dem PC verbinden

Moderne Android-Smartphones müssen heute nicht mehr mit dem PC verbunden werden, um Daten zu synchronisieren. Fast alle Daten lassen sich auch drahtlos über Cloud-Dienste austauschen. Die Synchronisation von Adressbuch und Kalender erfolgt automatisch über das Google-Konto.

Es gibt aber auch noch Fälle, in denen eine USB-Verbindung mit einem PC durchaus nützlich sein kann, zum Beispiel um eine größere Musiksammlung vom PC aufs Handy zu bringen oder umgekehrt Fotos von der Handykamera auf den PC zu übertragen. Auch lassen sich Smartphones mit ihrer großen Speicherkapazität als tragbarer Datenspeicher statt eines USB-Sticks oder gar als Sicherungsmedium für persönliche Daten nutzen.

Vom PC aus hat man zwar ohne Spezialtools keinen Zugriff auf den internen Programmspeicher, aber auf das interne Datenlaufwerk (wenn vorhanden)

11 ▪ Insidertipps zur Bedienung

sowie die Speicherkarte im Smartphone, die meistens größer als der interne Speicher ist.

Alle aktuellen Android-Smartphones haben einen Micro-USB-Anschluss zur Verbindung mit dem PC, der auch zum Aufladen des Akkus genutzt wird.

1. Schließen Sie das Smartphone über ein USB-Kabel am PC an.

2. Auf den meisten aktuellen Smartphones wird bei der Verbindung mit Windows 7 oder Windows 8.1 automatisch der Verbindungsmodus *Mediengerät (MTP)* ausgewählt. In diesem Modus können Sie Fotos importieren, Dateien öffnen und auch digitale Medien zwischen PC und Smartphone synchronisieren. Für Windows-XP-Computer müssen Sie den einfacheren Modus *USB-Speicher* verwenden.

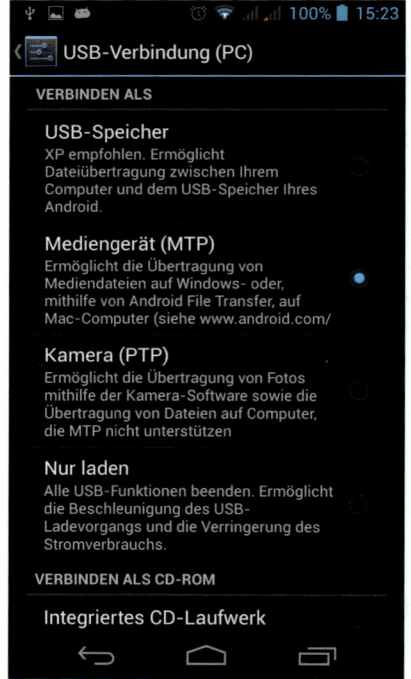

USB-Verbindung mit dem Android-Smartphone.

3. Bei der ersten Verbindung mit dem PC werden spezielle Laufwerktreiber installiert. Danach sehen Sie auf dem PC das übliche Dialogfeld beim Anschließen eines externen Laufwerks.

4. Kurz danach erscheint die Speicherkarte des Smartphones im Datei-Explorer auf dem PC. Jetzt können Sie Daten in beide Richtungen kopieren.

Mit dem Notebook über das Handy ins Internet

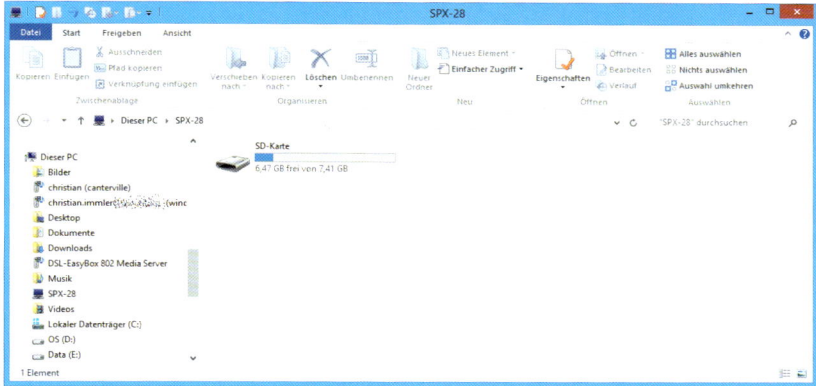

Die Speicherkarte eines Smartphones im Datei-Explorer unter Windows 8.1.

5. In der Benachrichtigungsleiste erscheinen USB-Symbole. Hier können Sie den Verbindungsmodus später noch umstellen. Einige Smartphones bieten auch direkt die Entwickleroptionen an, mit denen Sie unter anderem verhindern können, dass ein per USB-Kabel verbundenes Smartphone in den Ruhemodus schaltet.

> **ACHTUNG:** Während das Smartphone im USB-Laufwerkmodus mit dem PC verbunden ist, kann die Speicherkarte auf dem Smartphone nicht genutzt werden. So lassen sich keine Apps von der Speicherkarte starten und auch keine Fotos betrachten oder Musik abspielen. Wird die Verbindung mit dem PC getrennt, steht die Speicherkarte dem Smartphone nach wenigen Sekunden wieder zur Verfügung.

Mit dem Notebook über das Handy ins Internet

Moderne Smartphones liefern zumindest in Großstädten mit guter HSDPA-Versorgung Datenübertragungsraten, die mit DSL über Telefonkabel durchaus mithalten können. Da bietet es sich an, unterwegs das Handy als mobilen Internetzugang für das Notebook zu nutzen. Allgemein wird dieses Verfahren als Tethering bezeichnet, abgeleitet von dem englischen Wort für »anbinden«.

Die meisten Android-Smartphones bieten eine Möglichkeit, einen mobilen WLAN-Hotspot einzurichten. Sie können sich dann mit anderen Geräten wie Notebooks, Spielkonsolen, E-Book-Readern per WLAN am Smartphone anmelden und die Mobilfunkverbindung des Smartphones als Internetzugang nutzen.

11 ▪ Insidertipps zur Bedienung

> **INFO:** Mobilfunkbetreiber sehen das Tethering gar nicht gerne, da es auf dem Handy auf einmal ein Vielfaches an Datenvolumen erzeugt. Am Anfang versuchte man, Tethering technisch zu verhindern, was aber allein über die SIM-Karte nur schwer möglich ist, da das Handy eine normale Internetverbindung aufbaut und der PC von außen nicht zu sehen ist. Einige US-amerikanische Netzbetreiber lesen den User-Agent-String des Browsers aus und verhindern damit Netzwerkdatenverkehr, der von PC-Browsern verursacht wird. Auch hierzulande kursieren Gerüchte, Mobilfunkanbieter wollten in Zukunft die Modemnutzung in den preisgünstigen Tarifen technisch unterbinden.
>
> Bei den meisten günstigen Flatratetarifen für Smartphones wird nach wenigen Hundert MByte – zum Handysurfen in einem Monat absolut ausreichend – auf unattraktive GPRS-Geschwindigkeit abgebremst. Per Tethering mit dem Notebook kann man dieses Datenvolumen schon nach wenigen Stunden erreichen. Für den Rest des Monats hat man dann keinen Spaß mehr an der Flatrate. Die teureren Datenflatrates für Surfsticks beinhalten deutlich mehr Übertragungsvolumen. Natürlich spricht nichts dagegen, eine solche SIM-Karte in ein Smartphone zu stecken und dieses für das Tethering zu nutzen. Allerdings haben die typischen Notebook-Surftarife meist höchst unattraktive Preise beim Telefonieren.

Smartphone als mobiler WLAN-Hotspot

1. Tippen Sie in den *Einstellungen* unter *Mehr.../Drahtlos und Netzwerke* auf *Tethering und WLAN Hotspot*.

2. Schalten Sie hier die Option *WLAN-Hotspot* ein. Ein Symbol in der Statusleiste markiert den aktiven WLAN-Hotspot. Er wird sofort auf den anderen Geräten als verfügbar angezeigt. Bedenken Sie jedoch, dass die Reichweite bei Weitem nicht so groß ist wie die eines klassischen WLAN-Routers. Außerdem verbraucht die Nutzung als WLAN-Hotspot sehr viel Strom des Smartphone-Akkus. Schließen Sie am besten das Handy die ganze Zeit ans Ladegerät an und beenden Sie den WLAN-Hotspot, sobald Sie ihn nicht mehr benötigen.

3. Der Konfigurationsdialog zeigt den Namen des Hotspots sowie einen zufällig generierten Schlüssel an, der auf den Geräten eingegeben werden muss. Als Verschlüsselungsverfahren wird standardmäßig WPA2-PSK verwendet. Tippen Sie auf *Passwort anzeigen*, um das Passwort zu sehen, damit Sie es auf den anderen Geräten eingeben können. An dieser Stelle können Sie auch selbst ein Passwort festlegen.

4. Der Konfigurationsbildschirm zeigt an, wenn sich ein anderes Gerät per WLAN mit dem mobilen Hotspot verbindet.

Mit dem Notebook über das Handy ins Internet

5. Über den Menüpunkt *WLAN-Hotspot einrichten* können Sie den Namen des mobilen Hotspots, das Verschlüsselungsverfahren, das Passwort und auf manchen Smartphones auch den WLAN-Kanal ändern, falls es Probleme mit der Standardeinstellung geben sollte.

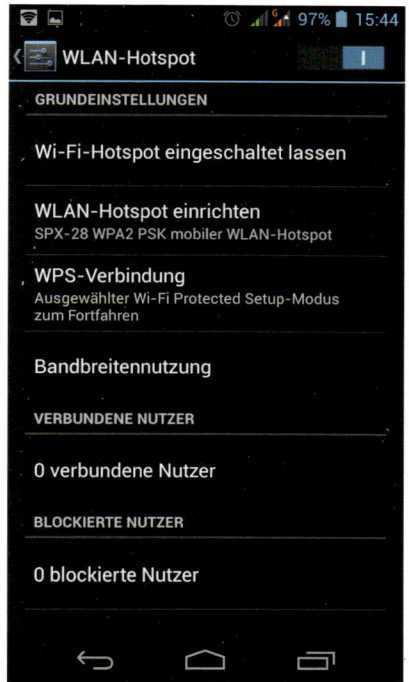 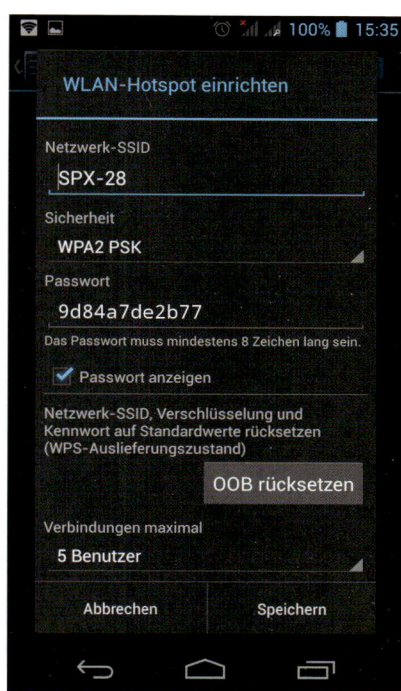

WLAN-Hotspot auf dem Smartphone einrichten.

Tethering über USB-Kabel

Anstatt über WLAN können Sie einen PC auch über ein USB-Kabel mit dem Smartphone verbinden, um die Internetverbindung zu nutzen. Dies funktioniert allerdings nur mit Windows-PCs und immer nur mit einem PC gleichzeitig.

> **ACHTUNG:** Diese Art der Verbindung sollten Sie auf jeden Fall zu Hause auf dem Notebook einrichten, bevor Sie sie unterwegs nutzen, da das Notebook eine funktionierende Internetverbindung voraussetzt, um notwendige Treiber zu installieren, bevor das USB-Tethering verwendet werden kann.

1. Verbinden Sie das Smartphone über ein USB-Kabel mit dem PC und tippen Sie in den *Einstellungen* unter *Mehr.../Drahtlos und Netzwerke* auf *Tethering & mobiler Hotspot*.

2. Aktivieren Sie die Option *USB-Tethering*. Auf dem PC erscheint eine Meldung, dass Gerätetreiber installiert werden. Dazu wird die vorhandene Internetverbindung des PCs genutzt.

3. Trennen Sie jetzt die Internetverbindung des PCs. Im Ordner *Netzwerkverbindungen* von Windows wird automatisch eine neue Netzwerkverbindung angezeigt. Den Ordner *Netzwerkverbindungen* finden Sie unter Windows 8.1 im Systemmenü mit einem Rechtsklick auf das Windows-Logo. In Windows 7 öffnen Sie das *Netzwerk- und Freigabecenter* in der Systemsteuerung. Klicken Sie hier oben links auf *Adaptereinstellungen ändern*.

USB-Tethering in den Einstellungen auf dem Smartphone aktivieren.

Die neue Netzwerkverbindung auf dem PC.

4. Da Sie die Verbindung über das Smartphone nicht zum Zugriff auf ein lokales Netzwerk verwenden können, wird diese automatisch als *Öffentliches Netzwerk* eingerichtet.

5. Jetzt können Sie die Netzwerkverbindung auf dem PC nutzen. Um sie wieder zu trennen, ziehen Sie einfach das USB-Kabel heraus. Auf dem Smartphone wird dann automatisch das USB-Tethering wieder deaktiviert.

Datenübertragung per Bluetooth

Bluetooth ist eine drahtlose Übertragungstechnik mit einer Reichweite von wenigen Metern, mit der Sie Daten zwischen verschiedenen Geräten übertragen können. Fast alle Smartphones unterschiedlichster Betriebssysteme und selbst ältere Handys unterstützen Bluetooth. Per Bluetooth können Sie auch Daten auf PCs oder die Fotodruckautomaten in Drogerie- und Elektronikmärkten übertragen.

Datenübertragung per Bluetooth

Daten zwischen zwei Smartphones übertragen

Da Bluetooth viel Strom frisst, empfiehlt es sich, es nur einzuschalten, wenn es wirklich benutzt wird. Ein Symbol in der erweiterten Benachrichtigungsleiste ermöglicht es, Bluetooth jederzeit ein- und wieder auszuschalten.

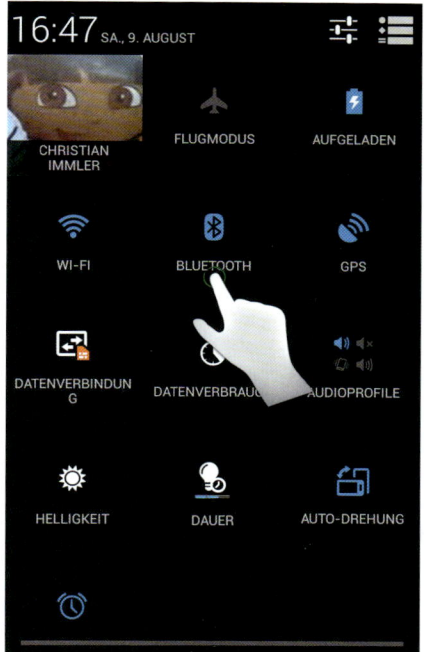 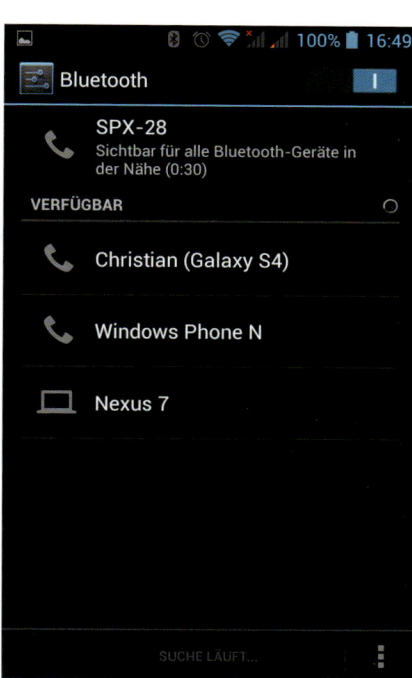

Bluetooth auf dem Smartphone einschalten.

Bei Bluetooth verwendet jedes Gerät einen eigenen Namen, unter dem es von anderen Geräten unterschieden werden kann. Damit sich die Geräte gegenseitig finden, müssen sie auf *Sichtbar* geschaltet werden. Tippen Sie dazu länger auf das Bluetooth-Symbol, erscheint der *Einstellungen*-Bildschirm. Tippen Sie dort auf den Gerätenamen, um das Smartphone sichtbar zu machen.

1. Möchten Sie ein Foto oder eine andere Datei vom Smartphone per Bluetooth auf ein anderes Handy übertragen, schalten Sie auf beiden Geräten Bluetooth ein und machen Sie sie sichtbar.

2. Wählen Sie in der entsprechenden App das zu sendende Objekt, zum Beispiel ein Foto, und tippen Sie auf das *Teilen*-Symbol. Wählen Sie hier *Bluetooth*.

3. Jetzt erscheint eine Liste der sichtbaren Geräte in der Nähe. Wählen Sie hier das Gerät aus, an das das Foto gesendet werden soll. Sollte das gewünschte Gerät nicht in der Liste stehen, tippen Sie unten auf *Suchen*.

11 ▪ Insidertipps zur Bedienung

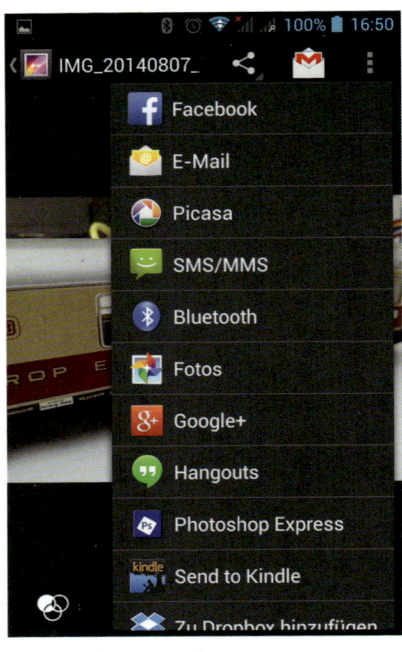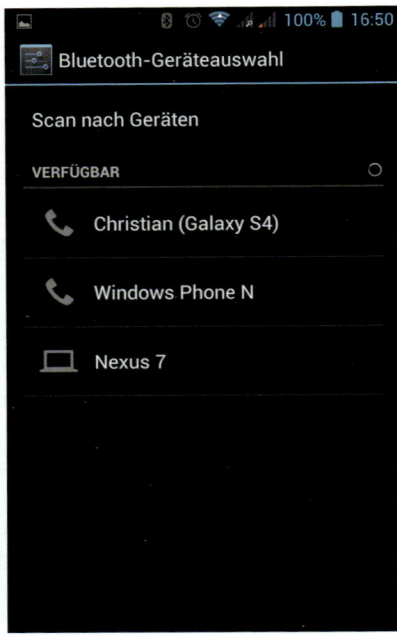

Datei und Gerät zur Übertragung auswählen.

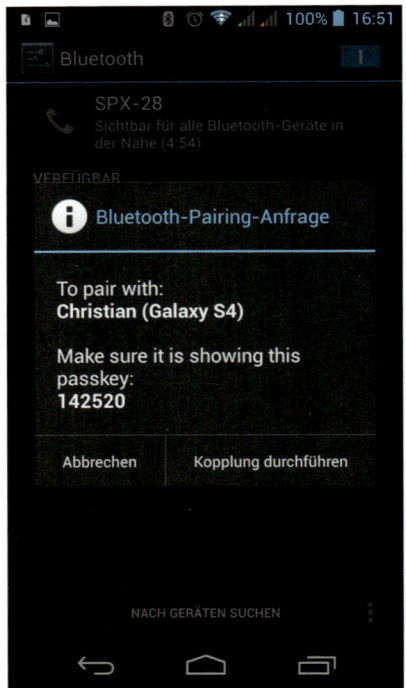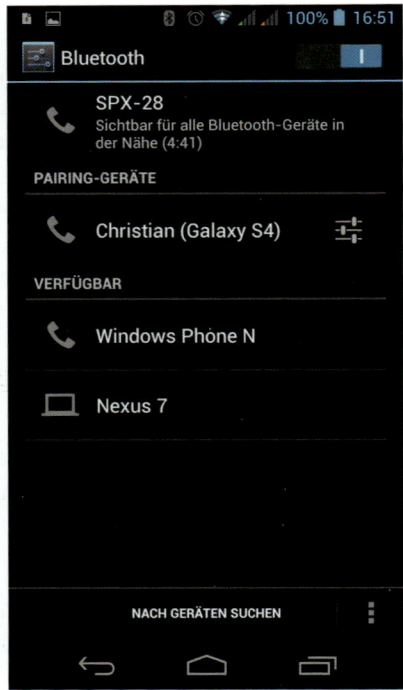

Bluetooth-Kopplung einrichten.

4. Auf dem empfangenden Gerät müssen Sie die Annahme der Datei noch bestätigen. So wird verhindert, dass jemand unbemerkt per Bluetooth auf das eigene Smartphone zugreift.

Nach wenigen Minuten wird das Smartphone aus Sicherheitsgründen automatisch wieder unsichtbar. Um zu verhindern, dass vertrauenswürdige Geräte vor jeder Dateiübertragung wieder sichtbar geschaltet werden müssen, tippen Sie in der Liste auf das gewünschte Gerät und koppeln es. Diese Kopplung, auch als Pairing bezeichnet, muss auf beiden Geräten noch bestätigt werden.

Danach können Sie jederzeit eine Verbindung herstellen, auch wenn das andere Gerät nicht sichtbar ist. Bluetooth muss natürlich eingeschaltet sein, und der Empfang von Daten muss weiterhin bestätigt werden.

Daten zwischen Smartphone und PC übertragen

Auch ohne spezielle Synchronisierungssoftware können Sie per Bluetooth Daten vom Smartphone zum PC und umgekehrt übertragen.

Viele Notebooks haben bereits eine Bluetooth-Schnittstelle eingebaut. Andere PCs lassen sich leicht mit Bluetooth nachrüsten. Bluetooth-Adapter in USB-Stick-Bauart sind in großer Auswahl zu günstigen Preisen im Zubehörhandel erhältlich.

Bluetooth-Verbindungen werden nicht wie Netzwerkverbindungen von einem Rechner aus verwaltet. Hier muss an beiden beteiligten Geräten jemand sitzen. Auf dem einen Gerät wird die Datei verschickt, und auf dem anderen muss sie angenommen werden. Bluetooth-Übertragungen dauern deutlich länger als Datenübertragungen per WLAN oder Kabelverbindungen.

Datei vom Smartphone auf den PC senden

Bluetooth stellt eine einfache Möglichkeit dar, einzelne Fotos vom Smartphone auf fremde PCs zu senden, auf denen nicht das gleiche Google-Konto eingerichtet ist.

1. Als Erstes muss der empfangende Computer sichtbar geschaltet werden. Klicken Sie dazu mit der rechten Maustaste auf das ausgeblendete Bluetooth-Symbol in der Taskleiste und wählen Sie im Kontextmenü *Einstellungen öffnen*.

2. Aktivieren Sie im nächsten Dialogfeld alle Optionen. Die oberste, *Bluetooth-Geräte können diesen PC ermitteln*, steuert die Sichtbarkeit innerhalb der Bluetooth-Umgebung.

11 ▪ Insidertipps zur Bedienung

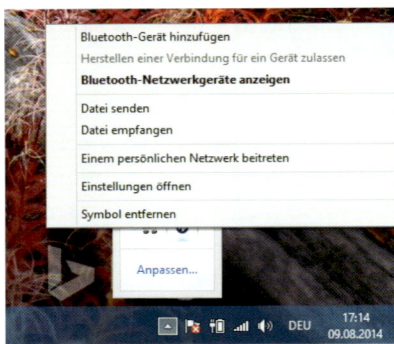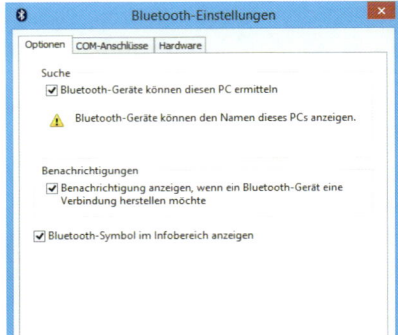

Bluetooth-Einstellungen auf dem empfangenden Gerät.

3. Klicken Sie nochmals mit der rechten Maustaste auf das ausgeblendete Bluetooth-Symbol in der Taskleiste und wählen Sie im Kontextmenü *Datei empfangen*. Es erscheint die Meldung, dass auf eine Datenübertragung gewartet wird.

4. Starten Sie auf dem Smartphone die gewünschte App, markieren Sie die zu übertragende Datei, zum Beispiel ein Foto in der Galerie, tippen Sie auf das *Teilen*-Symbol und wählen Sie in der Liste *Bluetooth*.

5. Jetzt startet automatisch die Suche nach Bluetooth-Geräten in der Umgebung. Tippen Sie hier auf den PC, an den die Datei gesendet werden soll.

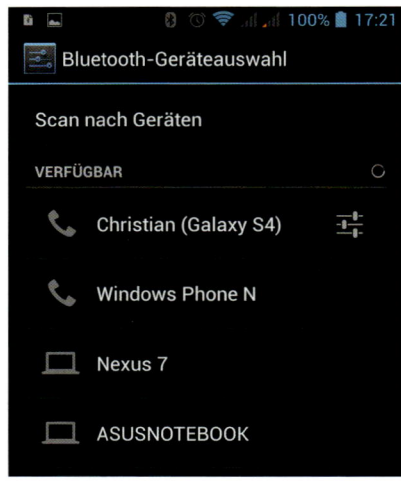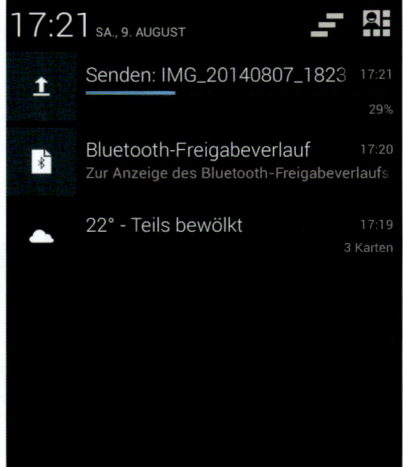

PC auswählen und Datei übertragen.

6. Auf dem PC erscheint ein Fenster, das den Übertragungsfortschritt anzeigt. Nach abgeschlossener Übertragung müssen Sie noch ein Verzeichnis wählen, in dem die empfangene Datei gespeichert werden soll.

Datenübertragung per Bluetooth

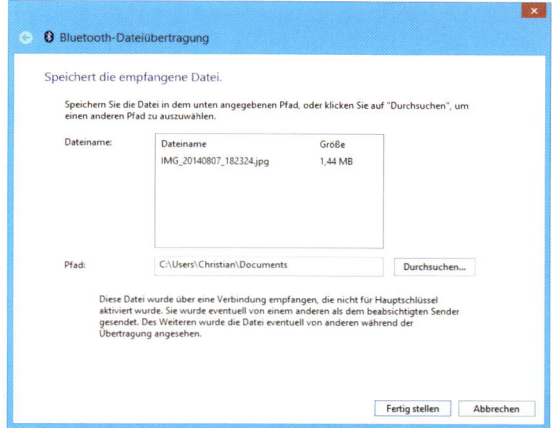

Empfangene Datei auf dem PC speichern.

Datei vom PC auf das Smartphone senden

Umgekehrt können Sie auch Dateien vom PC auf das Smartphone übertragen. Achten Sie dabei darauf, nur Dateitypen zu übertragen, mit denen Sie auf dem Smartphone auch etwas anfangen können, wie zum Beispiel Fotos.

1. Schalten Sie auf dem Smartphone über die erweiterte Statusleiste Bluetooth ein. Auf dem Startbildschirm erscheint die Suche nach Geräten in der Umgebung. Diese ist für den Datenempfang nicht wichtig, schalten Sie aber in diesem Fenster das Smartphone sichtbar.

2. Suchen Sie auf dem PC die zu übertragende Datei im Explorer, klicken Sie mit der rechten Maustaste darauf und wählen Sie *Senden an/Bluetooth-Gerät*.

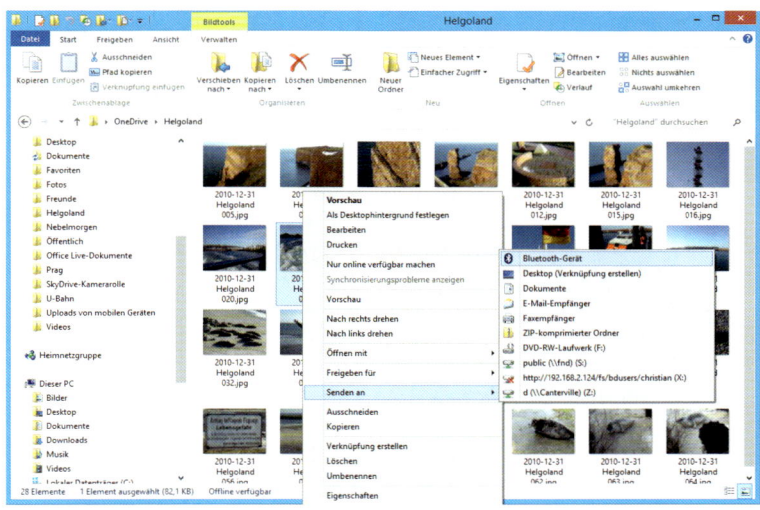

Foto aus dem Explorer an ein Bluetooth-Gerät senden.

311

11 ▪ Insidertipps zur Bedienung

3. Wählen Sie im nächsten Dialogfeld Ihr Smartphone aus und deaktivieren Sie die Option *Authentifizierung verwenden*. Klicken Sie anschließend auf *Weiter*.

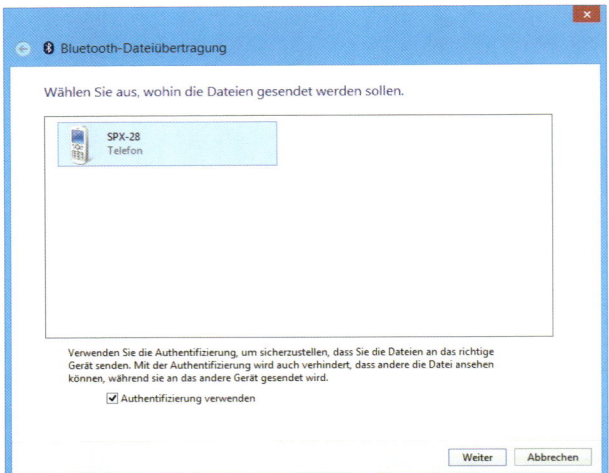

Bluetooth-Gerät in der Umgebung auswählen.

4. Auf dem Smartphone erscheint eine Anfrage zur Datenübertragung, in der der Name des PCs sowie der Name der zu übertragenden Datei angezeigt werden. Tippen Sie hier auf *Annehmen*.

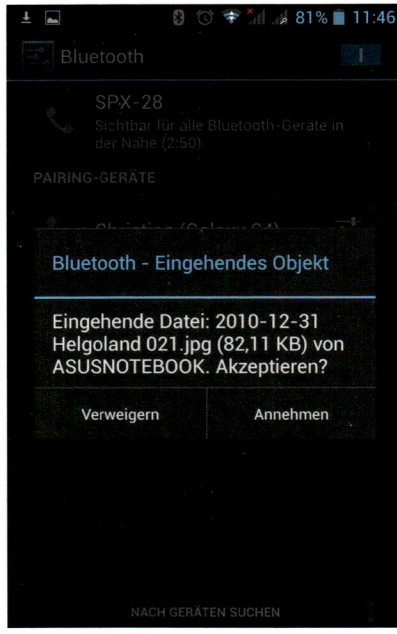 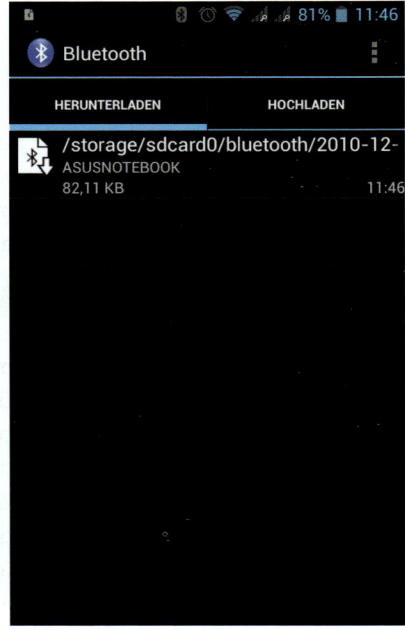

Foto per Bluetooth vom PC auf einem Smartphone empfangen.

5. Nach Abschluss der Übertragung sehen Sie die Datei auf dem Smartphone. Tippen Sie in der Liste darauf, um sie mit der Standardanwendung zu öffnen. Sollte für diesen Dateityp keine Standardanwendung definiert sein, erscheint ein Auswahlfenster.

6. Schließen Sie auf dem PC das Fenster *Die Datei wurde erfolgreich übertragen* mit einem Klick auf *Fertig stellen*.

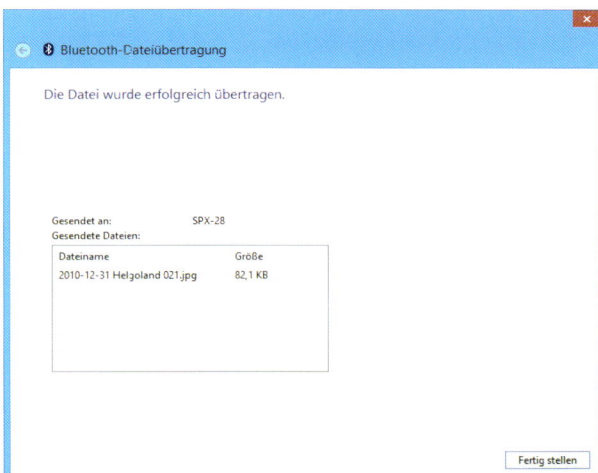

Die Meldung auf dem PC zeigt an, dass die Datei erfolgreich übertragen wurde.

Android-Smartphones »rooten«

Wem die Freiheit, die Android auf normalem Weg schon bietet, noch nicht reicht, kann sein Handy »rooten«. Da Android auf Linux basiert, geht es auch von einem normalerweise eingeschränkten Benutzerkonto aus, dem kritische Systemzugriffe verwehrt werden. Ein spezieller Benutzer *root* hat Zugriff auf das komplette System, was natürlich mit hohen Risiken verbunden ist.

Android-Nutzer können mit speziellen – von den Geräteherstellern nicht autorisierten – Tools sich selbst den Root-Zugriff auf ihr Handy freischalten. Im gerooteten Modus sind noch weit mehr Funktionen möglich, was auch Entwicklern einen großen Spielraum für spezielle Root-Apps bietet. So ist zum Beispiel das Übertakten des Prozessors oder die Installation nicht autorisierter sogenannter CustomROMs nur mit Root-Berechtigung möglich, da bestimmte Schutzmechanismen des Systems übergangen werden müssen. Gerootete Handys haben keine Sicherheitsmechanismen mehr. Sie stehen Trojanern und anderer bösartiger Software völlig offen gegenüber. Einige Trojaner rooten bei ihrer Installation das Handy, um anschließend weitere Software nachzuinstallieren.

> **ACHTUNG:** Das Rooting an sich ist zwar mittlerweile weitgehend sicher, danach hat man aber volle Rechte auf dem System und kann durch Fehlbedienung oder bösartige Apps, die ohne Root-Zugriff nicht laufen, sein System eventuell unwiderruflich beschädigen. Im Gegensatz zu einem durch Fehlbedienung beschädigten Windows-PC lässt sich das Betriebssystem auf einem Android-Smartphone nicht einfach neu installieren. Es gibt auch keine Systemwiederherstellung und keine Rettungs-CD. Da beim Rooten alle Sicherheitsmechanismen außer Kraft gesetzt werden, kann angebliche Tuning-Software, die Prozessor oder Grafikchips übertaktet, diese auch tatsächlich hardwareseitig beschädigen oder gar zerstören. Ein Android-Gerät zu rooten, ist zwar nicht illegal, da im Gegensatz zu Jailbreaks auf dem iPhone keine Urheberrechte verletzt und auch keine bewusst gesetzten Sperren aufgebrochen werden. Die meisten Hersteller lehnen Garantieansprüche für gerootete Geräte aber grundsätzlich ab.

CustomROMs sind Betriebssystemversionen, die von unabhängigen Entwicklergruppen erstellt werden und oft mehr Funktionen bieten als die Original-ROMs der Gerätehersteller.

Zuerst brauchen Sie ein Rooting-Tool, das zu Ihrem Smartphone passt. Da das Rooten für die meisten »normalen« Nutzer wesentlich mehr Risiken als Vorteile bringt, empfehlen wir hier kein Rooting-Werkzeug.

Ein guter Ansatzpunkt zur Suche nach derartigen Tools ist das XDA-Developers-Forum *www.xda-developers.com*. Bei PC-basierten Rooting-Tools lesen Sie immer zuerst genau die mitgelieferte Anleitung. In den meisten Fällen muss das Smartphone über eine bestimmte Tastenkombination in den Recovery-Modus versetzt werden. Oft müssen auch die normalen USB-Sync-Treiber des Herstellers auf dem PC deinstalliert werden, bevor eine zum Rooting geeignete Verbindung zwischen Smartphone und PC mit speziellen Treibern aufgebaut werden kann. Selbstverständlich ist auch eine Datensicherung vor dem Rooten angebracht.

Sind Sie sich nicht sicher, ob Ihr Smartphone gerootet ist oder nicht, hilft die kostenlose App *Root Checker Basic* weiter.

Diese App überprüft das Smartphone auf mögliche Root-Zugriffe, ohne es selbst zu rooten oder irgendwelche anderen Veränderungen vorzunehmen.

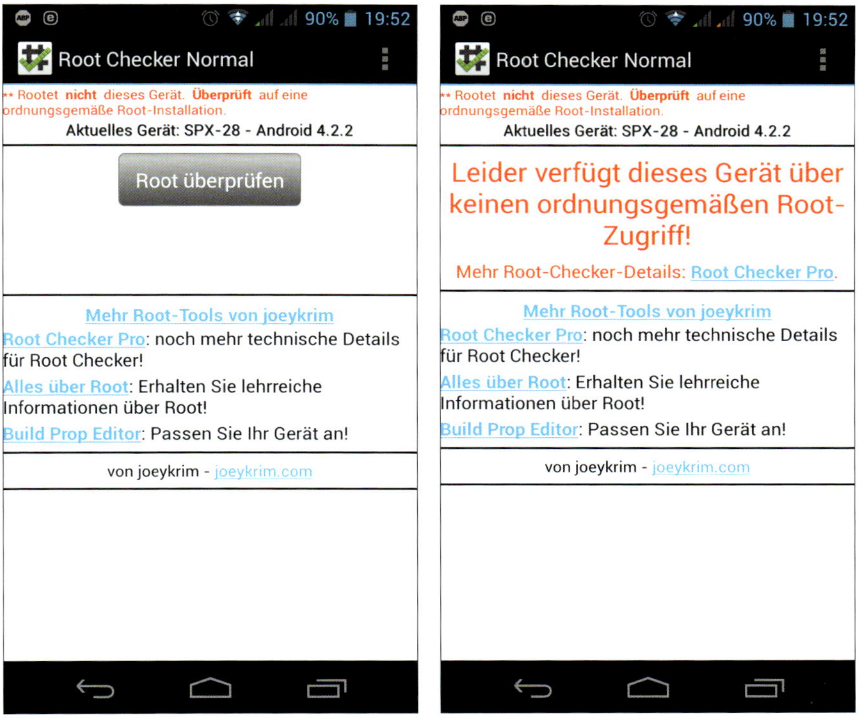

Androidify

Root Checker Basic stellt fest, ob ein Smartphone gerootet ist oder nicht.

> **TIPP:** Da das Rooting eine reine Softwaremaßnahme ist, lässt es sich auch wieder rückgängig machen, solange Sie nicht im gerooteten Zustand ein anderes ROM installiert haben. Die Rooting-Tools verfügen alle auch über eine UnRoot-Funktion. Im Falle eines Garantieanspruchs kann ein Gerätehersteller aber durchaus erkennen, ob ein Fehler durch Rooting hervorgerufen wurde.

Androidify

Gerade die Apps, die manchen Nutzern als völlig sinnlos erscheinen, sind die, die anderen den meisten Spaß bereiten.

Mit *Androidify* nimmt Google sich selbst auf den Arm und bietet Android-Fans die Möglichkeit, sich einen persönlichen Avatar im Android-Stil zu basteln, indem man das Android-Männchen nach

eigenen Wünschen umgestaltet. Dazu stehen verschiedene Kleidungsstücke und Frisuren zur Verfügung, auch die Figur selbst kann größer, kleiner, schlanker oder beleibter ausfallen.

Mit Androidify das eigene Android-Männchen erschaffen.

Das fertige Android-Männchen lässt sich über die auf dem Smartphone installierten Kommunikationswege weiterverteilen, als Bild in der Galerie speichern oder als Avatar im eigenen Google-Konto nutzen.

In diesem Sinne viel Spaß mit Ihrem Android-Smartphone!

Stichwortverzeichnis

A

Adblock Plus 284
Ad Network Detector 282
Adobe Photoshop Express 210
Adressbuch 57
Adressbuch auf PC bearbeiten 61
AirPush 281
Akku 237
    aufladen 19
    Laufzeit 12
    sparen 238, 294
Aktuelle-Apps-Taste 34
Android 9
    Benutzeroberfläche 30
    Geräte-Manager 275
    rooten 313
    Update 300
    Versionen 13
    Verteilung 14
Android 5.0 15
Androidify 315
Annäherungssensor 42
Anonymes Browsen 106
Anrufliste 41
APK-Datei 88
Apple 9
Apps 75, 237
    auf Speicherkarte
        verschieben 83
    auf Startbildschirm 31
    Berechtigungen 76
    deinstallieren 82
    entfernen 32
    installieren 76
    kaufen 81
    QR-Code 87
    unbekante Quellen 88
    weitergeben 242
Astronomie 172

B

Bahnfahrplan 174
Barcode Scanner 85
Batterie sparen 237
Batterie sparen, Bluetooth 307
Bcc 135
Benachrichtigungsleiste 35, 66
    E-Mail 132
    Musikplayer 213
    SMS 160
    Werbung 281
Benutzeroberfläche 14, 30, 295
Betriebssystem-Update 300
Bildbearbeitung 207
Bildschirmsperre 36, 270
Bildschirmtastatur 37
Bing 97
Blitz 193
Blogger 265
Bluetooth 306
    Adapter 309
    Kopplung 309
    Pairing 309
Browser 93
    Alternativen 116
    Chrome 99
    Desktopdarstellung 104
    Dolphin 122
    Firefox 117
    Lesezeichen 100
    Opera Mini 120
    Twitter 156
    Zoom 103
Browserkennung 104

C

Cc 135
Chat 162
ChatON 165

Stichwortverzeichnis

Cheap Calls 55
Chrome 99
Chrome als Standardbrowser 109
Cloud-Speicherdienst 246
Cookies 106
CustomROM 313

D

Dateimanager 241
Datenflatrate 223
Datennutzung 50
Datenschutz 107
Datenübertragung 301
    Bluetooth 306, 309
Datenvolumen 46, 50, 223, 228, 304
Datum einstellen 21
DB Navigator 174
Desktopdarstellung 104
Dialer 77
Diebstahlschutz 275, 280
Digitaler Bilderrahmen 191
Direktnachricht 290
Direktwahl 290
Dolphin Browser 122
    Add-ons 125
    Gestensteuerung 124
    Useragent 124
Do Not Track 108
Downloadportal 88, 267
Dual-SIM-Smartphones 51
Duden Universalwörterbuch 260

E

E-Book 255, 258
    Duden Universalwörterbuch 260
    Google Play Books 261
    vorlesen 263
    Einstellungen
        Datennutzung 50
        Datenschutz 107
        Gmail 132
        Google+ 199
        Google Now 34

Google Play 79
Google Play Books 263
Google-Profil 29
    Kalender 67
    Kamera 195
    Kontakte 58
    Seriennummer 275
    Standort 275
    WLAN 22
E-Mail 131
    Anhang 137
    App 138
    beantworten 133
    Betreffzeile 134
    einrichten 142
    lesen 132
    Mailserver 143
    schreiben 134
Energiesparmodus 239
EPUB 255
Ersteinrichtung 19
Evernote 252
EyeEm 206

F

Facebook 132, 145
    App 145
    einchecken 147
    Flickr 203
    Fotos 203
    Integration in Adressbuch 150
    Messenger 164
    Status 147
Fahrplan 174
Fahrplan, Verkehrsverbünde 176
FBReader 255
File Expert 241
Firefox 117
    Adblock Plus 286
    Aurora 119
Flatrate 46, 47
Flickr 200
Flow 234

Flugsuche	179
Fotografieren	192
Foto-LED	193
Fotos	191
bearbeiten	207
Facebook	203
Hintergrundbild	292
Picasa	197
Seitenverhältnis	292
Foursquare	189
Frontkamera	193

G

Galerie	293
Gelbe Seiten	187
Geotagging	195
Geräteauswahl	11
Geräteortung	275
Gesichtserkennung	273
Gingerbread	13
Gmail	25, 61, 131
Gmail, Filterregeln	136
GO Contact Sync Mod	62
GO Launcher EX	296
Google	
AdMob	281
Chrome	99
Docs	247
Drive	247
Earth	171
Hangouts	163
Kalender	28, 63
Maps	167
Nexus	11, 15
Notizen	250
Now	34, 181
Places	188
Sicherheit	58
Sky Map	172
Suche	95
Tabellen	248

Google+	26, 156, 197
App	158
Fotos	208
Fotos automatisch sichern	198
Kontakte	159
Profilbild	132
Google-Konto	23, 57
anlegen	24
Google Play	76
Google Play Music	214, 218
Google Play Store	14, 23, 75
Alternativen	88
Apps deinstallieren	83
E-Books	261
Musik	216
PC-Version	79
Updates	78
Google Wallet	81
GPS	167
GreenPower	240

H

HDR-Fotos	194
Hintergrundbild	291
Hochformat	39
Home-Taste	34
Honeycomb	13
HTML5	117

I

Ice Cream Sandwich	13
IMAP	138, 139
IMEI	275
Inkognito-Modus	106, 107
Instagram	205
Instant Messenger	162
Internet	93
Internetradio	223
iOS	9
iPhone	268

Stichwortverzeichnis

J
Jelly Bean 14

K
Kalender 35, 63
Kalender, Widget 290
Kamera 192
    Aufnahmemodi 193
    Effekte 196
    Einstellungen 195
    Flickr 202
    HDR 194
    Selbstauslöser 196
Kartenpatiencen 232
KitKat 14
Kneipentipps 188
Kontakte 57
    E-Mail schreiben 134
    Google+ 158
    sortieren 58
    Widget 290
Kopfhörer 217
Kreditkarte 81

L
Landkarte 167
Launcher 295
Launcher 8 299
Lautsprecher 43, 217
Lautstärketasten 123
LeadBolt 281
Lesezeichen 100
    Startbildschirm 101
    Widget 102, 289
Live-Hintergründe 294
LTE 16, 49

M
MAC-Adresse 116
Mailbox 44
Mailserver 143
Malware 267
Messenger 162, 241

Micro-SIM-Karte 19
Micro-USB-Anschluss 302
Micro-USB-Ladegerät 19
Mikrofon 43
Mobilfunktarife 46
Musik 212
    Benachrichtigungsleiste 213
    Datenvolumen sparen 215
    erkennen 226
    Schnellmixe 215
    synchronisieren 219
    Wecker 225
    Widget 213
Musikbibliothek 219

N
Netzqualität 48
Netzwerkumgebung 244
Notebook 303
Notizen 250
Notruf 301

O
Öffi 178
Office 247
One Touch Akkusparer 239
Onlinebanking 160
Onlinefotoalben 197
Opera Mini 120
Ortung 275
Outlook 62, 71, 140

P
Pairing 309
Panoramafotos 194
Passwort 271
Passwort vergessen 26
pdassi 92
Phishing 268
Picasa 198, 246
PIN 271
Planetarium 173
Poolbillard 235

POP3	138
Positionsbestimmung	95
Prepaid-Datenpaket	47
Prepaid-Guthabenkarte	81

Q

QR-Code	84
QR-Code für Datenweitergabe	86
QR-Code, Wikipedia	130
QRpedia	130
Querformat	39
Quizduell	231

R

Radio	223
RealCalc Scientific Calculator	253
Rechner	253
Resco Bubbles	236
Restaurants finden	185, 188
Rooting	313
Rooting rückgängig machen	315
Routenplaner	
Google Maps	170
Öffi	178
Widget	290
Rufweiterleitung	44

S

Samsung Apps	91
Schach	234
Schnellstartleiste	33
Seite senden	105
Selbstporträt	193
Seriennummer	275
Sicherheit	267
SIM-Karte	19, 20
SIM-Karte, Wechsel	
verhindern	280
Simvalley	52
Skype	54
Skyscanner	179
Smartphone	303
SMB-Client	243
SMS	131, 160
bei Abwesenheit	45
Code zum Sperren des Smartphones	281
Hangouts	164
SoundHound	226
Soziale Netzwerke	145
Spam	134
SPB Shell 3D	297
Speicherkarte	302
Sperrbildschirm	270
Sperrmuster	272
Spiele	229
Spracherkennung	251
Sprachsuche	96
Stadtplan	167
Standort	95, 275
Starred in Android	41
Startbildschirm	31
alternative Oberflächen	295
Lesezeichen	101
Suchfeld	94
Uhr	71
Sudoku	233
Swarm	190
Synchronisieren	57, 219
Systemtools	237
Szenenmodus	196

T

Tabellenkalkulation	248
Taschenrechner	253
Tastatur	37
Telefonbuch	185
Telefonieren	40, 131
Telefonieren ins Ausland	54
Telefonkonferenz	43
Telefonnummer	
auf dem Sperrbildschirm	271
hinzufügen	59
speichern	57
suchen	40
Temporärdateien	106

Stichwortverzeichnis

Termine 64
    Erinnerung 66
    suchen 66
    Wiederholung 66
Terminkalender 63
Tethering 303, 305
Textverarbeitung 247
Thunderbird 70, 140
Tonwahltastatur 42
Touchscreen 17
Tracking-Schutz 108
Tumblr 203, 265
TuneIn Radio 224
Twitter 152
    App 153
    Flickr 203

U

U-Bahn-Fahrplan 176
Uhr 71, 72
Uhrzeit einstellen 21
USB-Tethering 305
USB-Verbindung 301
Useragent 124

V

Verfolgungsschutz 108
Verlaufsliste 106
Verpasste Anrufe 44
Verschlüsselung 276
Virenscanner 277
Visitenkarte 60
Voice over IP 54

W

WeatherPro 182
Webradio 223
Wecker 71, 73
Weißabgleich 196
Werbung 281
    im Browser blockieren 284
    in Apps finden 282
    StartApp 281

Wettervorhersage 180
WhatsApp 162
Widget 287
    Google+ 159
    Lesezeichen 102
    Musik 213
    Routenplaner 290
    Uhr 71
Wi-Fi 22
Wifi Analyzer 114
Wikipedia 126
    Google Earth 172
    Lesezeichen 128
    offizielle App 129
Windows Media Player 212, 219
    automatische
        Synchronisierung 221
Windows Phone 9, 268, 299
WLAN 22, 112
    Hotspot 303
    Sicherheit 115
    Signalstärke 114
    Verschlüsselung 22
WordPress 264
Wörterbuch 260
Wortvorschläge 40
WPA2 116
WPS 22

X

X-plore File Manager 244

Y

Yahoo! 97, 201
Yandex.Shell 297
YouTube 227

Z

Zeitzone festlegen 21
Zoomen 103
Zugangssperre 270
Zurück-Taste 34

MOBILE SECURITY

Schützt Smartphones und Tablets

Android

1 Jahr Premium
kostenlos

- ✓ Antivirus
- ✓ Anti-Phishing
- ✓ Proaktives Anti-Theft
- ✓ GPS-Ortung
- ✓ SMS- und Anruffilter

Ihr Aktivierungscode für Premium-Features:

DEA6-FW2W-PCTJ-N7RF-EXPM

Hier downloaden:
www.ESET.de/EMS-S5

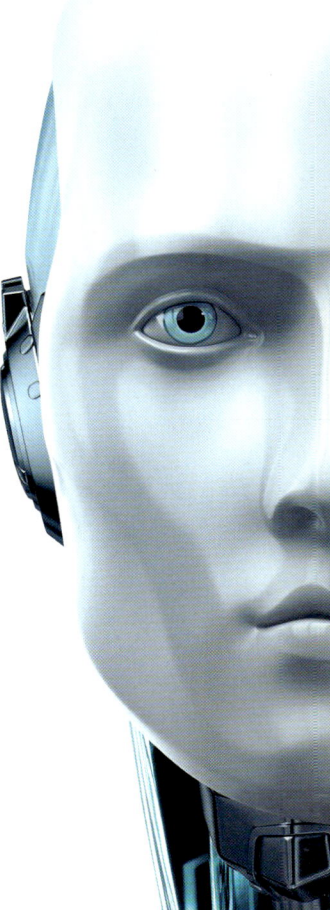